ES JUSTO AL REVÉS

Es Justo al Revés

Respuesta a las objeciones más comunes a la Misa tradicional en latín

PETER KWASNIEWSKI

Traducción de Augusto Merino Medina

Os Justi Press

Primera edicíon
*Turned Around: Replying to Common Objections
Against the Traditional Latin Mass*
(TAN Books)
Copyright © Peter Kwasniewski, 2024
© De la presente edicíon: Os Justi Press, 2025

Os Justi Press
P.O. Box 21814
Lincoln, NE 68502 USA
info@osjustipress.com

ISBN 978-1-965303-90-0 (en rústica)
ISBN 978-1-965303-77-1 (tapa dura)
ISBN 978-1-965303-00-9 (libro electrónico)

Diseño del libro y la cubierta: Michael Schrauzer
Jindřich Tomec, *Solemn Mass in the Hofburg
Chapel* (1917), Wikimedia Commons

Et dabo tibi tesauros absconditos, et arcana secretorum:
ut scias quia ego Dominus, qui voco nomen tumm, Deus Israel.

Te daré los tesoros escondidos y las riquezas de lugares secretos,
para que sepas que Yo, Yahvé, soy el Dios de
Israel, el que te llamó por tu nombre

Isaías 45, 3

CONTENIDOS

PREFACIO

"¡ENGAÑO *CLERICAL TRIDENTINO!*". TAL ES LA
clase de insulto que un protestante inglés del período barroco
podría haber lanzado a la "Misa de los Católicos Romanos".
Es improbable que actualmente alguien quisiera usar la misma
combinación de términos. Sin embargo, como lo demostraré en
este libro, la idea detrás de ese insulto -e incluso el sentimiento
de desprecio que conlleva- sigue viva en las críticas que hacen
ciertos católicos, prominentes o no, cuando hablan del clásico
rito romano de la Misa, llamado "Misa tradicional" o "Misa
tridentina", al que acusan, en varias formas, de una insalubre
obscuridad y confusión, y de un "clericalismo" que bloquea la
participación del pueblo.

Cualquiera que haya asistido a una Misa tradicional, a la que
en un libro anterior denominé "el rito romano de ayer y del
futuro", podrá reconocer que se trata de una liturgia muy *definida*, con muchos rasgos claramente perfilados que le dan una
clara identidad y la hacen diferente, y que -punto muy discutido
en nuestra época- se distingue netamente del rito moderno, o
Novus Ordo, introducido por el Papa Pablo VI en 1969. La Misa
tradicional es, de hecho, tan diferente de la nueva que quien, al
conocerla, se enamora de la primera, se siente "dado vuelta al
revés" en lo relativo a su anterior concepción de la liturgia de la
Iglesia, o respecto de la mayor parte de ella. Se siente tan vuelto
al revés como el sacerdote y los ministros que, en vez de estar de
cara al pueblo, vuelven la cara hacia el altar. Semejante individuo
puede incluso sentir que, con todo lo que tiene que aprender,
des-aprender y aprender de nuevo, lo dan prácticamente vuelta
de adentro para fuera y de arriba para abajo. Muchos católicos
han denominado a esto una especie de "conversión" que significa,
por cierto, darse vuelta al revés.

La particularidad de este antiguo rito se manifiesta de muchos
modos, como el celebrarse la Misa con el sacerdote y los fieles
de cara hacia el mismo punto en el espacio, es decir, *ad orientem*
o *versus apsidem* ("hacia el oriente" o "hacia el ábside"), lo que
deja a muchas cosas sin ser vistas ni oídas por los fieles; o como
el uso de una antigua lengua sagrada, el latín cristiano, que muy
pocas personas pueden hoy leer o hablar con fluidez; o como la

gran distancia, tanto física como psicológica, que separa al clero, con su ministerio en el presbiterio, del pueblo que está en la nave, distancia que en apariencia da al primero la parte del león, en tanto que somete al segundo a la pasividad; o como el carácter claramente "real" del rito antiguo, especialmente en sus formas y ceremonias más solemnes, dotadas de una pompa y aparato que recuerda a las cortes de los monarcas de la Cristiandad del pasado; o como la insistencia en que quienes van a comulgar se arrodillen a lo largo de una baranda, levantando el rostro para que se les dé la comunión en la boca por un ministro ordenado; o el ubicuo papel de las repeticiones, por las cuales la Misa es casi la misma día tras día y por las que, en cada Misa, se reiteran las mismas fórmulas muchas veces; o como el compacto leccionario de un año, que se caracteriza también por las repeticiones; o la disciplina castrense de la coreografía ceremonial , impuesta por rúbricas extraordinariamente refinadas y extensas, que no conceden nada ni al azar, ni a la elección, ni al carisma ni a la colectividad; o, finalmente, como la clara sensación de que, a pesar de todo lo que uno sabe y a pesar de todo lo que uno atisba cada vez más, queda mucho todavía que uno no comprende y quizá no comprenda nunca en esta vida; un reino no sólo de misterio, sino de una obscuridad que produce humildad.

Estos son, en realidad, formidables obstáculos para muchos católicos modernos (y, por cierto, obstáculos escandalosos para los modernos liturgistas); pero, curiosamente, estos elementos jamás impidieron que innumerables hombres, mujeres y niños adoraran a Dios en el pasado o alimentaran su vida espiritual en el contexto del rito antiguo, ni impiden tampoco que una creciente minoría lo haga en la actualidad, no obstante enfrentar diversos obstáculos y desafíos. Por el contrario, son precisamente estas características del rito antiguo lo que los amantes de la Misa tradicional encuentran atractivas y provechosas. ¡*Algo* hay en la tradición, después de todo! ¿Qué es? ¿Se puede formular de modo claro y convincente? ¿Se puede sostener que es positivo todo lo que en el rito romano clásico de la Misa hay de distintivo, potencialmente contracultural, apremiantemente premoderno e incluso antimoderno?

Naturalmente, hay muchísimos otros aspectos de la Misa tradicional que algunos católicos objetan hoy día, o que los desconciertan (y que otros católicos consideran atrayentes y benéficos); en este libro no aspiro a describirlos todos, porque para ello haría falta escribir una enciclopedia[1]. Dos ejemplos de aspectos que no analizo aquí son la ininterrumpida práctica de permitir sólo ministros varones, adecuadamente revestidos, en el presbiterio de la iglesia, y el uso obligatorio del canto gregoriano y de la polifonía como música litúrgica[2]. En todo caso, estoy cierto de que los nueve temas abordados en estas páginas abarcan parte importante del territorio que nos interesa. Y estoy también cierto de que un estudio paciente de las profundas razones que sirven de base a estos aspectos distintivos ha de provocar en el lector un nuevo aprecio -o un aprecio más profundo- del porqué del modo cómo se lleva a cabo este venerable rito litúrgico. El método que empleo es defender los aspectos premodernos más controvertidos de la Misa tradicional, mediante el planteamiento de objeciones contra ellos, que son luego respondidas por mí en forma bastante detallada. Aunque la sabiduría de la tradición es, a menudo, sorprendente y paradojal, e incluso provocadora, no es jamás algo al azar o sin un objetivo. Frecuentemente pienso que los modernos se han amarrado a sí mismos con ataduras tan peculiares que les resulta difícil percibir cosas que, en algún momento, fueron evidentes. El título "Es justo al revés" nos recuerda que, por cada argumento, existe un contraargumento, y que la combinación de una mejor comprensión con una asidua experiencia puede cambiar drásticamente la percepción que se tiene del valor de ciertos bienes. En mi interacción con muchas personas en las décadas recientes, me he dado cuenta de que los críticos de la Misa tradicional, lejos de probar que tiene fallas letales (como se acostumbra a pensar), prueban tener una comprensión absolutamente superficial de *cómo* opera y de *por qué* lo hace así -cosas que "los pequeños", los niños en edad o en espíritu, encuentran fáciles de entender, tal como lo hicieron muchas generaciones de antepasados nuestros-.

---

[1] Felizmente hay abundante literatura sobre la Misa tradicional con la que se puede tratar de comprender cualquier aspecto de ella: ver la lista de textos mencionados en la página inicial de este libro, y también las recomendaciones que se hacen al final.

[2] Esto explica en parte por qué ya he escrito algunos libros precisamente sobre ambos temas: *Ministers of Christ* (aún no traducido al español) y *Buena música, música sagrada, y silencio: Tres dones de Dios a la liturgia y a la vida* (Os Justi Press, 2024).

Como pasa a menudo en la literatura tradicionalista, este libro se focaliza en el Santo Sacrificio de la Misa. Ello *no se debe* -adviértase bien- a que el autor considere que es la única ceremonia litúrgica sobre la que vale la pena hablar o en la que es conveniente participar; muy por el contrario. Pero la Misa es, indiscutiblemente, la fuente y la culminación de nuestra vida cristiana, y el buen o mal estado de salud que ella experimente determina la salud o la enfermedad de todo el Cuerpo Místico de Cristo en la tierra (ver I Corintios 11, 30). Ella es el lugar donde los fieles se encuentran con Cristo y con la Iglesia más regularmente, y ha sido víctima de las peores profanaciones y abusos. En la Misa se muestra y se lleva a cabo la obra de nuestra redención: no sorprende, por ello, que el diablo la haga blanco de sus ataques más abiertos y más sutiles. Las objeciones y respuestas que se presenta en las páginas siguientes afectan, sin embargo, a *todos* los ritos sacramentales de la Iglesia, como también al Oficio Divino, las bendiciones y las ceremonias especiales.

Toma tiempo el aprender a conocer tesoros tan vastos e intrincados como son los nuestros; en realidad, toma toda una vida. Mientras más se aprende, más se aprecia; mientras mas se aprecia, más se internaliza los beneficios que ello produce. Por eso es que recomiendo, al final, algunos pocos pasos que puede dar el lector a fin de profundizar su aprecio del patrimonio litúrgico que debemos amar y transmitir.

Peter A. Kwasniewski
Febrero 24, 2024
Purificación de la Santísima Virgen

1

Por qué damos culto mirando al Oriente

"El sacerdote me da la espalda.
No puedo conectarme con él".

LOS CATÓLICOS QUE EMPRENDEN UN ESTU-
dio serio de la liturgia, deseando quizá entender de qué
se trata todo esto, descubren rápidamente que uno de los
puntos más difíciles de estas difíciles cuestiones es el de la orientación de la liturgia. Mons. Klaus Gamber ha dicho, en alguna
oportunidad, que poner el altar y el sacerdote de cara al pueblo
fue el cambio más destructivo que tuvo lugar en la celebración de
la Misa (y eso que no era tampoco partidario de ninguno de los
demás cambios que se hizo). ¿Cuál es, pues, la *gran* importancia
de la dirección en que el sacerdote mira durante la Misa?[1].

Quisiera comenzar con dos testimonios. Ambos los he tomado,
intencionalmente, de católicos que no se llamarían a sí mismos
"tradicionalistas". A mi juicio, esto da más peso a su visión, ya
que no se les puede acusar de querer "detener el reloj". Sus ideas
se basan simplemente en cómo ven las cosas. El primero es de
un laico, David Clayton, promotor de la universidad en línea
"Pontifex", y autor de muchos libros y artículos en "the Way of
Beauty", quien dice lo siguiente sobre su experiencia de dar culto
de cara al oriente:

"Esto es quizá el modo más impactante y directo de simboli-
zar que miramos hacia un Poder más alto y lo reconocemos. Mi
propia conversión fue estimulada al asistir a una Misa *ad orientem*,
en que se veía al sacerdote como cabeza de un cuerpo de fieles,
llevándonos hacia un punto de llegada común. Esta impresión
se acentuaba por la arquitectura [de la iglesia -el Brompton Oratory de Londres-], que me sirvió para enfocar mi atención -al

---

[1] Este tema ha sido abordado muchas veces en el sitio web *New Liturgical
Movement* ("NLM"), pero siempre surgen nuevos ángulos desde los que se
lo puede estudiar, y nunca dejará de interesarnos. Quienes quieran leer más
sobre el punto, busquen en NLM la expresión *"ad orientem"*.

hacérmelas presentes- en imágenes visuales de cosas que, de otro modo, yo no habría intuído"[2].

Un sacerdote diocesano, el P. Dwight Longenecker, escribió hace algunos años, sobre la celebración de la Misa *ad orientem*:

"Celebro mirando en la misma dirección que el pueblo porque, en realidad, me siento más cerca de él de este modo. Y también me siento más cerca de Dios. Cuando junto con el pueblo … miro hacia el Señor, encuentro que mi celebración de la Misa es más íntima y más mística. Siento que puedo concentrarme más en el Señor y en lo que está teniendo lugar. Si necesito llorar, puedo hacerlo sin que el pueblo me vea. Si necesito hacer una pausa y orar, puedo hacerlo sin preocuparme de qué irá a pensar la gente"[3].

El P. Longenecker narra, en seguida, una especial experiencia que tuvo lugar, según él, en parte por el hecho de que no estaba "exhibiéndose" sino concentrado en la oración, sin advertir frente a sí sino el misal, el altar, y las sagradas oblaciones:

"Mientras celebraba la Misa tomé, extrañamente, conciencia de las palabras, a medida que leía el misal, como de cosas vivas y vívidas. No puedo explicar lo que comencé a experimentar, excepto decir que las palabras se abarrotaron con su propio significado. En la página, las palabras eran nítidas, y eso hacía nítida cada doctrina y cada verdad. Fue como si cada palabra, incluso cada letra, se individualizara con significado cósmico: no como si las palabras estuvieran ellas mismas vivas, sino como si el significado eterno y las verdades que ellas comunicaban estuvieran vivos y palpitantes de significado; un significado vivo que estuviera tan por sobre mí como los astros, y tan cerca de mí como mi propio aliento. Luego pensé en el misterioso significado de "En el principio era el Verbo, y el Verbo estaba junto a Dios, y el Verbo era Dios… y el Verbo se hizo carne y habitó entre nosotros". Fue como si este eterno misterio de la Encarnación se hiciera verdad de nuevo con sólo pronunciar las palabras. Algo ocurrió. Una transacción tuvo lugar entre este mundo y la eternidad".

Ahora bien, sostengo que el modo como las cosas le parecieron a Mr. Clayton y al P. Longenecker es el modo como naturalmente

---

[2] Clayton, "Connecting *Ad Orientem*, Sacred Art, an Ordered Environmentalism, Social Graces, and a Hierarchical Society," *New Liturgical Movement*, 10 de abril 2018.
[3] Longenecker, "From a Priest at the Altar," www.patheos.com/blogs/standingonmyhead/2014/05/from-a-priest-at-the-altar.html.

aparecen, o tienen el potencial de aparecer, a cualquiera que llega a esta escena sin prejuicios.

Imagínese a una persona que, sin conocimientos de la fe católica y ni siquiera del cristianismo, decide, por pura curiosidad, pasar desde la brillante luz de una calle cualquiera al interior de una bella iglesia o capilla católica. Al adaptarse su vista, ve una cantidad de fieles repartida aquí y allá en los bancos, arrodillados y mirando hacia el frente. Al fondo de la iglesia, en un espacio más abierto y más decorado que el resto del edificio, ve un grupo de hombres, vestidos con raras y elaboradas vestimentas, apretados en torno a un gran objeto de mármol con candelabros por encima. Todos ellos miran en la misma dirección que los fieles en la nave; están intensamente concentrados en lo que hacen; con sus cuerpos le tapan a los fieles la vista de su trabajo[4], pero todo espectador los ve como si estuvieran apretados en torno a una víctima sacrificial a fin de matarla. Lo que está claro, en todo caso, es que su atención no está focalizada en el pueblo. Nuestro observador siente que algo muy solemne y serio está ocurriendo, y que todos en el edificio están, cada uno a su modo, totalmente unidos a esa acción, sea ella lo que fuere. Si, además de todo esto, nuestro hipotético visitante oye el canto llano o la polifonía, y huele el incienso, y siente en sus piernas el contacto de la madera, suavizada por tantos devotos a lo largo de los años, sus cuatro sentidos exteriores, como los cuatro evangelistas, le anuncian cierta presencia, aun cuando todavía no sea capaz de reconocerla o de darle un nombre.

Es en un estilo muy parecido que Clayton habla de la primera Misa a que asistió en el Brompton Oratory:

"No podía entender las palabras. Los tres sacerdotes, uno al medio y los otros en cada uno de sus flancos, todos con ornamentadas vestiduras bordadas, así como los acólitos vestidos con blanca tela de algodón, me daban la espalda y miraban hacia

---

[4] Cuán a menudo se oye decir, como objeción a *ad orientem*: "El pueblo debería poder *ver* lo que sucede". Seguramente los que dicen tal cosa no han leído jamás "El Principito", que transmite la sabiduría de la humanidad: "On ne voit bien qu'avec le coeur. L'essentiel est invisible pour les yeux" (Saint-Exupéry, *Le Petit Prince*: "Sólo se puede ver bien con el corazón. Lo esencial es invisible a los ojos"). Nadie puede *ver* el milagro de la transubstanciación. Lo que *podemos ver* son los signos sacramentales de la presencia del Señor, y ellos se muestran a todos en la elevación de la hostia y, menos directamente, en la elevación del cáliz.

el este (*ad orientem*), hacia el gigantesco altar. Todos los fieles miraban también hacia el este, inclinándose, arrodillándose y sentándose todos al mismo tiempo; y los sacerdotes parecían estar proyectando un foco colectivo más allá de sí mismos, hacia algo misterioso. Aunque yo no podía decir exactamente qué hacían, actuaban al unísono, y de este modo su lenguaje corporal me hablaba de su fe. Creían que lo que estaban haciendo era de una inmensa importancia, según me pareció. El misterio de qué era ello parecía por momentos más claro, pero en otros se hacía más intenso, cuando de pronto el sacerdote elevó la blanca hostia. No entendí realmente lo que vi pero, con todo, mis instintos me dijeron claramente que este era el punto hacia el que todo lo precedente había sido dirigido... En ese momento tuve sólo una vaga conciencia de lo que [la belleza de este espectáculo integral] me decía, pero supe, en un nivel profundo y sin palabras, como a media luz, que estaba presenciando una profunda verdad que me era comunicada por la música, el arte, la arquitectura y el lenguaje corporal"[5].

Quien haya visitado una liturgia como la descrita ha comenzado ya a recibir la primera y más importante enseñanza de la religión cristiana: *Dios* es el centro de nuestra atención, la meta de nuestro esfuerzo, el objetivo de nuestra vida. Y ha comenzado a ver desplegado ante sus ojos el significado del salmo 144, 15: "Los ojos de todos te miran esperando, y Tú les das a su tiempo el alimento". He aquí la representación del hombre que se vuelve hacia la fuente de su vida y de su destino, a quien se da, junto con ella, la posibilidad de experimentarlos: como dice la antigua oración, "Te reconozco como mi Dios y soberano Señor". No hay nada -ni catequesis ni homilías ni programas pastorales- que pueda jamás sustituir esa experiencia o siquiera competir con ella. Sin esta conciencia inmediata e inefable de Dios como el *mysterium tremendum et fascinans*, el temible y fascinante misterio por el que, por un momento, dejamos de fijarnos unos en otros y en el mundo, y avanzamos tropezando hasta el límite de Sus dominios, donde Su presencia puede infiltrar y empapar *nuestros dominios*...; sin esto, repito, no existe en absoluto religión, ni culto, ni sagrada liturgia. Sin esto, puede que todavía, desde un

---

[5] Clayton, *The Way of Beauty: Liturgy, Education, and Inspiration for Family, School, and College* (Angelico Press, 2015), 14.

punto de vista técnico, haya liturgia, pero en tal caso le calzarían bien las terribles palabras del profeta Isaías, citadas por el Señor: "Este pueblo me honra con sus labios, enseñando doctrinas y mandamientos de hombres"[6]. Las nuevas formas del culto católico que aparecieron después del Concilio Vaticano Segundo se prestan tan bien a interminables verbalizaciones y explicaciones que no dejan espacio para que, como dice Newman, *cor ad cor loquitur*, el corazón le hable al corazón. "Este pueblo me honra con los labios, pero su corazón está lejos de Mí". Y ¿por qué? Porque el alma es atrapada por una vorágine antropocéntrica, provocada por "doctrinas y mandamientos de *hombres*"[7]; es decir, por los falsos principios filosóficos que guían el proceso por el cual se llega a novedades tales como el *versus populum*, con el templo reacondicionado como un círculo cerrado, encabezado por una especie de presidente clerical.

FUNDAMENTOS HISTÓRICOS

Para evitar el peligro de adorar en vano a la Santísima Trinidad, procuremos descubrir las razones más profundas de la antigua y, hasta hace poco, ininterrumpida costumbre de orar de cara al este, costumbre que encontramos, tanto en Oriente como en Occidente, en todos los ritos tradicionales cristianos, sean bizantinos o latinos, como el eslavo o el griego, el romano, el gálico, el ambrosiano o el mozárabe; el caldeo, el copto, el armenio o el etíope.

Para comenzar, la costumbre de todos los cristianos de celebrar la liturgia eucarística o de participar en ella mirando al este, tiene las mismas raíces apostólicas y la misma universalidad que el uso de agua en el bautismo, el rezo de los salmos, el culto a Cristo resucitado el domingo, la veneración de la Madre de Dios y de los santos y de sus reliquias. En realidad, la orientación hacia el este antecede al uso de vestimentas sacerdotales, de edificios consagrados e incluso al propio credo Niceno-constantinopolitano, que recitamos todos los domingos[8]. ¿Es suficientemente antigua y

---

[6] Mateo 15, 8-9.
[7] Mateo 15, 9. Énfasis añadido por mí.
[8] Las pruebas arqueológicas y documentales que atestiguan esto son abrumadoras: los primeros cristianos construyeron (y entendían que construían) altares verdaderos y propiamente tales, no meras "mesas", y priorizaban el volverse hacia el este para ofrecer el sacrificio. Se ha compilado con esfuerzo

generalizada esta orientación como para que se la tome en serio?
Si no lo es, ¿por qué tomamos en serio las demás cosas mencionadas? Todas ellas tendrían que ser igualmente descartables.

Míreselo del siguiente modo: si Ud. es un católico practicante,
¿le gustaría que se aboliera el día del Señor, y se lo reemplazara
por otro día de la semana, o simplemente se lo suprimiera? Ello
sería una impensable alteración de la práctica cristiana. ¿Le gustaría suprimir todos los salmos de la Misa y del Oficio Divino?
¿Debiéramos reemplazar el bautismo con agua por una ceremonia
civil de otorgamiento de nombre, o dejar de honrar a la Virgen
porque ello podría hacernos sentirnos como niños inmaduros u
ofender a las feministas anti-maternidad? ¿Deberían los sacerdotes
celebrar la Misa en *jeans* y camiseta porque así es hoy el modo
común de vestirse, tal como las faldas y capas fueron el modo
de hacerlo antiguamente? ¡Imposible! No puede ser que algo
que hemos estado haciendo durante milenios lo abandonemos
súbitamente. Pero esto es, precisamente, lo que se ha hecho con
el culto *ad orientem*. . .

Durante casi 2.000 años el clero y los fieles, en conjunto, miraron en la misma dirección, esperando a Cristo y adorándolo;
El mismo que ya viene en misterio en el Santísimo Sacramento,
El mismo que ha de venir abiertamente al fin del mundo para
juzgar a los vivos y a los muertos y al mundo por el fuego. *Ad
orientem* preserva la orientación escatológica de la liturgia. Cuando
los cristianos comenzaron a reunirse el domingo para adorar al
Señor, anticipaban la segunda venida de Cristo; tal parece ser el

---

todas las pruebas y se las ha analizado en Stefan Heid, *Altar and Church*:
Principles of Liturgy from Early Christianity (Catholic University of America
Press, 2023). Así, pues, tiene sólo una importancia marginal el que algunas
iglesias, debido a circunstancias especiales, hayan sido ubicadas de un modo
tal que el altar esté puesto en el extremo occidental del edificio, obligando
al celebrante mirar hacia la nave y a la asamblea, única forma que tenía de
mirar al este: sólo por este motivo estaba "vuelto hacia el pueblo". Estas
anomalías muestran que, incluso donde la topografía impuso ubicaciones
diferentes, mirar *ad orientem* siguió siendo una prioridad. Una vez que se
estableció universalmente, en el diseño del templo, el principio general
de orientación en la iglesia (es decir, todos deben mirar juntos hacia el
ábside), el este literal o cósmico fue algunas veces reemplazado por el "este
litúrgico", es decir, *versus absidem*. Sin embargo, contraría absolutamente el
ideal el separar el posicionamiento del edificio de su orientación cósmica,
y se debe procurar, por todos los medios, que la orientación arquitectural
respete la orientación cósmica, que es su fundamento.

rasgo más antiguo de nuestro culto común. La "forma primordial" del domingo no fue una fiesta que miraba retrospectivamente la resurrección de Cristo o la primera Pascua o algún otro misterio o momento especial de Su vida terrena, sino un mirar hacia adelante con añoranzas de la vuelta del Señor en gloria, implorándole que nos libre de los males del pecado, de la muerte y del infierno[9]. La Misa dominical se refería a *la vida del mundo por venir*, en que los primeros cristianos, que sufrían duras y horribles pruebas, deben haber pensado mucho al orar y esperar permanecer fieles: "no nos dejes caer en la tentación y líbranos del Mal"[10]. Por esto es que el enfocar la oración hacia el oriente era un símbolo conmovedor: después de la oscuridad de la fría noche, el sol ha de nacer gloriosamente en el este, derramando luz y calor.

Esta forma de pensar tuvo su inspiración y su confirmación en los pasajes de la Escritura que llaman a Cristo "el Oriente" o que dicen que El asciende hacia el oriente, y que vendrá desde el oriente. Por ejemplo, Jesús dice de sí mismo, en Mateo 24, 27, "Como el relámpago, que nace en el oriente y brilla hasta en el occidente, así será la venida del Hijo del hombre"[11]. El profeta Zacarías anuncia al Mesías de este modo: "He aquí a un hombre, Oriente es su nombre"[12]. El profeta Malaquías llama a Cristo "Sol de justicia"[13]. El cántico de Zacarías, que se canta todos los días en Laudes, describe al Mesías como *"Oriens ex alto"*, "aurora de lo alto"[14]. Dios es llamado "Luz" en Juan 1, 5, y después, en el versículo 9, su Hijo es llamado "la luz verdadera, que ilumina a todo hombre que viene a este mundo", tal como lo ilumina el sol físico[15]. Implícito en la descripción de la dedicación del primer templo por el rey Salomón encontramos un gesto sacerdotal *ad orientem*: "Luego, poniéndose Salomón delante del altar de

---

[9] Dix, *The Shape of the Liturgy* (Continuum, 2005 [publicado por primera vez en 1945]), 336–37, 359–60, 368.

[10] Ver Daniel Augustine Oppenheimer, "Towards the Second Coming: Facing the Liturgical East," *OnePeterFive*, 20 de mayo 2015.

[11] Cf. Hechos 1,10–11.

[12] Zacarías 6,12.

[13] Malaquías 4,2.

[14] Lucas 1,78.

[15] Todos estos textos y otros más, con un buen comentario, pueden ser encontrados en el artículo de Evagrius Hayden, "Convertere, Israël, ad Dominum Deum Tuum!: A Benedictine Monk Defends Worshiping Eastwards," *New Liturgical Movement*, 16 de noviembre 2015.

Yahvé, frente a toda la asamblea de Israel, extendió las manos hacia el cielo"[16]. Este gesto nos hace recordar el *"Sursum corda"* del diálogo del Prefacio, cuando el sacerdote levanta sus brazos hacia Dios, indicándonos que debemos elevar nuestros corazones a lo alto, hacia Aquel que vive y reina por siempre, sentado sobre los querubines. La Divina Liturgia de San Juan Crisóstomo incluye un gesto todavía más expresivo, en el que el sacerdote repetidamente se inclina y levanta sus manos a lo alto durante el *Cherubikon* o himno querúbico.

Estos versículos y prácticas fueron frecuentemente comentados por los Padres de la Iglesia, como San Basilio Magno (330-379), defensor de la tercera Persona de la Santísima Trinidad, y San Juan Damasceno (c. 675-c.749). Uno de los pasajes más famosos sobre nuestro tema está escrito, de hecho, en el tratado de Basilio *Sobre el Espíritu Santo*, publicado en 375. Este padre capadocio dice:

"De las creencias y prácticas, ya sea generalmente aceptadas o públicamente mandadas, poseemos algunas que derivan de la enseñanza escrita; otras nos han sido entregadas "en el misterio" por la tradición de los apóstoles; y tanto unas como otras tienen la misma fuerza en relación con la religión verdadera. Y nadie las contradirá -nadie, en todo caso, que sea versado en las instituciones de la Iglesia-. Porque si intentáramos rechazar esas costumbres por no basarse en autoridad escrita, diciendo que por ello la importancia que tienen es menor, estaríamos inintencionalmente ofendiendo al Evangelio en lo más vital".

A continuación, Basilio ofrece una larga lista de creencias y prácticas que no están contenidas *verbatim* en la Escritura pero que han sido transmitidas por la tradición:

"¿Qué escritura nos ha enseñado a darnos vuelta hacia el este en la oración?[17] ¿Qué santo nos dejado por escrito las palabras de la invocación en la ostención del pan de la Eucaristía y de la copa de la bendición? Porque, como se sabe bien, no nos hemos quedado contentos con lo que el apóstol o el Evangelio han registrado, sino que tanto en el prefacio como en la conclusión hemos añadido otras palabras, que consideramos de gran importancia para la validez del ministerio, y éstas las hemos derivado de la

---

[16] 1 Reyes 8, 22.
[17] "La oración", en el sentido de la más grande de las oraciones, la celebración de la Eucaristía.

enseñanza no escrita. Todos miramos hacia el este en nuestras plegarias, pero pocos de nosotros saben que lo que hacemos con ello es buscar nuestra antigua patria, el Paraíso, que Dios plantó en el Edén hacia Oriente"[18].

Y prosigue diciendo -téngase presente que es un tratado en defensa de la divinidad de la Tercera Persona de la Santísima Trinidad contra quienes la negaban- que no tiene más fundamentos la adoración al Espíritu Santo que dar culto vueltos al oriente, ya que *ambas* cosas nos han sido transmitidas por la tradición. Así, ya que todos estamos de acuerdo en dar culto vueltos al oriente, ¡debemos también adorar al Espíritu Santo! ¿Sería posible ignorar la fuerza de este testimonio de la Iglesia primitiva? Una argumentación similar aparece en la defensa que hace San Cirilo de Alejandría de la unidad de Cristo, verdadero Dios y verdadero hombre, contra Nestorio: todos sabemos que la Sagrada Eucaristía nos fue dada para divinizarnos; pero si Cristo no es verdaderamente Hijo de Dios, el recibirlo en la Comunión jamás nos hará participar de la divinidad; por tanto, Cristo tiene que ser el Hijo de Dios. Al argumentar de este modo, Cirilo, que murió en 444, da por sentada la creencia universal en la Presencia Real de Cristo en la Eucaristía, ¡y de ello deduce la divinidad de Cristo! Hay que admitir que estos ejemplos son extremadamente embarazosos para los protestantes; pero no lo son menos para los católicos modernos, que parecen querer a toda costa dar la espalda a la tradición, incluso cuando ésta puede afirmar que sus orígenes son apostólicos.

Posteriormente San Juan Damasceno resume esta particular tradición:

"No es sin motivo ni es por casualidad que damos culto vueltos hacia el este... Debido a que Dios es luz espiritual y Cristo es llamado, en la Sagrada Escritura, "Sol de Justicia" (Malaquías 4, 2) y "Oriente" (Lucas 1, 778), el este debe ser dedicado a Su adoración. También el divino David dice: "Reinos de la tierra, celebrad a Dios, entonad salmos al Señor, a Aquel que cabalga por los cielos, los antiguos cielos hacia el oriente" (Salmo 67, 33 y ss.). Y agrega la Escritura: El Señor plantó el paraíso en Edén, hacia el oriente, donde puso al hombre que había formado", a quien expulsó cuando cometió la transgresión "y lo hizo vivir fuera del paraíso de los placeres" (Génesis 2, 8; 3, 24 LXX), o sea,

---

[18] Basilio, *Sobre el Espíritu Santo*, 27:66.

en el oeste. Y por eso es que, cuando adoramos a Dios, añoramos
nuestra antigua patria y miramos hacia ella.

"De hecho, cuando el Señor fue crucificado, quedó mirando
hacia el oeste, y nosotros lo adoramos mirándolo a El. Y cuando
fue elevado, ascendió hacia el este, por lo que hacia allá lo adoraron los apóstoles, y así también ha de volver tal como lo vieron
subir a los cielos (cf. Hechos 1, 11), como el mismo Señor lo dijo:
"Así como el relámpago sale del oriente en el este y brilla hasta el
poniente, así será la venida del Hijo del hombre" (Mateo 24, 27).
Por eso, mientras lo aguardamos, lo adoramos hacia el oriente.
Así es, además, la tradición no escrita de los apóstoles, que nos
han transmitido muchas cosas no escritas"[19].

El giro de 180 grados del sacerdote -no olvidemos que, de modo
coloquial, decimos que alguien que gira en 180 grados cuando
cambia súbita y totalmente su modo de pensar o de obrar, impli-
cando que rechaza lo que hacía antes- nos separa definitivamente
de aquello que es lo más antiguo, lo más intrínseco y lo más
distintivo de nuestro culto como cristianos. Cuando el pueblo
regresa al culto *ad orientem*, regresa decididamente a lo fundamental de la fe cristiana y a su práctica original. Es una ironía que, al
adoptar la novedad del *versus populum* -supuestamente "un regreso
a la práctica más antigua", a juicio de algunos investigadores de
mediados del siglo XX, cuyas conclusiones han sido refutadas por
el trabajo de investigadores posteriores- *hemos terminado perdiendo
uno de los elementos más antiguos de todos*[20].

EL SIGNIFICADO TEOLÓGICO

No es difícil ver por qué esta costumbre se ha prácticamente
identificado con el culto cristiano en sí, sobre todo en la Misa, el
más elevado acto del culto. La Misa es tanto *Padrecéntrica* como
Cristocéntrica: ambas perspectivas son diferentes pero se complementan. Cristo es Cabeza de la Iglesia y Dios nuestro, uno en

---

[19] Juan Damasceno, *De fide orthodoxa* 85 (IV 12).
[20] Es interesante advertir que el P. Joseph Jungmann, tan influyente en la
reforma litúrgica, defendió fuertemente la postura *ad orientem*. Ver su libro
(ya superado en muchos aspectos) *The Early Liturgy to the Time of Gregory the
Great* (University of Notre Dame Press, 1959), 133-39. Del mismo modo, el
P. Louis Bouyer, aunque expresó muchas críticas al rito tridentino, defendió arduamente la posición *ad orientem* en libros tales como *Rite and Man*
y *Liturgy and Architecture*.

su divinidad con el Padre y el Espíritu Santo, y por eso podemos estar, al mismo tiempo, encaminados *con El* hacia el Padre en el poder del Espíritu, y encaminados *a El* como nuestro fin último. Por tanto es correcto afirmar que el sacerdote, al orar *ad orientem*, está de cara a Cristo (el Oriente), y afirmar también que ora, como *alter Cristus* o *in persona Christi*, al Padre. Por ello es que la clara proclamación simbólica del doble misterio de Cristo como nuestro Dios y nuestro mediador ante Dios se pierde completamente en la posición *versus populum*. Dar la cara a Cristo, y dar la cara al Padre con Cristo son cosas que se implican mutuamente, tal como se ve en las Escrituras: "Vosotros me llamáis Maestro y Señor, y hacéis bien, porque lo soy"; "Yo y el Padre somos uno"; "el que me ve, ve a Padre"; "voy al Padre, porque el Padre es mayor que yo"[21].

Dicho del modo más sencillo: el culto se refiere a Dios, no a nosotros. O, más bien: se refiere a nosotros sólo en la medida en que nosotros venimos *de* Dios, estamos *en* Dios, somos *para* Dios, nuestro Creador, Salvador, Santificador y Juez. De aquí que, aunque la liturgia existe en vista de nuestras necesidades, como dice Santo Tomás de Aquino, puesto que Dios, que es infinitamente bueno, no necesita nada para Sí, se la celebra por amor y gratitud y alabanza *de Dios*, quien es la fuente y la satisfacción de nuestras necesidades[22]. En suma, nosotros necesitamos a *Dios*; nuestra necesidad más profunda es ir más allá de nosotros mismos, ir hacia El. El verdadero culto nos saca de nosotros mismos y nos funda en Dios, nuestro fin último. En este sentido, cualquier aspecto de la liturgia que no termine claramente en Dios, Padre, Hijo y Espíritu Santo, o cualquier aspecto que parezca terminar en nosotros, no es liturgia sino algo diferente (auto-referencia, figuración social, terapia, superstición).

Así, pues, la postura *ad orientem* da expresión al acto de culto en cuanto tal, en tanto que la postura *versus populum* claramente

---

[21] Juan 13,13; 10,30; 14,9; 14,28.

[22] *Summa Theologiæ II–II*, Q. 81, art. 7: "Damos a Dios honor y reverencia, no porque lo necesite (porque El está en Sí mismo lleno de gloria y ninguna creatura puede añadirle nada), sino por nuestro bien, porque por el hecho mismo de reverenciar y honrar a Dios, nuestro espíritu se le somete, en lo cual consiste la perfección, ya que una cosa es perfecta si está sometida a su superior, como el cuerpo es perfeccionado al ser movido por el alma, y el aire al ser iluminado por la luz".

lo contradice. Por esta razón es que esta última postura no sólo es inadecuada para el culto sino que es antitética a la virtud de la religión, que adora a Dios como primer principio y último fin. El teólogo Max Thurian, escribiendo -sorprendentemente- en el diario oficial del Vaticano *Notitiae*, dice: "Toda la celebración [de la Misa] es realizada a menudo como si fuera una conversación y diálogo en que ya no hay espacio para la adoración, la contemplación y el silencio. El hecho que celebrante y fieles estén constantemente dándose la cara, encierra a la liturgia dentro de sí misma"[23]. Esta afirmación se adelantó a la similar y mucho más famosa de Joseph Ratzinger en *The Spirit of the Liturgy*: "El haberse dado vuelta el sacerdote hacia el pueblo ha convertido a la comunidad en un círculo cerrado sobre sí mismo. En su forma exterior, ya no se abre a los que está más allá y más arriba, sino que se cierra sobre sí misma"[24]. En la misma dirección, el antiguo maestro de ceremonias papal, Guido Marini, decía en una conferencia en Roma:

"En nuestra época, la expresión "celebrar de cara al pueblo" ha llegado a formar parte de nuestro vocabulario corriente. Dicha expresión se vuelve absolutamente inaceptable desde el momento que expresa una proposición teológica. Desde la teología, la santa Misa, en realidad, está siempre dirigida a Dios a través de Cristo, Nuestro Señor, y sería un grave error imaginarse que la orientación principal de la acción sacrificial es la comunidad. La orientación de volverse hacia el Señor, por tanto, debe animar la participación interior de cada individuo durante la liturgia. Es igualmente importante que esta orientación sea claramente visible también en los signos litúrgicos"[25].

Marini nos ayuda a ver no sólo que el objeto de la liturgia debe ser siempre Dios, o el hombre-Dios Jesucristo -nunca un mero hombre-, sino que esta *orientación* objetiva (¡no podemos evitar el oriente ni siquiera en nuestro modo corriente de hablar!) debe ser *visible*, evidente para los sentidos, fácilmente comprensible por el intelecto, y fácilmente traducible a ese movimiento de la voluntad que llamamos amor, que está ordenado al bien -un bien fuera de nosotros, en el caso de nuestro fin último-.

---

[23] Thurian, "La Liturgie, contemplation du mystère," *Notitiae* 32 (1996): 690–97, reimpreso en inglés en *L'Osservatore Romano*, 24 de junio 1996, p. 2.
[24] Ratzinger, *Spirit of the Liturgy*, II.3.
[25] Marini, "Clergy Conference in Rome: Address of Msgr. Guido Marini, Papal Master of Ceremonies," *New Liturgical Movement*, 6 de enero 2010.

Este contraste entre las dos posturas puede entenderse en términos de su significado sujeto/objeto. En la postura *ad orientem*, el sujeto/objeto se entiende como hombre/dios. El sacerdote se ve y actúa como una imagen de Cristo, mediador entre Dios y el hombre, Quien está siempre orientado hacia el Padre[26]. Paradojalmente, la centralidad ceremonial del sacerdote en el rito antiguo sirve para enfatizar que Dios es el único objeto del culto, ya que el sacerdote está claramente asimilado a su oficio de *alter Christus*, como cabeza de un pueblo que peregrina al Reino de los Cielos.

En la disposición *versus populum*, el sujeto/objeto se presenta como pueblo/sacerdote. El sacerdote, aunque tenga las mejores intenciones y proceda del mejor modo posible, es visto y actúa como un facilitador, como un encargado de un acontecimiento colectivo; la posición *vis-à-vis* le otorga una especie de prominencia autocrática, como alguien a quien la colectividad se subordina y hacia quien mira. Quizá esto explique psicológicamente por qué algunos sacerdotes se exceden al tratar de atenuar esa impresión, recurriendo a la informalidad, a chistes, bromas, sonrisas, gesticulaciones, aplausos y tantas otras cosas con que el sacerdote, en su reacción exagerada al *versus populum*, parece querer desenfatizar la superioridad que éste le otorga, poniendo énfasis, por el contrario, en que, al cabo, "no es más que uno de nosotros". Qué triste resulta que el verdadero y obvio modo de decírsenos que el sacerdote "es uno de nosotros" -es decir, que él mire en la misma dirección que todos los demás, ofreciendo el sacrificio por los demás, el mismo sacrificio que los demás ofrecen en su corazón- haya sido desechado por considerárselo un símbolo "opaco" y "exhausto", y haya sido reemplazado por un formato que transforma la Misa en una acción que se realiza *hacia* el pueblo, al cual, en cierto sentido, se le impone. Pero, en realidad, la Misa es una acción - de la cual se nos permite tomar parte- que Jesucristo, de acuerdo con su naturaleza humana, realiza *hacia* la Santísima Trinidad, como lo expresa perfectamente la gran oración "*Suscipe, sancta Trinitas*" en el Ofertorio tradicional. Es una ironía que en un rito que se supone ser menos "cléricocéntrico" y más colectivo, el sacerdote se hace mucho más central y más foco de atención porque interfiere en él su personalidad, su

---

[26] Ver Kwasniewski, "The Sacrifice of Praise and the Ecstatic Orientation of Man," *Rorate Caeli*, 28 de julio 2016.

"estilo propio" o su "modo de ser sacerdotal". El *versus populum* no hace sino subrayar esta desafortunada amplificación del hombre presidente, disminuyendo la asimilación con la *kenosis* [N. del Tr.: *kenosis* significa en teología el anonadamiento o vaciamiento de Cristo, que siendo Dios, se hizo hombre] en Cristo y vaciando y diluyendo la exclusividad de Su mediación.

En la época en que daba clases en Wyoming, a menudo trabé conversación con mis estudiantes sobre cuestiones litúrgicas y disfruté conociendo sus ideas espontáneas. Muchos de ellos no habían tenido jamás en sus manos un libro sobre liturgia, pero intuían mucho de ella con sólo reflexionar sobre sus propias experiencias. Un estudiante *senior* decidió un día mandarme un email:

"Mientras más pienso en ello, más significativo me parece el debate sobre *ad orientem*. Tiene sentido orar hacia el oriente. De pronto, deja de tener importancia la personalidad del sacerdote. Parece algo tan sin importancia, pero estoy convencido de que si el sacerdote no estuviera de cara "al auditorio", éste tendría de sí otra percepción y obraría de un modo muy diferente. ¿Por qué? Porque se trata de seres humanos. Y los humanos aman sentirse poderosos, como estrellas de *rock*. El sacerdote se ha transformado en una especie de actor, y ello tiene enormes consecuencias. No sólo su importancia ha eclipsado la de la Eucaristía a los ojos de los católicos corrientes, sino que creo que esta es la razón fundamental de que el sacerdocio haya empezado a atraer al tipo equivocado de hombres. Antes, el sacerdote era un instrumento, un mediador, alguien que sacrificaba su vida por Cristo en la Eucaristía y por la Iglesia, Su novia. Hoy el papel del sacerdocio es cualquier cosa, menos humilde: es un guru, un profeta, un filósofo y un psicólogo, una estrella *rock*, el conductor de un *show*. Antes, era un hombre que tenía una tarea; hoy es *alguien*. Orar *ad orientem* implica un inmediato cambio de consciencia, y parece tener el beneficio adicional de desalentar a los seminaristas que han sido atraídos por motivos equivocados. Sé que esto no es el único motivo por el que el papel del sacerdote ha cambiado totalmente, pero pienso que es uno de los más importantes"[27].

La frase "seminaristas que han sido atraídos por motivos equivocados" es una delicada referencia al problema de la

---

[27] Correspondencia privada.

homosexualidad clerical[28]. Porque, además de la tentación de la soberbia, hay en el *versus populum* un intrínseco afeminamiento. Con base en el análisis de Manfred Hauke sobre los sexos[29], se puede asociar el símbolo de la masculinidad ($\male$), una flecha que sale de un círculo, con *ad orientem*, y el símbolo de la femineidad ($\female$), una cruz bajo un círculo, con *versus populum*. El sacerdote que mira hacia el oriente mira hacia afuera y conduce al pueblo en calidad de cabeza, dirigiéndolo a la divinidad que hay más allá de la creación; la mujer cobija, acuna, se vuelve hacia el niño, en un símbolo antropológico de inmanencia, de enraizamiento en la realidad creada. Debido al principio sacramental que está en juego, la posición simbólica del celebrante *produce una disposición*, una mentalidad, de acuerdo con lo que simboliza. Lo que es propio de la mujer y una de sus más bellas perfecciones se convierte, en el sacerdote o en los hombres en general, en afeminamiento. El hacer de "madre" de la congregación -especialmente cuando se lo hace con un espíritu de maestra que da una conferencia- corroe profundamente la virilidad espiritual. Por eso es que el cardenal Heenan, como parte del grupo de obispos al que se le dio a "catar" el Novus Ordo en el Sínodo de Obispos de 1967, predijo que el nuevo rito haría que las iglesias se vaciaran de varones, y no constituye sorpresa que las estadísticas muestren hoy, en las congregaciones del rito antiguo, un porcentaje mayor de varones (a veces un 50%) que en las del rito nuevo[30].

Kathleen Pluth capta este problema y la solución que le conviene de un modo brillante. Después de decir que ella detesta ser causa de distracción cuando canta en la iglesia de cara a la nave, y que prefiere el anonimato del coro, que canta arriba, sobre la puerta de entrada (los cantantes debieran ser oídos, pero no vistos), habla del celebrante de la Misa:

"El papel del celebrante es exponencialmente más complejo. No puede esconderse. Su papel de liderar a la congregación a través del velo, hacia el Santo de los Santos, es intrínsecamente,

---

[28] Ver Francis Magister, "What Attracts Homosexuals to the Priesthood?," *Crisis Magazine*, 12 de diciembre 2023.

[29] Ver Manfred Hauke, *Women in the Priesthood? A Systematic Analysis in the Light of the Order of Creation and Redemption* (Ignatius Press, 1988).

[30] Para mayores comentarios sobre estos temas, ver Shaw, *The Liturgy, the Family, and the Crisis of Modernity: Essays of a Traditional Catholic* (Os Justi Press, 2023), 215–72.

y en algunos casos, principalmente, visible. Nosotros lo seguimos, porque él da expresión, del modo más elevado posible, a la identificación con Jesús, nuestro abogado ante el Padre. Durante siglos el simbolismo de "seguir" al sacerdote estuvo claro. Pero en el período postconciliar, y sin remitirse directamente a los documentos propios del Concilio, el carácter de la relación del sacerdote con el pueblo ha sido visiblemente distorsionado por la posición *versus populum*.

"Cuando los fieles se miran unos a otros, aspiran a ser mutuamente agradables. Hacen contacto visual, se sonríen con cálidas sonrisas. Existe una palabra para tales gestos: halago. Los fieles halagan a sus sacerdotes y éstos los halagan su vez, en una proporción de, digamos, 500 a 1. Los documentos del Concilio no alientan a nada de esto. La postura *versus populum* es específicamente mundana; erige al sacerdote no en un modelo para seguir, sino en un conductor de *show* de conversación que hay que lisonjear, ya que nos deleita. Pero no hay buenos motivos para que tal situación tenga lugar.

"Las líneas para ver a Dios debieran quedar claras en la Liturgia (ver la "Jerarquía Eclesiástica" del Pseudo-Dionisio para una excelente exposición de cómo hacerlo); en cambio nuestro camino hacia Dios queda obscurecido por la distracción que causa este ciclo de mutuos contactos visuales. La liturgia dominical es para todos su principal -y para muchos su único- contacto con la Iglesia. Como tal, sus símbolos deben expresar la verdad, incluso la verdad sobre las relaciones eclesiales, que no debieran ser objeto de halagos sino de servicio. El salmista canta "Que los sacerdotes se revistan de santidad, y los fieles proclamarán su gozo". La postura *ad orientem* permite a los sacerdotes ser sacerdotes y a los fieles ser ellos mismos, todos mirando juntos a Dios"[31].

DE SÍMBOLOS DIVINOS Y DIABÓLICOS

En consecuencia, fue una gran ventaja para el diablo dar vuelta al sacerdote hacia los fieles, creándose con ello un círculo de consoladora vecindad que rebajó la experiencia de la Misa hasta el nivel de una interacción horizontal, de un dar y recibir en la conversación cotidiana. No hay en ello nada trascendente; al contrario, Dios es domesticado, amansado, hecho manipulable;

---

[31] Pluth, "The First Step in Ecclesiastical Reform: Turn the Altars Around," *The Chant Café*, 30 de julio 2018.

no receptor de un sacrificio sino tema de una conversación. La liturgia se convierte en algo *sobre* Dios, en vez de ser *para* El. En realidad, como lo dijo Ratzinger, a veces uno se sorprende si encuentra en absoluto algún espacio para Dios[32]. Reflejando el simbolismo de oriente y occidente que obra en el rito bizantino del bautismo, dice David Clayton:

"En cierto momento, todos nos dimos vuelta hacia occidente a la voz de nuestro pastor, a fin de renunciar a Satanás en voz alta y de hacer el gesto de escupirlo. Luego nos volvimos hacia el oriente, *ad orientem*. Esto fue, según me pareció, para dar la espalda a Satanás y mirar a Cristo Resucitado. Fue un momento impresionante. Quizá igual negligencia [de la piedad en la veneración de las sagradas imágenes] abrió la puerta occidental de la Iglesia y la dejó abierta de par en par, sin vigilancia, mientras el vacío dejado por la ausencia de fragante incienso atraía "el humo de Satanás", tras el cual (¿quién sabe?) entró Satanás mismo. Si entró, ciertamente no fue recibido por una lluvia de escupos, sino por un espíritu de diversidad, con el sacerdote vuelto hacia él directamente mientras daba culto y ofrecía el sacrificio. Me pregunto, ¿qué tipo de mensaje comunica todo esto? Quienes se dan cuenta de cuán serio es lo que sucede y lo rechazan, son a menudo cubiertos de desprecio, si no de escupos, por preocuparse"[33].

En el mundo occidental, además, en que el uso de una lengua sagrada había sido casi universal y una práctica sin excepciones durante casi toda la historia de la Iglesia, la súbita introducción del vernáculo -un vernáculo, además, que hasta hace poco fue soso y tosco- contribuyó también a este sinuoso derrumbe; el uso del latín, del canto llano, y el arrodillarse para comulgar son formas sencillas pero capaces de recordarnos que *no estamos* puestos en un "plano de igualdad" con Dios, que El es verdaderamente Omnipotente y Pantocrator, y nosotros somos creaturas y súbditos suyos. Estas prácticas tradicionales repudian eficazmente la aberración del horizontalismo democrático que ha afligido no sólo a toda nuestra vida social como ciudadanos sino también, por más

---

[32] Ratzinger, *Milestones: Memoirs 1927–1977* (Ignatius Press, 1988), 148–49: "Estoy convencido de que la crisis de la Iglesia que estamos experimentando hoy se debe, en gran medida, a la desintegración de la liturgia, que ha llegado a ser concebida *etsi Deus non daretur* [aunque no hubiera Dios] en cuanto que es indiferente si Dios existe o no, o si nos habla y escucha".

[33] Clayton, "The Smoke of Satan Enters From the West . . . at Our Invitation," *New Liturgical Movement*, 31 de octubre 2018.

de medio siglo, la vida social de la Iglesia, es decir, su liturgia[34].

El desmantelamiento de estas cosas -la supresión del comulgatorio, la introducción de la Comunión en la mano luego de esperar de pie en una fila (me refiero aquí a la práctica occidental desarrollada en el segundo milenio), la desaparición del acólito con una patena, etc.[35]- es coherente con la deformación del acto de culto y su transformación en uno de alocada auto-estima, que trae el perturbador recuerdo del jardín de Edén, donde Adán y Eva miraron lejos de Dios, hacia abajo y hacia adentro, lejos del mundo que les había sido regalado, hacia su propia vanidad y soberbia, en busca de una auto-afirmación que condujo a una catastrófica alienación de Dios, de unos con otros, y aún de sí mismos. Por esta razón concuerdo con lo que dice Martin Mosebach:

"El Misal de Pablo VI... no prescribió dar vuelta al revés los altares, o sea, no prescribió transgredir, del modo más palpable y en todo el mundo, la tradición en el acto de orar. El sacerdote debe volverse, junto con la congregación, hacia el Crucificado, hacia Cristo que ha de regresar desde el oriente; debe dirigir su oración, junto con la congregación, hacia el altar y hacia Cristo. Este cambio en la orientación de la oración ha causado más daño, en Europa y en América, que todas teologías juntas de la relativización, de la desmitologización y de la humanización. A todos los fieles, hasta el más simple, les ha quedado patentemente claro que las oraciones no se están ofreciendo a Dios, sino más bien a la congregación, a fin de ponerla en el estado de ánimo adecuado para celebrarse *a sí misma* como "pueblo de Dios""[36].

Contrariamente a lo que dice la continua propaganda progresista que comenzó en los años 1960, la Misa no es, en primer lugar y primordialmente, una "reunión comunitaria", ya que hay muchas formas de reuniones comunitarias que no son Misas, y la Iglesia ha enseñado, ininterrumpidamente, que una Misa celebrada por sólo un sacerdote y un acólito o, en caso de necesidad, por el solo sacerdote, sin congregación alguna a la vista, es absolutamente una verdadera y correcta Misa, tal como las que se ofrece en la Basílica de San Pedro con decenas de miles de fieles: tanto la una como las otras son el supremo sacrificio de Cristo que se ofrece por y para

---

[34] Ver capítulos 3, 7 y 9.
[35] Volveré a estos puntos en el cap. 9.
[36] Mosebach, *Subversive Catholicism: Papacy, Liturgy, Church* (Angelico Press, 2019), 80.

la Iglesia, su Cuerpo Místico. Porque lo esencial de la Misa no es el círculo de fieles que pueden o no reunirse alrededor de la mesa, sino la agradabilísima inmolación del Cordero sin tacha que quita los pecados del mundo: el sacrificio de Jesucristo en el Calvario, hecho de nuevo presente en la inmolación de la Víctima bajo las especies de pan y de vino, ofrecida al Padre como oblación de suave olor. Por tanto, la Misa es una oración *teocéntrica*: se ofrece *a* Dios. Se la ofrece, según las palabras de Gloria *"propter magnam gloriam tuam"* (por Tu gran gloria); según las palabras de la doxología al final del Canon "a Ti, Padre Omnipotente... todo el honor y toda la gloria". Sí, el Señor nos dio la Misa en la última Cena para nuestro beneficio (puesto que Dios no se beneficia con nuestros buenos actos), pero nos beneficia precisamente por cuanto nos ordena primero que nada a Dios, dándole a El la primacía que le corresponde por naturaleza y por conquista. Nos beneficiamos con subordinarnos a Dios, entregándonos a El como sacrificio racional[37]; ganamos al dejar de ser el centro de nosotros mismos y recentrarnos en El, nuestro primer principio y nuestro último fin. Cuando más ganamos es cuando más nos perdemos en El[38]. *Convertimini ad me, et salvi eritis, omnes fines terrae, quia ego Deus, et non esto alius*: "Convertíos a Mí y seréis salvos, todos los términos de la tierra, porque Yo soy Dios, y no hay otro"[39].

Es exactamente por este motivo que la celebración de la Misa *versus populum* o "de cara al pueblo" no es sólo una lamentable aberración, basada en mala erudición y en hábitos democráticos de pensamiento, endémicos en los occidentales modernos, sino que es una contradicción de la esencia de la Misa y una distorsión de la correcta relación del hombre con Dios. Por la inversión de la debida orientación hacia la increada Fuente y Origen de la comunidad cultual (incluyendo la del sacerdote), la Misa termina funcionando como una especie de "inmunización" contra el autosacrificio racional que hace que nuestro cuerpo y nuestra alma se orienten hacia el Padre, en unión con su amado Hijo, cuyo alimento es hacer la voluntad de su Padre, no la suya propia en cuanto hombre[40]. Esta inversión de la orientación hace

---

[37] Ver Romanos 12, 1.
[38] Este es el tema de mi libro *The Ecstasy of Love in the Thought of St. Thomas Aquinas* (Emmaus Academic, 2021).
[39] Isaías 45, 22.
[40] Ver Juan 4, 34 y Juan 6, 38; ver también el cap. 4.

que la noción católica de culto sea sustituída por la protestante. Erik Tonning resume del siguiente modo la crítica hecha por el poeta David Jones:

"La reforma rebajó el papel del sacerdote como *sacerdos* y los elementos específicamente cultuales, sagrados, del sacrificio propiciatorio, a fin de satisfacer a la concepción protestante-humanista de la liturgia, que la entiende como comida festiva, enfocada en la prédica y en la entrega de útiles lecciones morales"[41].

El P. John Hunwicke -ex clérigo anglicano- dice:

"El tipo de cultura litúrgica que los católicos han experimentado desde la década de 1960 es, de hecho, la cultura que por muchas generaciones antes de 1960 fue común entre los protestantes ingleses no-conformistas y que, en el ethos protestante, representa la correcta y adecuada situación litúrgica que la teología espera. Si el sentimiento de fe, *fiducia*, es la realidad salvífica a la que el cristiano debe aferrarse, entonces el culto no puede tener otro propósito que producirla y sostenerla. No es por nada que los ideólogos protestantes han considerado los sacramentos -en las escasas ocasiones en que los celebran- meras "palabras puestas en acción". El problema para nosotros es que durante medio siglo la mayoría de los católicos ha sido adoctrinada en este mismo supuesto, esencialmente protestante. Cuando los católicos son expuestos ahora a algo tan antiguo y auténtico como *ad orientem*, puede que sientan que el celebrante los excluye –"¿Por qué es que no me mira *a mí*?, reacción que es la típica del niño pequeño, cuya madre parece dar al segundo hijo, recién nacido, el amor y atención a que antes el primogénito creía tener derecho exclusivo-. "Abandona a tu horrible Dios privado y vuélvete hacia mí, y sé nuevamente mi amigo". Esos pobres laicos están destinados a sentirse rechazados; el insulto que se hace a su sensibilidad instintiva puede causar incluso su rebelión"[42].

En los agudos términos del P. John Zuhlsdorf, "Si tu vida está centrada en Cristo, es más que probable que te ofendieras si el sacerdote le da la espalda *a Él*. Si, en cambio, estás centrado en ti mismo, te ofenderías si el sacerdote te diera la espalda *a ti*"[43].

---

[41] Ver Joseph Shaw, *The Latin Mass and the Intellectuals: Petitions to Save the Ancient Mass from 1966 to 2007* (Arouca Press, 2023), 315.

[42] Hunwicke, "Facing the Mystery; or Catholic Crustaceans," *Fr Hunwicke's Mutual Enrichment*, 2 de febrero 2020.

[43] Zuhlsdorf, "More on liberal liturgists' attacks on 'ad orientem' worship, bishops and priests who support it," *Fr. Z's Blog*, 24 de agosto 2019.

¿ENFASIS O DISTORSIÓN?

"A ver, deténgase un momento", dirá un contradictor. "Supongamos que la orientación al oriente es mejor -que es más tradicional y, teológicamente, más significativa-. Pero, ¿no es igualmente cierto que la Misa es una comida, como la Ultima Cena en que se originó, en que recibimos al Señor como alimento para la jornada, y que poner el énfasis en esto no es falso y puede, incluso, ser una buena idea a veces?". En otras palabras, la objeción es que existe un par de verdades, una de las cuales es más grande que la otra, no obstante lo cual la una no elimina a la otra; ambas merecen ser traídas a la atención del fiel. ¿No podría ser útil, después de tantos siglos de una forma misteriosa, trascendente, de culto, "dar vuelta la moneda" para que quede de manifiesto la otra cara de la Misa?

La objeción es bien intencionada, aunque tiene bases históricas deficientes[44]. Mi respuesta: privilegiar una verdad parcial, secundaria, por sobre una verdad más fundamental, es inculcar lo no verdadero. Podemos darnos cuenta de esto si miramos la historia de las herejías cristianas. Cuando los arrianos privilegiaron la verdad de que el Hijo es, en algunos sentidos, menor que el Padre[45] pero descuidaron la verdad más fundamental de que el Hijo es Dios -Dios de Dios, Luz de Luz, Dios verdadero de Dios verdadero-, inculcaron una no-verdad, porque el Hijo no es, *simplemente*, menor que el Padre. Cuando los pelagianos privilegiaron la verdad de que el hombre no se salva sin su propio esfuerzo, y descuidaron la verdad más fundamental de que aun nuestros esfuerzos son un don de Dios y de que sin Su ayuda no podemos hacer nada, inculcaron una no-verdad, porque no nos salvamos, *simplemente*, por las obras. Cuando los

---

[44] No prestaré aquí mucha atención al argumento de que la Ultima Cena fue *"versus populum"* y, por tanto, justifica que el sacerdote esté de cara al pueblo. Las costumbres en los antiguos banquetes judíos y mediterráneos hacen virtualmente imposible ver la Ultima Cena como realizada *versus populum* o *ad orientem*, al menos en el sentido literal de los términos. Ella fue una comida pascual *sui generis*, que se transformó en el núcleo de un sacrificio sacramental; nunca se la consideró simplemente como un modelo para la liturgia cristiana hasta el tiempo de los reformadores protestantes. Para profundizar en este tema, ver Peter Kwasniewski, *Illusions of Reform: Responses to Cavadini, Healy, and Weinandy in Defense of the Traditional Mass and the Faithful Who Attend It* (Os Justi Press, 2023), 123–33.

[45] Ver Juan 14, 28.

protestantes privilegiaron la verdad de que Jesucristo es nuestro Salvador pero descuidaron la verdad de que Él nos salva en y mediante su cuerpo visible, la Iglesia, de la que tenemos que hacernos miembros para beneficiarnos de su acción salvadora, inculcaron una no-verdad, porque no hay salvación fuera del cuerpo del Salvador. Una convicción íntima de que "estoy salvado" no tiene nada que ver con lo que vemos que ocurre en el Nuevo Testamento y en la historia de la Iglesia primitiva. Cuando los liberales modernos privilegian la verdad de que el hombre tiene una dignidad innata, pero descuidan la verdad de que su dignidad no es absoluta ni independiente de su naturaleza social, con las obligaciones que de ésta derivan hacia la sociedad, y descuidan también la verdad de que dicha dignidad no es independiente de su posibilidad de recibir un justo castigo, incluyendo la pena de muerte, inculcan una no-verdad, porque ni la muerte ni la supremacía de la autoridad civil son contrarias, simplemente, a la dignidad humana.

En todos estos ejemplos (que podríamos multiplicar) vemos cómo el énfasis en una verdad parcial, tomada fuera del contexto del entrelazamiento de verdades que le da su sentido, conduce a la afirmación de un sistema de creencias falso, a un "ismo" que se separa del catolicismo.

Lo mismo ocurre con el *versus populum*. Cuando los reformadores litúrgicos privilegiaron la idea de una reunión comunitaria de comensales en una mesa, descuidando la verdad más fundamental (reconocida como dogma *de fide* por Trento) de que la Misa es la representación incruenta del Sacrificio cruento de la Cruz, inculcaron una no-verdad, porque la Misa no es, en primer lugar y primordialmente, un grupo de gente que hace algo, sino Jesucristo que se ofrece a Sí mismo en sacrificio y nos concede la oportunidad de unirnos a su ofrenda perfecta y suficiente, que es la auténtica causa de nuestra salvación. Es el hombre que, durante su vida, se ha hecho uno con Jesús en la Cruz el que será salvado, no el hombre que se reúne con otros amigos para recordar al predicador itinerante de Nazareth que inculcaba la bondad. El énfasis en una verdad parcial ("la Misa es un acontecimiento social o comunitario que incluye alimentación y refrigerios"), tomada fuera del contexto del dogma más inclusivo que da a ese acontecimiento su significado y poder ("la Misa es el sacrificio de Cristo, Cabeza y miembros"), hace falsa la verdad parcial y, de hecho, la hace dañina, tal como el arrianismo, el pelagianismo, el protestantismo y el liberalismo son dañinos, aunque cada uno de ellos esté construído sobre una verdad.

La celebración de la liturgia eucarística de cara al pueblo necesariamente descontextualiza y falsifica la naturaleza social de la Misa e inevitablemente (aunque el celebrante tenga una intención subjetiva diferente) suprime su esencia teocéntrica. Por esta razón, inculca una falsa comprensión de la Misa, *descatequizando* efectivamente a los fieles en cuanto a la verdadera naturaleza de ella. No se limita a sesgar el énfasis en uno u otro sentido, sino que elimina la orientación exigida por el sagrado sacrificio, que ha de ofrecerse sólo a Dios, por un sacerdote autorizado para hacerlo en nombre del pueblo. Además, sólo Dios merece y exige nuestra adoración, y *si no queda claro* que estamos reunidos en adoración del Unico que es digno de *latreia* (adoración divina), entonces el derecho único de Dios a tal adoración en espíritu y en verdad queda comprometido o incluso cancelado.

Si recordamos que, para Santo Tomás de Aquino, "religión" es la virtud moral por la que ofrecemos a Dios lo que le es debido mediante ritos y señales exteriores[46], es correcto decir que el culto *ad orientem* y la celebración *versus populum* son expresión de diferentes "religiones", por lo menos en el sentido de que los actores humanos están exhibiendo y realizando cosas diferentes. El problema, entonces, no es sólo que la práctica de celebrar la Misa "de cara al pueblo" carece de todo fundamento en la historia del culto católico u ortodoxo, sino que es algo mucho más lamentable que una mera aberración sociológica, como la actual moda de hacerse *piercings* en el cuerpo: el uso del *versus populum* erosiona y corrompe la fe del pueblo sobre la verdadera esencia de la Misa y de la adoración debida a Dios por su gran gloria, debido a que elimina el signo visual más instintivo de la primacía de Dios sobre el hombre, y con esta pérdida llega un grave debilitamiento de la percepción del deber del hombre de subordinarse a Dios, oponiéndose de este modo a los antiguos sofistas y a los modernos ilustrados, que creen que "el hombre es la medida de todas las cosas".

---

[46] Ver *Summa Theologiæ* II–II, Q. 81.

ACLARACIÓN DE UNA CONFUSIÓN

Cierta vez recibí una franca carta de un sacerdote que argumentaba laboriosamente contra la postura que he estado explicando y defendiendo. Me decía:

"¿Puedo hacerle una pregunta muy simple? ¿Dónde está Dios? ¿Allá arriba, o allá afuera? ¿O con nosotros, en medio de nosotros?

"Me imagino que todos contestarían que en ambas partes, que está en todas partes, por lo que no existe una distribución del espacio físico en nuestras iglesias o en otros edificios que pueda adecuadamente expresar tanto esta inmanencia como esta trascendencia. Considerando, sin embargo, que las iglesias cristianas están en un continuo declinar tras siglos de culto *ad orientem*, de poner énfasis en lo separado, en lo alejado y en lo inabordable de la gloria de Dios, hay muchos que dicen que ya es tiempo de revertir esta desequilibrada situación y poner énfasis en la cercanía de Dios *con nosotros*. Esto es lo que la liturgia reformada aspira a hacer. Por cierto, es una absurda caricatura interpretarlo como que el sacerdote y el pueblo se acogen o se enfrentan mutuamente de forma antropocéntrica; se trata, más bien, de que el sacerdote y el pueblo se reúnen juntos en torno al altar, que es el centro de nuestro culto, sabiendo que Dios en Cristo está presente en medio de nosotros. Si podemos redescubrir a Dios entre nosotros, podríamos llegar a darnos cuenta más adecuadamente también de su lejanía. No es cuestión de teologías contrarias, sino de teologías complementarias. Tal como yo lo veo, no nos relacionamos con Dios sólo como un objeto de adoración que está allá afuera o allá arriba, sino como una realidad, una presencia real en y con nosotros. Nuestros símbolos no pueden expresar adecuadamente todo esto, por lo que tenemos que elegir lo que optamos por enfatizar. El culto tradicional ha enfatizado la gloriosa "otredad" de Dios; hoy muchos piensan que necesitamos corregir la balanza hacia su presencia con nosotros.

"Las más antiguas formas de liturgia eucarística eran, creo, domésticas. El libro de los Hechos consigna que los primeros seguidores de Cristo partían el pan *en sus casas*. Es poco probable que hayan edificado algo parecido a una iglesia medieval, con presbiterio y nave, y mucho más probable que se hayan reunido en torno a una simple mesa. Si a algo se parece la eucaristía más antigua, es más probable que se parezca a nuestra liturgia reformada que a la grandiosa Misa solemne *ad orientem*".

Hay que reconocerle a este sacerdote que compendia competentemente algunos de los principales argumentos usados por los críticos de *ad orientem* y partidarios de *versus populum*. He aquí la respuesta que le di:

"Reverendo Padre,

"Creo que este no es el modo correcto de abordar el problema. En realidad Dios está en todas partes. Pero eso no ayuda en absoluto a decidir cómo ha de realizarse la liturgia. Si partimos del simple hecho de Su omnipresencia, podríamos acabar en la misma actitud de los *hippies* sin religión: "Yo adoro a Dios en la playa o en las montañas". Y aunque no es nunca un error elevar alabanzas personales a Dios en los grandes espacios exteriores, no es ése el modo que ha usado jamás ningún cristianismo ortodoxo en su memorial semanal o diario de la muerte salvadora de Jesús.

"El problema tiene que plantearse, más bien, en los términos siguientes: "¿Qué *símbolos* usamos en el culto cristiano para expresar nuestra relación con Dios y la de El con nosotros?" Y para responder a esta pregunta, tenemos que considerar los tres principios de cosmos, historia y misterio, como plantea Ratzinger en *The Spirit of the Liturgy*.

"El universo (cosmos), que es el "Primer Libro" de Dios, nos da el sol, que nace del este. Por ello es que el "Segundo Libro" de Dios (i.e. la Sagrada Escritura) habla tanto del Oriente. El sol, la luna y las estrellas fueron dadas al hombre "como signos para que marquen las estaciones" (Génesis 1, 14). Si son signos, ¿de qué son signos? Cuando ignoramos la naturaleza, lo hacemos corriendo peligros -hoy más que nunca, cuando los artefactos y la tecnología nos aíslan o incluso alienan de la realidad-. Que el sol se eleve desde el este significa que Cristo es verdadera luz que ilumina a todo hombre (Juan 1, 9).

"La *historia* de la Iglesia, por su parte, nos da constantes testimonios de que las iglesias están vueltas al oriente, de que la nave conduce al presbiterio y éste, al altar. ¿Cuán verosímil es que la costumbre de volverse hacia el oriente para dar culto, que se hizo públicamente visible en todo el mundo civilizado tan pronto como se legalizó el cristianismo a comienzos del siglo cuarto, sea algo que haya surgido de repente? Los antiguos cristianos eran muy celosos de sus costumbres. Es mucho más verosímil que su modo preferido de orar esté enraizado en los hábitos de oración transmitidos por los mismos apóstoles, como atestigua

San Basilio Magno. Para ser efectivamente simbólica, la oración
hacia oriente no necesita estar enmarcada en ninguna elaborada
arquitectura o ningún ritual, aunque claramente toda la arquitectura y el ceremonial posteriores han surgido como las perlas,
que se forman alrededor de un primer grano de arena.

"*Misterio*, el tercer criterio, nos dice que no debemos dar culto
de un modo tal que nos deifiquemos a nosotros mismos o a nuestra comunidad. Nuestro culto tiene que ser hacia afuera y hacia
arriba, a fin de reforzar en nosotros, mediante signos sensibles, la
idea de que no podemos salvarnos nosotros solos sino que tenemos
que buscar la salvación más allá de nosotros. Aunque es verdad
que el alma es el templo de la Santísima Trinidad, puede ser peli-
groso dar forma al culto público en términos de la inmanencia
de Dios en nosotros, ya que los seres humanos caídos tienden
a caer en la admiración de sí mismos y a exaltarse a sí mismos.

"Las formas trascendentales del culto acentúan fuertemente
tanto la trascendencia de Dios como Su inmanencia: Su trascendencia en los varios modos ya mencionados; Su inmanencia
por el hecho de que nuestro culto es físico, sensible, y referido
a comida y bebida y otras cosas corrientes, a través de las cuales
Dios infinito y eterno se encuentra con nosotros en lugares y
tiempos específicos. Jamás he encontrado que la Misa rezada o
la Misa solemne interfieren con mi consciencia de que Dios está
en lo interior; por el contrario, los amplios espacios de oración
abiertos por el rito tradicional, por la intensa preparación para
la sagrada Comunión, y la facilitación de una tranquila acción
de gracias por el don de nuestro Señor, han fortalecido siempre
grandemente mi vida interior y mi sentido de asombro ante la
pasmosa humildad de un Dios que viene a habitar con nosotros.

"Mientras la disminución del número de los cristianos que
asisten al culto comenzó en algunos lugares ya a mediados del
siglo XX, es un hecho que la Iglesia católica estaba hacia entonces floreciente en gran parte del mundo, con altos rangos de
vocaciones, conversiones, bautismos, y otras estadísticas en alza.
¿Qué ocurrió? El creciente humanismo del siglo XX llegó a una
cumbre con el antinomianismo de la década de 1960, cuando
el progresivismo, el liberalismo y el hedonismo introdujeron
profunda inquietud, malestar e insatisfacción con las formas
heredadas de vivir y de practicar la piedad. Pero ello no fue culpa
de las formas, sino de quienes las rechazaron en favor del sexo,

las drogas, el rock'n'roll (o, más inocentemente pero no menos fatalmente, por letreros, estilos informales de presidencia y cantos de iglesia de estilo folclórico-kindergarten). El énfasis en la "presencia" de Dios –"¡Somos el pueblo de Dios!"- coincidió con el mayor abandono del culto por cristianos de que haya memoria en la historia mundial. Si alguna reforma hacía falta, no fue ciertamente la que tuvimos".

(Debo consignar que no recibí respuesta de aquel sacerdote).

RECURSOS PROVISIONALES Y SOLUCIONES PERMANENTES

Hace algunos años hizo furor en los círculos litúrgicos conservadores la "disposición benedictina del altar", así llamada por el Papa Benedicto XVI. Probablemente Uds. la conocen: se ponen sobre el borde del altar seis grandes candelabros y un crucifijo, entre el celebrante y los fieles, de un modo tal que la figura del Crucificado enfrenta al celebrante y se transforma en el lugar al que se dirige la vista de éste. La lógica de Ratzinger es sencilla: la Misa es un misterio transformador, en el que nos relacionamos con la muerte y avanzamos más allá de ella. El crucifijo es central en el culto, tal como el Calvario es central en la historia de la salvación. Si, por alguna razón, no podemos o no debemos regresar a la disposición *ad orientem*, debemos al menos mirar el crucifijo todos juntos. De este modo se nos pone por delante la muerte vivificante de Dios. Los candelabros, además, delimitan el altar de modo que lo destacan como un espacio especial, ayudándonos a concentrar la atención en lo que ahí sucede, al modo de luces que guían a una aeronave hacia un aterrizaje seguro.

Hubo un tiempo en que esta forma de disponer el altar me pareció una solución temporal válida, en vistas de la dramática crisis pastoral de la inversión antropocéntrica de la Misa. Concedo que rompe el círculo cerrado y ofrece una alternativa visual al *tête-à-tête*, pero ya no puedo considerar esto como proporcionado a la magnitud del error *versus populum*. La ubicación de seis candelabros y un crucifijo en el costado occidental del altar, aunque pueda parecer una "solución rápida", crea dos nuevos e importantes problemas. Primero, deja intacta la falsa orientación, dado que el sacerdote sigue dando la espalda al oriente o al ábside que representa al oriente (y en las iglesias en que el tabernáculo está puesto al centro, ¡da la espalda al Señor!) y mirando al oeste que, como se indica en el rito bizantino del bautismo, simboliza el reino de la oscuridad. La idea de un "oriente virtual" representado por el crucifijo, aunque inteligente, es demasiado intelectual, y es contradicha por el "lenguaje corporal" del presbiterio, del altar y del sacerdote. Segundo, esta disposición de altar crea una barrera arbitraria entre el celebrante y el pueblo, de un modo que nunca ocurre en el culto *ad orientem*, en que todos miran en la misma dirección y experimentan la unidad de esta orientación común. Y así, sutilmente, acentúa la sensación del "sacerdote de cara al pueblo", que ya es una característica tan irritante del Novus Ordo, creada por clericalistas disfrazados de amigos del pueblo[47].

No me opongo en absoluto a la existencia de verdaderas separaciones permanentes en la iglesia cada vez que tengan sentido litúrgico y ceremonial: las antiguas cortinas alrededor del baldaquino, la reja del presbiterio o la reja del coro, el iconostasio, el comulgatorio. Estas separaciones organizan el espacio litúrgico y permiten dar sentido al desplazamiento de los ministros y a sus acciones, en tanto que catequizan a los fieles en lo relativo a la jerarquía, la sacralidad y la escatología. Pero introducir un conjunto de aditamentos en el costado occidental del altar para reemplazar (de algún modo) la ausencia de una auténtica orientación común, es arbitrario y se ve transitorio y contemporizador, ya que, frecuentemente, esos aditamentos introducen una extraña cesura en el presbiterio, al estilo de tabiques divisorios de cubículos de trabajo en una oficina. Es interesante, desde este punto de vista, la protesta del poeta Paul Claudel contra el despojamiento de los altares en el experimento *ad populum* en Francia, así como contra el problema de rearmarlos de nuevo:

"Naturalmente, como la facilidad de los fieles [para "ver la Misa"] fue propuesta como el principio guía, fue necesario

---

[47] Me apresuro a añadir que, como he demostrado en un artículo ampliamente leído ("The Normativity of *Ad Orientem* Worship According to the Ordinary Form's Rubrics," *New Liturgical Movement*, 23 de noviembre 2015), el misal del rito moderno *no requiere* que la celebración sea *versus populum*; al contrario, supone que es *ad orientem*, lo que es un tema totalmente diferente del de la postura del altar, pegado a la pared o separado de ella. Ver, también Dylan Schrader, "'Altared' States: Easterly Orientation in the Celebration of the Eucharist," *Adoremus* Bulletin, 15 de julio 2021. Lamentablemente Pablo VI dio el tono de la implementación de la reforma litúrgica cuando celebró la Misa *versus populum* en 7 de marzo de 1965: ver Augustinus, "The 50th Anniversary of Paul VI's First Italian Mass: Some hard truths about the '1965 Missal' and the Liturgical Reform." *Rorate Caeli*, 7 de marzo 2015.

despojar la mesa mencionada de los "accesorios" que la colmaban; no sólo de los candelabros y floreros, ¡sino también del tabernáculo! ¡del Crucifijo mismo! ¡El sacerdote dice su Misa en un vacío! Cuando invita a los fieles a levantar sus corazones y sus ojos, ¿qué van a mirar al hacerlo? No queda nada frente a nosotros que concentre nuestra mente en lo Divino. [Sin embargo] si se retuviera los candelabros y el Crucifijo, los fieles quedarían todavía más excluídos que en la liturgia antigua, porque entonces quedaría oculta a sus ojos no sólo la ceremonia sino también el sacerdote"[48].

Con el *versus populum* se simboliza y se promueve el antropocentrismo de la modernidad, su olvido de Dios, su negativa a ordenar toda la realidad hacia su fuente increada, su humanismo intramundano, que no subordina decididamente el aquí y ahora al Señor, el Oriente, que ha venido y volverá a venir para juzgar a vivos y muertos. Con sólo este cambio se hizo añicos el ethos litúrgico y la conciencia del cristianismo. Dejamos totalmente de dar la cara a Dios y comenzamos a mirarnos unos a otros. Si se celebrara de repente la antigua Misa *versus populum*, del modo que lo hace generalmente el Novus Ordo, quedaría totalmente erosionada por este único cambio; si la Misa reformada se celebrara *ad orientem*, este hijo pródigo litúrgico, por esa *metanoia*, comenzaría su viaje de regreso a la casa del padre.

La postura hacia el este, con todo lo que simboliza e implica, no es un mero accidente, un rasgo secundario que podemos tomar o dejar, como este o aquel estilo de casulla; por el contrario, es un elemento constitutivo del rito del Santo Sacrificio. Debiéramos dejar de pensar que esto es un ejemplo de *de gustibus non disputandum*, en que cada opción tiene algún aspecto positivo. Una Misa que rehúsa orientarse en continuidad con la tradición y la teología universales del culto cristiano es irregular y subversiva, dañina para el sacerdote y para los fieles, a los cuales malforma con una mentalidad antropocéntrica, que daña al Cuerpo Místico, en el cual perpetúa la ruptura y la discontinuidad. Y es menos agradable a Dios, a quien priva de la adoración que le es debida. Es tanto lo que depende del sacerdote y los fieles que miran al

---

[48] Claudel, "La Messe à l'envers," *Le Figaro*, 23 de enero 1955; *Rorate Caeli*, 28 de julio 2017 (escrito en 1955, fecha que sirve para mostrar cómo los liturgistas incluso antes de Concilio ya era castores que todo lo derriban).

oriente que no es exagerado decir que el cristianismo ortodoxo prosperará donde se celebre de este modo el culto público, y será castigado cuando se lo abandone. "Volveos a Aquel contra quien os habéis revelado, oh pueblo de Israel"[49].

Que Cristo, nuestra verdadera Luz, Oriente y Sol de Justicia, que amaneció a este mundo en su Encarnación y volverá a el desde el oriente como nuestro Juez, nos conceda a todos la gracia de cumplir nuestra parte en la restauración de esta antigua tradición, ut in *omnibus glorificetur Deus*, para que Dios sea glorificado en todas las cosas.

---

[49] Isaías 31, 6.

2
Por qué el sacerdote está separado del pueblo

"En la Misa, el sacerdote lo hace todo,
y yo no hago más que observarlo".

L OS CRÍTICOS DE LA MISA TRADICIONAL
y los defensores del rito moderno de Pablo VI (que normalmente son los mismos) a menudo objetan que en la Misa tradicional, el sacerdote está "muy alejado" del pueblo, separado, como si él fuera el único que celebra la liturgia; y agregan que "él lo hace todo" y el pueblo "no hace nada"; que el sacerdote ignora al pueblo, y que éste queda abandonado.

Este es el tipo que quejas que condujeron a las primeras reformas litúrgicas de la década de 1960, aunque hay que tener en cuenta que no fueron nunca los fieles quienes pidieron reformas sino, más bien, los "expertos", que alegaban saber mejor lo que el pueblo necesitaba. Quizá el ejemplo más perfecto de esta actitud provino de Dom Gregory Murray, OSB, quien en una carta escrita a *The Tablet* el 14 de marzo de 1964, decía: "El argumento de que el laicado, como un todo, no quiere cambios litúrgicos, ni en los ritos ni en la lengua está, creo, totalmente descaminado. No se trata de lo que el pueblo quiere, sino de lo que es bueno para él"[1].

La experiencia y el estudio me han enseñado que las objeciones de los liturgistas profesionales al rito antiguo son superficiales y que, si analizamos las cosas con más atención, encontraremos que, por el contrario, el enfoque tradicionalista explica mucho mejor las paradojas del culto divino. La distancia hierática entre el sacerdote y el pueblo sirve para acentuar la presencia divina que nos invita *a todos* a entrar más profundamente en la liturgia e inculca en nosotros la gravedad de la obra común del culto; el mayor involucramiento del sacerdote por el papel que desempeña sirve de modelo y de invitación a la plegaria de los fieles, que aprenden de mirar e imitar, como hacen los aprendices de su maestro; y el aparente

---

[1] Citado en Michael Davies, *Pope Paul's New Mass* (Angelus Press, 2009), 91.

"abandono" por parte del clero, que actúa en el presbiterio, del pueblo, que está en la nave, nos libera de un "círculo cerrado sobre sí mismo", puramente horizontal y humano, en que los actos más elevados de oración son sofocados por una comunicación y una comprensión de nivel inferior. En vez de tener que estar, podría decirse, "de servicio", y totalmente disponibles, se nos permite a los fieles ser anónimos, ocultos, y aproximarnos a Dios de los muchos modos que la liturgia pone a nuestra disposición.

PROPAGANDISTAS DE LA REVOLUCIÓN

Tomemos como punto de partida media docena de ejemplos tomados de la vida real, relativos a la crítica básica que se hace a la Misa tradicional. El primero está tomado del blog *Where Peter Is*. Con un título que habría calzado perfectamente en *Babylon Bee* [*Babylon Bee* es un sitio web satírico, conservador, que publica *fake news*], el blog publicó un artículo llamado "El Papa Francisco: guardián de la tradición". Su autor, Terence Sweeney, lanza andanadas contra el "clericocentrismo" del rito tridentino, e insiste en la aguda necesidad que existió de una nueva Misa que, *por fin*, permitiera al pueblo desempeñar su propio papel. Dice:

"La liturgia tridentina se centró en un clérigo de la parroquia. Todos los ministerios litúrgicos eran realizados por un celebrante junto con otros clérigos o acólitos revestidos con ropajes clericales. El laicado tenía poco que hacer -poco que oír, menos que decir-. Una liturgia en que el laicado no tiene papel activo alguno no puede expresar la realidad eclesial de que los laicos sí tienen papeles activos en virtud del bautismo y de la confirmación. La liturgia del Concilio Vaticano Segundo es mejor porque está hecha para calzar con la época actual de la Iglesia. Lo más importante es que pone en movimiento a todo el Cuerpo de Cristo. Al involucrar al laicado mediante los papeles que les son propios, el Vaticano II puso en movimiento a toda la Iglesia. Separar el apostolado activo de la activa práctica litúrgica es promover la incoherencia eclesial. El rito romano [sic; se refiere al Novus Ordo o rito moderno de Pablo VI], en cambio, promueve la coherencia en la Iglesia llamando a que todos se involucren en la liturgia de un modo que es imposible en el rito tridentino"[2].

---

[2] Sweeney, "Pope Francis: Guardian of Tradition," *Where Peter Is*, 18 de agosto 2021.

Esta forma de argumentar de los que tienen poca experiencia y menos comprensión del culto tradicional es tan común que se hace fácilmente predictible. Sólo quien es profundamente ignorante de la historia de la liturgia y de la teología podría forjar un contraste terminológico entre el "rito tridentino" y el "rito romano", cuando, en realidad el primero fue el único rito romano que tuvo la Iglesia, no sólo durante cuatrocientos años sino durante, al menos, mil seiscientos años, si tomamos en cuenta su vigencia desde la época anterior a San Gregorio Magno, hasta su culminación con San Pío V y las vísperas del Vaticano II, en tanto que, lamentablemente, el Novus Ordo tiene poco parecido con liturgia alguna conocida por los católicos antes de la década de 1960.

He aquí otro liturgista, de Seattle, el P. Jeffrey Moore, que desarrolla el mismo tipo de crítica que Sweeney:

"Uno de los grandes escándalos del rito romano a lo largo de los siglos ha sido su creciente desconexión con el pueblo. Lentamente a lo largo de los años, en parte por el deseo de preservar el latín como la lengua del culto, en parte por la creciente complejidad y dramatismo de los elementos introducidos por los liturgistas francos, y en parte, finalmente, por diversos factores hitóricos que no mencionaré aquí, la Misa se convirtió en un asunto puramente clerical. Los sacerdotes y otros ministros se reunían en torno al altar diciendo la Misa, y el pueblo los observaba, casi como si estuviera mirando una obra teatral. Hacia fines del siglo XIX, la parte central de la Misa se decía en silencio por el propio sacerdote para sí mismo o para los ministros, mientras el coro colmaba el silencio vacío con complicadas composiciones barrocas, o el pueblo cantaba sus himnos o rezaba sus devociones privadas. La Misa era esquizofrénica, con la cabeza separada del cuerpo...

"¿Por qué cree Ud. que los últimos 57 años han sido tan caóticos, litúrgicamente? Porque la Iglesia ha comenzado a tratar de centrarse en algo que nunca tomó en cuenta con profundidad por más de mil años. La Iglesia está tratando de responder a la pregunta de cómo incluír al pueblo en la acción litúrgica de la Misa...

"Amigos míos, el Concilio Vaticano Segundo fue un increíble don para la Iglesia, y el redescubrimiento de la dignidad y del papel del laicado, tanto en la liturgia como en la misión de la Iglesia, es algo que jamás, jamás, debemos perder de vista o abandonar. Vivimos en tiempos únicos y bendecidos, en que la Iglesia ha dirigido sus inmensas energías teológicas especialmente hacia el redescubrimiento de la participación laical en la Misa. Nos hemos dado cuenta, una vez más, de que la Misa nos pertenece a todos, y es uniendo nuestra mente y nuestro corazón a las acciones de la Misa que nos unimos a Jesús y a nuestra salvación"[3].

Haciéndose eco del P. Moore, escribe el jesuita P. Bruce T. Morrill:

"Las directivas de Francisco [*Traditionis Custodes*] se refieren a más que simplemente el rito de la Misa romana, porque la celebración exclusiva de los ritos más antiguos por algunos católicos no puede sino sostener, en diversos grados, una ideología eclesial y social incoherente con todo el programa de transformaciones del Vaticano II para la Iglesia. La conversión de la silenciosa presencia en la Misa de mujeres, hombres y niños, en una asamblea del pueblo de Dios bautizado que celebra la palabra y el sacramento en su contexto socio-cultural, es el cambio tectónico del catolicismo que está en juego con la revocación por el Papa Francisco de los crecientes ajustes de sus dos antecesores a un clero y un laicado archiconservadores, y aun reaccionarios"[4].

Permítaseme agregar otros pocos ejemplos. He aquí al liturgista italiano Andrea Grillo, que se rumorea es uno de los "redactores fantasmas" de *Traditionis Custodes*:

"La reforma litúrgica ha alterado profundamente la interpretación de la Iglesia que rinde culto, de los sujetos implicados, y de la tradición a que reconocen pertenecer. El espacio para una "*actuosa participatio*" [activa participación], que el rito preconciliar había profundamente olvidado, reaparece en el centro de la experiencia y exige nuevos sujetos, nuevas acciones, nuevos espacios y nueva temporalidad. Permanecer en Pío V (o volver a él) es

---

[3] Moore, "Liturgical Participation," *Fr. Moore* (blog), 2 de febrero 2020, https:// frmoore.com/2020/02/01/february-02-2020-liturgical-participation/. El P. Moore y los otros que cito aquí no dicen nada diferente de los temas de conversación de la vanguardia del Movimiento Litúrgico hacia la época del Concilio. Por ejemplo, el Canónigo J. B. O'Connell, un "temprano adepto" de la reforma, decía lo siguiente: "Es casi increíble que durante mil años el vínculo vital entre el pueblo que rinde culto en la nave y los ministros en el presbiterio haya estado cortado" (citado por el P. Bryan Houghton en 1967; ver Shaw, *Latin Mass and the Intellectuals*, 53). Podemos glosar a O'Connell diciendo: ello es increíble, no se puede creer en ello, porque es falso, como demuestra Houghton.
[4] Morrill, "Tradition and the Roman Rite: The Ongoing Struggle," *Doxology* 32.3 (2021).

haber fracasado en la comprensión de este profundo cambio y/o querer explícitamente contradecirlo"[5].

El predicador de la Casa Papal, el P. Raniero Cantalamessa, demuestra que recuerda excepcionalmente bien las clases que tomó en las décadas de 1950 y 1960, porque incluso hoy repite *verbatim* la línea maestra de la *avant-garde* del Movimiento Litúrgico en vísperas del Vaticano II y después de él:

"En los comienzos de la Iglesia y durante tres siglos, la liturgia fue verdadera "liturgia", es decir, acción del pueblo (*laos*, pueblo, está entre los componentes etimológicos de la palabra *leitourgia*). Desde San Justino, desde la Tradición Apostólica de San Hipólito y desde otras fuentes de la época, tenemos una visión de la Misa que está, ciertamente, más cerca a la Misa reformada de hoy que a la de los siglos pasados".

Una breve digresión: la investigación moderna rechaza totalmente la noción de que "liturgia" significa "acción del pueblo"[6]. *Leitourgia* quiere decir "la acción de Uno en beneficio de muchos". Esta definición es propiamente teocéntrica y Cristocéntrica, y justifica, aunque relativiza, el "sacerdotalismo" de todos los ritos tradicionales.

Cantalamessa presenta con especial vigor la objeción a que el resto de este capítulo dará respuesta:

"¿Qué ocurrió? La respuesta es un término extraño pero que no podemos evitar: ¡clericalización! No hay ningún otro ámbito en que ésta sea más visible que en la liturgia. El culto cristiano, especialmente el sacrificio eucarístico, experimentó una rápida transformación, tanto oriente como en occidente, pasando de ser una acción del pueblo a ser una acción del clero. Durante siglos, la parte central de la Misa, conocida como Canon o Anáfora, se pronunció por el sacerdote en voz baja, en latín, detrás de una cortina o una pared (¡un templo dentro del templo!), fuera del alcance de la vista y del oído del pueblo. El celebrante sólo elevaba la voz con las palabras finales del Canon: "*Per omnia saecula saeculorum*", y el pueblo replicaba "*Amen*" a algo que no habían oído y mucho menos entendido. El único contacto con la Eucaristía

---

[5] Grillo, "Rito tridentino e nullità matrimoniale: le inattese analogie," *Munera: Rivista Europea di Cultura*, 8 de noviembre 2022, www.cittadellaeditrice.com/munera/rito-tridentino-e-nullita-matrimoniale-le-inattese-analogie/.

[6] Kwasniewski, "Refuting the Commonplace that 'Liturgy' Means 'Work of the People,'" *New Liturgical Movement*, 9 de mayo 2022.

era el momento, anunciado por el toque de campanillas, de la elevación de la Hostia.

"Hay un claro retorno en esto a lo que ocurría en el culto de la Antigua Alianza. El Sumo Sacerdote entraba al *Sancta Sanctorum*, llevando el incienso y la sangre de las víctimas, y el pueblo permanecía afuera, temblando, abrumado por la tremenda santidad y majestad de Dios. El sentido de lo sagrado está aquí presente al máximo, pero después de [la venida de] Cristo, ¿es el sentido recto y verdadero?... Lo sagrado ha cambiado su modo de manifestarse: ya no es más un misterio de majestad y poder, sino una infinita capacidad de ocultarse y sufrir"[7].

La última sentencia revela un punto de vista extrañamente marcionita, en que hay un decisivo quiebre entre el Antiguo y el Nuevo Testamento; la revelación de Dios en el Antiguo Testamento, incluyendo como debe adorárselo, ya no conserva ninguna enseñanza para nosotros en el Nuevo Testamento. Según esto, es la ruptura lo que caracterizaría a la historia de la salvación, no la continuidad. Cómo podría semejante opinión considerarse compatible con el nacimiento del culto eucarístico a partir de la confluencia de la sinagoga con el templo y con la Pascua, es algo que me supera. Ciertamente esta opinión no tiene semejanza alguna con la visión que tenían los Santos Padres.

Finalmente -pero muy importante-, el cardenal Arthur Roche, prefecto del Dicasterio para el Culto Divino, ha hecho una sorprendente declaración que, como era de preverse, llamó mucho la atención:

"Se sabe que la teología de la Iglesia cambió [con el Vaticano II]. Antes el sacerdote representaba, puesto a cierta distancia, al pueblo. Este era compendiado, por decirlo así, en esta persona, que era la única que celebraba la Misa. [Hoy] no es sólo el sacerdote quien celebra la liturgia sino todos los que, como él, están bautizados. Y esto constituye una declaración de enorme importancia"[8].

Pero, ¿cambió en realidad la teología de la Iglesia? El cardenal Roche, el cardenal Cantalamessa, Andrea Grillo, el P. Bruce T.

---

[7] Cantalamessa, "Mysterium Fidei! On the Liturgy—Fourth Lenten Sermon 2023," 24 de marzo 2023. http://www.cantalamessa.org/?p=4080&lang=en.
[8] Ver la cita y el comentario en Shaw, "Cardinal Roche on the Vatican II Rupture," *OnePeterFive*, 24 de marzo 2023; Baresel, "Archbishop Roche: 'The Traditional Mass Must Go,'" *Inside the Vatican*, Marzo–Abril 2022, https://issuu.com/insidethevaticanmagazine/docs/inside_the_vatican_magazine_march-april_2022/s/15214344.

Morrill, el P. Feffrey Moore, Terence Sweeney y otros que dicen cosas parecidas, ¿han entendido bien el "antes" que critican o el "después" que alaban? Como demostraré, estas críticas se basan en varios malentendidos que merecen ser calificados de enormes, cuya reiteración en el reinado del Papa Francisco nos proporciona una bienvenida oportunidad de penetrar más profundamente en la relación entre el ministerio clerical y el ofrecimiento de la Misa por el laicado. Haciéndolo, llegaremos a una mayor valoración de la sabiduría de la tradición.

DISTINGUIR PARA UNIR

Uno de los libros más famosos de Jacques Maritain tiene por título "Los grados del conocimiento". Su subtítulo, con todo, es más interesante: "Distinguir para unir". Este subtítulo me recuerda una declaración de Henri de Lubac: "Mientras más separamos, menos distinguimos realmente", como diciendo que, al distinguir bien dos cosas, se demuestra cómo están, de hecho, unidas entre sí en otra relación. Esto lo vemos luminosamente en el misterio de la unión hipostática: en Jesucristo, la naturaleza divina de la Palabra y la naturaleza humana, consistente en un alma racional que da forma a un cuerpo orgánico, están perfectamente unidas –"distintas pero no separadas, juntas pero no confundidas", según la clásica fórmula del Concilio de Calcedonia–.

La Misa tradicional distingue maravillosamente la identidad del sacerdote que ofrece la Misa y la identidad del laicado que asiste al ofrecimiento, el papel de aquél y el de éste. Al delinear clara y coherentemente qué es un acto sacerdotal y qué es un acto de la congregación, la liturgia clásica une más profundamente al sacerdote y al pueblo en un común acto de culto que, no obstante, queda jerárquicamente diferenciado. Al poner el máximo de énfasis en la sacerdotalidad del sacerdote, lo acerca a la más estrecha unión posible con el pueblo a nombre del cual realiza su servicio y por quien media. Esto, a su vez, forma al laicado de tal modo que éste puede ser mediador con el mundo secular, cuya conversión y transformación constituyen su especial vocación[9].

Cristo es el mediador de la humanidad; el sacerdote es el mediador de los fieles; los fieles son mediadores del mundo no convertido. La acción jerárquica de la liturgia no termina

---

[9] Ver Kwasniewski, *Ministers of Christ: Recovering the Roles of Clergy and Laity in an Age of Confusion* (Sophia Institute Press, 2021), 65–102.

con el clero sino que se extiende, de este modo, al pueblo y, a
través de éste, a cada rincón y grieta de la creación. Pero lo hace
jerárquicamente, es decir, estrictamente de acuerdo con las distinciones establecidas por Dios, no de un modo desordenado
y/o democrático. Esto tiene que ser así, no sólo porque Dios se
complace en el orden, la diversidad (¡adecuadamente entendida!),
la dependencia, la obediencia, el servicio, y el amor sacrificial,
sino porque El es, en un sentido misterioso, jerárquico en Sí
mismo: El es orden dentro de una unidad absoluta: el Padre es
origen sin origen; el Hijo se origina del Padre y, como Uno con
El, origina al Espíritu; y el Espíritu es sólo originado. Son Uno,
pero las Personas proceden de tal modo que queda establecida
eternamente "la monarquía del Padre".

CÓMO SE APRENDE A OFRECER LA MISA

Paradojalmente, es observando lo que es propio del sacerdote
que los fieles aprenden lo que les pertenece a ellos como pueblo
sacerdotal: nosotros hacemos, análogamente, lo que él hace.
Llegamos a conocer la maravillosa verdad de nuetra participación en el sacrificio de Cristo sólo observando cómo se realiza
este misterio *fuera* de nosotros, *más allá* de nuestro alcance y en
un nivel que, de hecho, no nos pertenece, puesto que la acción
salvífica y santificadora de Cristo el Sumo Sacerdote sobrepasa
la capacidad de cualquier ser humano.

Así es como aprendemos casi todas las cosas: observando cómo
se las hace u oyendo la explicación de alguien que sabe hacerlas
bien, para entrar luego a ellas como desde abajo. La diferencia,
por cierto, está en que con algo de instrucción podemos, al cabo,
llegar a ser iguales e incluso superiores a nuestro instructor, porque
con el tiempo y la edad se va desarrollando una habilidad natural.
En el sacerdote, en cambio hay una diferencia cualitativa entre
el carácter sacramental del bautismo y el carácter sacramental
del ordenado[10]. El laico tiene la capacidad de ofrecerse a Dios,
mediante el sacrificio de Jesucristo, a sí mismo, sus acciones y
sus sufrimientos, sus seres queridos y el mundo de su trabajo
mediante el sacrificio de Jesucristo; el sacerdote tiene la capacidad de ofrecer el sacrificio mismo de Jesucristo, en nombre de

---

[10] Así, efectivamente, lo enseñó el Vaticano II en *Lumen Gentium*, nº 10,
en continuidad con *Mediator Dei* de Pío XII, nºs 40-43, 69, 84, 92 *et passim*.

la misma Persona divina[11]. Vemos esta cualitativa diferencia subrayada una y otra vez en las oraciones mismas del antiguo Misal Romano: los Confiteor separados del celebrante y de los acólitos; algunas frases del Ofertorio como "que yo, indigno siervo tuyo, te ofrezco, Dios vivo y verdadero, por mis innumerables pecados, ofensas y negligencias, así como por todos los circunstantes" para que "a mí y a ellos nos sirva"...; además de muchas otras frases, a las que me referiré en un momento.

El que la Misa es un verdadero y perfecto sacrificio es mucho más evidente en el *Vetus Ordo* que en el *Novus Ordo*. En sus oraciones y gestos, la Misa tradicional se presenta como el cumplimiento del Antiguo Testamento en la institución del Nuevo. Yo, al rendir culto, puedo ver que el sacerdote sube al altar en mi nombre para ofrecer a Dios un sacrificio por mis pecados, en continuidad con el antiguo sacerdocio que servía en el Templo con sacrificios simbólicos de animales e incienso -los cuales se cumplen ahora de una vez para siempre con el auto-ofrecimiento de la divina Víctima-. En el *Hanc igitur*, antes de la consagración, el sacerdote extiende ambas manos sobre el pan y el vino tal como el sacerdote del Antiguo Testamento extendía las suyas sobre la cabeza de la víctima sacrificial, para señalar la clara conexión entre el Antiguo y el Nuevo. Lamentablemente, en la Misa Novus Ordo, las palabras para "hacer descender al Espíritu" han sido injertadas a este gesto, cambiándolo totalmente en su significado, haciéndola una especie de falsa epiclesis bizantina, que el rito romano nunca tuvo ni necesitó[12].

LA "ANSIEDAD DE NO SEPARARSE"

En la Misa cantada o en la solemne, la saludable separación entre el sacerdote y el pueblo se hace mucho más clara por el fenómeno -propio de todos los ritos, orientales y occidentales- llamado

---

[11] Conviene enfatizar que el ofrecimiento por los laicos del sacrificio de la Misa, aunque de un modo diferente del del sacerdote, fue bien y ampliamente reconocido en los escritos teológicos y devocionales desde muchos siglos antes del Vaticano II, lo que muestra cuán equivocados están el cardenal Roche et al. en sus amplísimas generalizaciones. Para las pruebas de ello, ver el magistral -en todos los sentidos- tratamiento que le da Pío XII en *Mediator Dei* nºs. 82-104; cf. "Is the Laity's Offering of Mass a Postconciliar Rediscovery?," en Kwasniewski, *Illusions of Reform*, 83–92.

[12] DiPippo, "Reforming the Canon of the Mass: Some Considerations from Fr Hunwicke," *New Liturgical Movement*, 25 de abril 2015.

"liturgia paralela". Pueden ocurrir entonces múltiples cosas simultáneamente. En la Misa tridentina y en la Divina Liturgia bizantina,
los fieles o el coro pueden estar ejecutando un canto mientras
el sacerdote dice o hace algo diferente. La liturgia es una acción
compleja con muchos participantes que tienen cosas diferentes
que hacer, pero todos esos participantes y cosas se reúnen y culminan en una unidad. Muy diferente es el constructo racionalista
de la "liturgia secuencial", favorecida por los arquitectos del
Novus Ordo, donde se permite que sólo una cosa tenga lugar en
un determinado momento, y todos deben esperar que una tarea
específica sea cumplida antes de seguir adelante. Esto también
parece restar importancia a la idea de múltiples papeles diferentes
que se traslapan, como las líneas de la polifonía en un motete
de Palestrina.

El rito tradicional deja de manifiesto la naturaleza del sacerdocio ministerial ordenado, y la saludable separación entre él y el
sacerdocio universal de todos los creyentes bautizados. El Novus
Ordo, con su posición *versus populum*, su permeable presbiterio,
sus lectores laicos y sus ministros extraordinarios y otras cosas,
difumina la línea entre los dos, quitando el filo a las muchas
lecciones e intuiciones que conlleva la distinción. Las hermosas
formas en que la Misa antigua hace la distinción entre el sacerdote
y los fieles, con tantos signos, a tantos niveles, sirve al cabo para
unir a los miembros del Cuerpo Místico en un común acto de
culto en que los ojos, las manos, la cabeza y los pies se contentan
con ser lo que son y hacer lo que les corresponde[13]. Podría decirse:
no existe disforia de las partes del cuerpo.

En la Misa tradicional encuentro gran consuelo en el hecho
que el sacerdote ofrezca la Misa en mi nombre a Dios Todopoderoso. Fue ordenado para hacerlo; tal es su lugar, y me ayuda a
encontrar el mío propio. Cuando un padre tiene que lidiar con un
niño inquieto y no puede prestar atención a la ceremonia, puede
descansar en la paz del rito, sabiendo que el padre de la familia
eclesial se preocupa de éste, en beneficio del laicado, acarreando
y empoderando a los fieles con el tremendo poder de Cristo,
Eterno Sumo Sacerdote. Uno puede sencillamente deleitarse
en la presencia de Dios. No tiene necesidad, como en el Novus
Ordo, de sentir que está "participando activamente" para sentir

---

[13] Cf. 1 Corintios 12, 15–26.

que "está en Misa"; la acción es tan poderosa y misteriosa que, estar simplemente ahí, con fe y amor, es ya una tremenda gracia, un privilegio, una participación más profunda que las palabras o acciones exteriores. Uno ha sido atraído a una Misa que parece, de algún modo, emerger de la eternidad y volver a sumergirse en ella. Yo *oigo* la Misa y *asisto* a ella, pero no la llevo yo, ni está dirigida a mí; es ella la que me lleva al Señor, hasta donde Su gracia lo permita. El rito me transporta; no transporto yo al rito. También el sacerdote, aunque empoderado de un modo único para ofrecer la sagrada oblación, es transportado por el rito, no menos que el resto de nosotros. Al cabo, somos todos atraídos por la Cruz hacia la gloria de Dios Padre, "quien proviene toda paternidad en el cielo y en la tierra"[14] .

LO QUE SIENTEN LOS ANGLICANOS CONVERSOS

San John Henry Newman describe con vívidos términos lo que es el tradicional culto católico, en un pasaje de su novela *Loss and Gain*:

"Reding sintió que nunca antes había asistido al culto, tan absorta estaba su atención, tan intensa era la devoción de la congregación. Lo que más le impactó fue que, mientras en la Iglesia de Inglaterra el clérigo o el órgano lo eran todo y el pueblo no era nada, excepto que el clérigo es su representante, aquí ocurría todo lo contrario. El sacerdote apenas hablaba, al menos audiblemente, pero toda la congregación era como un gran instrumento o Panharmonicon, que los movía a todos juntos y, lo que era más notable, como si se moviera a sí mismo. La congregación parecía no necesitar a nadie que la empujara o dirigiera, aunque en las Letanías el coro cantaba las partes alternas. Las palabras eran en latín, pero todos parecían entenderlas perfectamente y estar elevando sus oraciones a la Santísima Trinidad, al Salvador Encarnado, a la gran Madre de Dios, a los santos glorificados, con su corazón lleno, en proporción con la energía de los sonidos que ellos mismos emitían. Había un niño pequeño cerca de él y una mujer pobre cantando ambos a voz en cuello. No había cómo equivocarse; Reding se dijo a sí mismo *Esto es* religión popular"… "Qué maravilloso", se dijo Charles, "que el pueblo llame formal y exterior a este culto; parece adueñarse de todas

---

[14] Efesios 3, 15.

las clases, de jóvenes y viejos, de refinados y toscos, de hombres
y mujeres indistintamente; es la obra de un Espíritu en todos,
que los hace ser uno"[15].

Otro gran converso del anglicanismo, en otra gran novela
inglesa, Mons. Robert Hugh Benson en *By What Autority?*, que
ocurre en tiempos de la reina Isabel I, habla de una calvinista
llamada Isabel que, gradualmente, se ha ido inclinando a la fe
católica. Benson describe los pensamientos que tiene cuando
asiste a su primera Misa. La Misa es dicha, en silencio, en la
casa de una familia recusante, por un sacerdote que, no mucho
antes, ha sido torturado en la rueda. El pasaje merece que se lo
cite entero, por lo bien que representa el contraste (advertido
también por Newmann) entre el culto protestante y el católico:

"Isabel tenía un misal que le había prestado Mistress Margaret, pero casi no lo miraba, tan concentrada estaba en esa figura
escarlata y en sus extraños movimientos, y en su voz lenta y
quebrada. Todo era diferente de cuanto se había imaginado que
era un acto de culto. Para ella, el culto público había significado
o bien sentarse a oír a un ministro, mientras que la palabra era
aplicada a su alma en el sacramento del púlpito; o bien recitar el
ministro unas oraciones en voz alta, clara y expresivamente, para
que el intelecto pudiera seguir las palabras, terminando con un
robusto "Amen". El ministro era, para los hombres, ministro de la
Palabra de Dios, un intérprete para los hombres de su Evangelio.

"Pero este culto era diferente del otro en casi cada detalle. El
sacerdote hablaba a Dios, no al hombre; por tanto, lo hacía
en voz baja, y en una lengua que, como Campion había dicho
en el cadalso, "ambos entendían". En comparación, no tenía
importancia si el hombre seguía las palabras una a una, porque
(y en esto consistía la segunda y radical diferencia) el propósito
del culto para los asistentes no era una aprehensión intelectual
de las palabras, sino un asentimiento voluntario y una participación en un acto supremo, para el cual las palabras eran en
verdad necesarias, pero al cual estaban subordinadas. Era lo que
se hacía, no las palabras que se decía, lo que tenía importancia
ante Dios. Aquí, tal como lo entendían los católicos que rodea-
ban a Isabel, y como ella misma comenzó a percibir, aunque

---

[15] Newman, *Loss and Gain: The Story of a Convert* (Longmans, Green, and
Co., 1906), parte III, cap. 10, 426–27.

de modo vago y obscuro, estaba el sublime misterio de la Cruz
ofrecido a Dios. Y al mirar El, complacido, el silencio y la obscuridad del Calvario, y ver ahí cumplido el acto por el cual el
mundo era redimido, miraba también (como lo creía ese grupo
de discípulos) el silencio y la penumbra de ese pequeño zaguán,
y veía el mismo misterio realizado por las manos de alguien que,
en virtud de su participación en el sacerdocio del Hijo de Dios,
tenía el poder de pronunciar esas conmovedoras palabras por
las que el Cuerpo que había colgado en el Calvario, y la Sangre
que chorreaba de él, se mostraba de nuevo a Sus ojos, bajo la
forma de pan y vino. Gran parte de esta fe era todavía oscura
para Isabel; pero entendía lo suficiente; y cuando el murmullo
del sacerdote terminó en un palpitante silencio y los adoradores
se hundieron en una adoración todavía más profunda, y cuando,
con terrible esfuerzo y uno o dos jadeos de dolor, esas manos
vendadas se elevaron en el aire, temblando, con Algo entre ellas
que se veía blanco, la niña puritana también bajó la cabeza, elevó
el corazón, y suplicó al Altísimo y Misericordioso que mirara el
Misterio de la Redención realizado en la tierra, y que por amor
a su Bienamado enviara su gracia a la Iglesia católica, para fortalecer y salvar a los vivos, para dar descanso y paz a los muertos, y
especialmente para recordar a su querido hermano Anthony, y a
Hubert, a quien amaba; y a Mistress Margaret y Lady Maxwell,
y a esta fiel familia; y al pobre hombre apaleado que tenía al
frente, que no sólo como sacerdote había sido hecho como el
Eterno Sacerdote, sino que como víctima había colgado también
de una cruz yacente, amarrado de manos y de pies, exponiendo
así su cuerpo para que todos vieran las marcas del Señor Jesús.

"Isabel entró en su dormitorio como en sueños. Pronto estuvo
en cama de nuevo, pero no pudo dormir: la visión del extraño
culto a que había asistido; los detalles pictóricos del mismo, el
reflejo de las dos velas en los hombros de la casulla roja cuando el
sacerdote se inclinaba hacia el altar para besarlo, la cabeza inclinada del ayudante a su lado, la pintura en la pared con la Madre
de ojos recatados, en cuyas rodillas el Niño radiante, puesto de
pie, bendecía al mundo: todo esto brillaba en la oscuridad. Casi
sin esfuerzo de la imaginación podía, además, recordar el lento
murmullo de aquellas palabras desconocidas, y oír el crujido de
los paramentos de seda, y los movimientos y respiración de los
asistentes en el pequeño zaguán...

"Y Mistress Margaret era sólo una entre otros miles para quienes este breve conjunto de acciones vistas y oídas a medias, acuñadas y dichas por un hombre con curiosas vestimentas, era más precioso que todas las meditaciones y oraciones juntas.

"Luego, de modo muy natural, a medida que se tranquilizaba y disminuía su excitación, comenzó a pensar en el lado espiritual. ¿Había ocurrido aquello en que Mistress Margaret creía -que el Cuerpo mismo y la Sangre de su adorado Salvador, Jesucristo, se había hecho presente entre las manos del sacerdote, como El lo había prometido claramente: ¡Su propia y clara promesa!-? ¿Era, en verdad, esta acción de media hora el más augusto de los misterios de todos los tiempos, el Cordero eternamente sacrificado, haciéndose presente El mismo y su Muerte ante el Trono, en un tremendo e incruento Sacrificio; un misterio tan augusto que los mismos ángeles no pueden adorarlo sino de lejos, sin poder ellos llevarlo a cabo?"[16].

EL SACERDOTE ORA POR SÍ MISMO

Analicemos con más detención por qué el pueblo recibe tan grandes beneficios precisamente por cargar el sacerdote, en la Misa tradicional, con el peso de su exclusivo papel de *alter Christus* u "otro Cristo", por obrar *in persona Christi capitis*, en la persona (es decir, en representación de o con la autoridad de) Cristo, Cabeza de la Iglesia, con muchas tareas ministeriales que no se encargan nunca al laicado; responsabilidades que son propias de él y de los demás clérigos en el presbiterio. Se establece así un "ámbito sacerdotal" propiamente tal por la cantidad de oraciones y gestos que sólo el sacerdote realiza, como imagen de Cristo, que es nuestro único Redentor y Salvador.

En la desenfrenada carrera por hacer de la liturgia algo más comunitario, más activo y, por consiguiente, más igualitario, la reforma litúrgica postconciliar redujo más y más este "ámbito sacerdotal", como los territorios indios que, en los primeros tiempos de los Estados Unidos, se iban haciendo cada vez más pequeños, a medida que los colonos avanzaban y se apoderaban de las tierras ancestrales. El papel del sacerdote fue re-concebido en un estilo funcionalista o utilitario; su nueva tarea fue -en el mejor de los casos- involucrar al pueblo en un diálogo, animarlo,

---

[16] Benson, *By What Authority?* (Cenacle Press, 2022), 339–41, 342, and 343.

mantenerlo ocupado con pensamientos piadosos; e incluso cuando el sacerdote dirigía sus plegarias a Dios, debía hacerlo en voz alta y *versus populum*, lo cual creó una disonancia cognitiva en cuanto a quién se dirigía el sacerdote y por qué. Estos elementos tendieron a vaciar su ministerio de su propia densidad espiritual interior y de su focalización en Dios, de su mediación en los dones divinos, y lo convirtieron en una extrovertida presidencia de una reunión comunitaria.

Ahora bien, surgen muchos problemas con este cambio súbito y radical en la concepción de lo que es la liturgia y de cuál debe ser el papel del sacerdote. Quiero enfocarme en el aspecto espiritual de todo esto. Las verdades que en alguna época fueron "verdades evidentes" para muchos clérigos, ya no lo son para muchos de ellos, para sus superiores y para sus rebaños. Una de esas verdades es impactantemente obvia: *también el sacerdote tiene un alma que santificar y salvar.* Esto es como decir que el agua es húmeda y el fuego, caliente. Pero no sólo parecen las implicancias de esta verdad ser ignoradas, sino simplemente suprimidas, especialmente en el período posterior al Concilio Vaticano Segundo, cuando el activismo pastoral amenazó con transformar al sacerdote en un glorificado trabajador social, en un hombre tan dedicado a los demás que deja de estar orientado a Dios. Como vimos en el capítulo anterior, la postura *versus populum* de la Misa, lejos de ser sólo un poco de falso anticuarianismo carente de base, se convierte en el emblema de un modo de vida: en vez de ofrecer el sacrificio a Dios en nombre del pueblo *y de sí mismo como miembro de la Iglesia,* el celebrante parece ofrecer un servicio *al* pueblo, desde su papel de maestro -en el mejor de los casos- o de *showman* -en el peor de ellos-.

En contraste, piénsese cuán frecuentemente el Ordo de la Misa en el rito romano tradicional hace al sacerdote orar por sí mismo -no por otros- de un modo deliberado y grave; no por el pueblo; no por un vago conjunto de intenciones, sino específicamente *por sí mismo.*

Después de la señal de la cruz, dice las palabras "Y entraré al altar de Dios". Se recita todo el salmo 42 en alternancia con los acólitos, a modo de preparación personal. Los versículos que dice el sacerdote son los siguientes:

"Hazme justicia, oh Dios, y aboga en mi causa contra un pueblo impío; líbrame del hombre inicuo y doble...

"Envíame tu luz y tu verdad, que ellas me guíen y me conduzcan a tu santo monte, a tus tabernáculos. . .

"Y te alabaré con el son de la cítara, oh Dios mío. ¿Por qué estás afligida, alma mía, y te conturbas dentro de mí?. . .

"Gloria al Padre y al Hijo y al Espíritu Santo. . .

"Y llegaré al altar de Dios"[17].

Sigue el *Confiteor* del propio sacerdote; confesión no dicha en común ni, por tanto, cómodamente inespecífica, sino personal, presenciada por el resto de la Iglesia, luego de la cual los acólitos o clérigos subordinados piden también ellos perdón específicamente:

"*Yo* pecador confieso a Dios Todopoderoso, a la bienaventurada siempre Virgen María, a San Miguel arcángel, a San Juan Bautista, a los santos apóstoles Pedro y Pablo, a todos los santos, y a vosotros, hermanos, que *he pecado* mucho de pensamiento, palabra, y obra [el sacerdote se golpea tres veces el pecho diciendo]: por *mi* culpa, por *mi* culpa, por *mi* grandísima culpa. Por tanto, *ruego* a la bienaventurada siempre virgen María, a san Miguel arcángel, a san Juan Bautista, a los santos apóstoles Pedro y Pablo, a todos los santos, y a vosotros, hermanos, que roguéis *por mí* a Dios Nuestro Señor".

Mientras sube el sacerdote las gradas del altar, ora en plural, pero pensando sobre todo en sí mismo:

"Te suplicamos, Señor, que borres nuestras iniquidades, para que podamos entrar al Santo de los Santos con mente pura. Por Cristo Nuestro Señor. Amén". E inclinándose para besar el altar, ora en singular: "Te rogamos, Señor, que por los méritos de todos tus santos, cuyas reliquias están aquí, y de todos los santos, te dignes perdonar todos mis pecados. Amén".

Antes del Evangelio, el sacerdote recita las siguientes oraciones al centro del altar:

"Purifica mi corazón y mis labios, oh Dios todopoderoso, como purificaste los labios del profeta Isaías con un carbón encendido; dígnate por tu gratuita misericordia purificarme a mí también, de maneera que pueda anunciar dignamente tu santo Evangelio. Por Cristo Nuestro Señor.

"Dame, señor, tu bendición. El Señor esté en mi corazón y en mis labios para que pueda anunciar dignamente su Evangelio. Amén".

---

[17] Traducción hecha por la Biblia de Mons. Straubinger.

Quizá el ejemplo más impactante de oración del sacerdote por sí mismo es el que está en el Ofertorio tradicional de la Misa, que surgió en la Alta Edad Media y se encuentra, con textos parecidos, en todos los ritos litúrgicos occidentales[18]:

"Recibe Padre santo, omnipotente y eterno Dios, esta hostia inmaculada que yo, indigno siervo tuyo, te ofrezco a Ti, mi Dios vivo y verdadero, por mis innumerables pecados, ofensas y negligencias, y por todos los circunstantes y por todos los fieles cristianos vivos y difuntos; para que nos aproveche a mí y a ellos para la vida eterna. Amén".

El *Lavabo* dice en su versión completa:

"Lavaré mis manos entre los inocentes, y rodearé tu altar, Señor, para oír la voz de alabanza y narrar todas tus maravillas. Señor, he amado la belleza de tu casa y el lugar donde reside tu gloria. No pierdas, Dios mío, mi alma con los impíos, ni mi vida con los hombres sanguinarios, en cuyas manos no hay más que iniquidad y cuya diestra está colmada de sobornos. Pero yo he procedido según mi inocencia; sálvame, Señor, y apiádate de mí. Mi pie ha permanecido en el camino recto; en las asambleas de los fieles te bendeciré, Señor. Gloria al Padre...".

Por cierto, muchas otras oraciones del Ordo de la Misa *incluyen* al celebrante, pero aquí me enfoco en aquéllas que lo vinculan más personalmente con el papel propio del sacerdote, con su condición pecadora y con su santificación. El próximo y obvio ejemplo, pues, es el *"Nobis quoque peccatoribus"* del Canon romano, cuando se golpea el pecho y eleva un poco la voz en una humilde confesión:

"También a nosotros, pecadores, siervos tuyos, que esperamos en la abundancia de tus misericordias, dígnate darnos siquiera alguna participación y compañía con tus santos apóstoles y mártires: con Juan, Esteban, Matías, Bernabé, Ignacio , Alejandro, Marcelino, Pedro, Felicidad, Perpetua, Agueda, Lucía, Inés, Cecilia, Anastasia y todos los santos. Y te rogamos nos admitas en su compañía, no considerando nuestros méritos sino como perdonador que eres de nuestras culpas. Por Cristo nuestro Señor".

En el embolismo después de la Oración del Señor:

"Te rogamos, Señor, que nos libre de todos los males pasados, presentes y futuros , y que por la intercesión de la bienaventurada

---

[18] Ver DiPippo, "The Theology of the Offertory—Series to Resume," *New Liturgical Movement*, 27 de febrero 2015.

y gloriosa siempre Virgen María, Madre de Dios, de los santos apóstoles Pedro y Pablo, Andrés y todos los santos, nos des, propicio, la paz en nuestros días, para que ayudados con el auxilio de tu misericordia vivamos siempre libres de todo pecado, y seguros de toda perturbación".

Tres oraciones de preparación, *todas* las cuales deben ser dichas:

"Señor Jesucristo, que dijiste a tus apóstoles: La paz os dejo, mi paz os doy; no mires mis pecados sino la fe de tu Iglesia, y dígnate darle paz y mantenerla unida según tu voluntad. Tú que vives y reinas, Dios, por los siglos de los siglos. Amén.

"Señor Jesucristo, Hijo de Dios vivo, que por voluntad del Padre, cooperando el Espíritu Santo, mediante tu muerte diste la vida al mundo, por este tu sacrosanto Cuerpo y Sangre líbrame de todas mis iniquidades y de todos los males, y haz que siempre esté adherido a tus mandamientos, y no permitas que jamás me separe de Ti, que vives y reinas con el mismo Dios, Padre y Espíritu Santo, Dios, por los siglos de los siglos. Amén.

"La comunión de tu Cuerpo, Señor Jesucristo, que yo, indigno, me atrevo a recibir, no me sea motivo de juicio y condenación, sino que por tu piedad me sirva para defensa del cuerpo y del alma y de remedio saludable: Tú que vives y reinas con el Padre en la unidad del Espíritu Santo, Dios, por todos los siglos de los siglos. Amén".

Al momento de comulgar, todavía de cara al oriente, con la cabeza inclinada ante el Señor -y lo que es crucial, en medio de *un rito de Comunion que le corresponde sólo a él* y con el que se completa el ofrecimiento del sacrificio[19]-, el sacerdote dice en privado:

"Tomaré el pan celestial, e invocaré el nombre del Señor. Señor, yo no soy digno de que entres en mi casa; mas di una sola palabra y mi alma quedará sana [lo dice tres veces]. El Cuerpo de nuestro señor Jesucristo guarde mi alma para la vida eterna. Amén. ¿Qué le daré al Señor por todos los beneficios que de El he recibido? Tomaré el cáliz de la salvación e invocaré el nombre del Señor. Con alabanzas invocaré el nombre del Señor y quedaré libre de mis enemigos. La Sangre de nuestro Señor Jesucristo guarde mi alma para la vida eterna. Amén".

Luego de distribuír el Cuerpo de Cristo, el sacerdote recita dos oraciones después de la Comunión:

---

[19] Ver el capítulo 5.

"Haz, Señor, que conservemos con un puro corazón lo que con la boca acabamos de recibir, y que este don precioso produzca en nosotros el remedio sempiterno.

"Tu Cuerpo, Señor, que he recibido, y tu Sangre, que he bebido, se adhieran a mi corazón, y haz que no quede mancha de maldad en mí, a quien han alimentado estos puros y santos sacramentos: que vives y reinas por los siglos de los siglos. Amén".

Es de la máxima importancia, para la comprensión de la teología y de la espiritualidad de la Misa romana, la última oración que dice el sacerdote antes de dar la bendición a los fieles:

"Séate agradable, oh Santa Trinidad, el obsequio de mi servidumbre, y haz que el Sacrificio que yo, indigno, he ofrecido a los ojos de tu Majestad, te sea aceptable, y a mí, y a todos aquéllos por quienes lo he ofrecido sea, por tu piedad, propiciatorio. Por Cristo nuestro Señor. Amén".

La Misa no termina súbitamente, sino que se prolonga en el Ultimo Evangelio, que es un momento de tranquila meditación, de gratitud y de despedida, en que el Discípulo Amado proclama que la Palabra, que acabamos de ofrecer y de recibir, se ha hecho carne, llena de gracia y de verdad.

EL ESCÁNDALO DE LA SUPRESIÓN DE ESTAS ORACIONES

Ahora bien, estaremos de acuerdo en que las oraciones que he citado recién tienen un riquísimo contenido teológico y de piedad, y en que se focalizan intensamente en la realidad de Dios con quien, por sobre todo, se vincula el sacerdote en la Misa. Dios es más real que un millón de miembros de la congregación, más real que un millón de sacerdotes, más real que la liturgia: es un Fuego vivo e infinito que consume con su amor a los que lo aman, quema las iniquidades de los que se arrepienten, y castiga con las llamas de su justicia a los malvados. Es con este Dios de eterno esplendor y santidad que la Misa pone al sacerdote cara a cara, aliento con aliento, corazón con corazón. Las oraciones que se da al sacerdote para que las recite deben ser, de algún modo, adecuadas a la verdad de este encuentro en la zarza ardiente, en la cumbre del Monte Moria, en los muros de la Jerusalén celestial; deben calar hondo en él y hacerlo reconocer la gravedad de lo que está haciendo y la gracia de poder hacerlo. Ni siquiera mil oraciones serían comparables con la Palabra única que ha sido pronunciada desde toda la eternidad, pero el rito litúrgico debe

mostrar, al menos, que se capta lo que está teniendo lugar en y a
través del sacerdote, por sus manos, por su voz. El rito lo hará orar
seriamente por sí mismo y por el pueblo, para ser purificado, ser
digno y recibir la gracia de Dios; será un rito teocéntrico, fijo en
Dios, e incluso pegado a El; se tomará todo el tiempo y el silencio
y hará los gestos necesarios para aproximarse concienzudamente
a los misterios y a tratarlos con reverencia. Tales cosas son las
que vemos en abundancia en todo rito litúrgico tradicional y, por
cierto, en la Misa tradicional, con su clara orientación a Nuestro
Señor y Salvador Jesucristo y, por su intermedio a Dios, el Padre
de todos, el cual es por sobre todos, en todo y en todos[20].

¿No es, pues, un escándalo monumental, un horroroso desviarse
de la sabiduría, el que casi todas las oraciones sacerdotales que
he citado hayan sido simplemente borradas de un plumazo por
el Ordo de la Misa del Papa Pablo VI, el cual, en comparación,
es despojado y mezquino y, en la práctica, es de naturaleza casi
totalmente extrovertida y procedimental?[21]. Y no sólo esto, sino
que suprimió la mayoría de los besos al altar, muchas genuflexiones, muchos signos de la cruz, multitud de gestos que vincula-
ban al sacerdote con el altar, con el sacrificio y con la persona
de Jesucristo, cuyo carácter de sumo sacerdote él representa. El
rito moderno apenas se preocupa de la disposición subjetiva de
quien hace el ofrecimiento y de la necesidad de una cuidadosa
preparación; apenas se refiere a su indignidad y a su necesidad de
purificación y misericordia. Incluye extraordinariamente pocos
signos por los que un observador, no familiarizado con la fe
católica, podría captar que algo maravilloso, asombroso y terrible
está teniendo lugar, ante lo cual los ángeles se cubren el rostro y
los hombres se golpean el pecho[22].

---

[20] Ver Efesios 4, 6.
[21] Fueron abolidas las oraciones al pie del altar; el Confiteor propio del
sacerdote; las oraciones mientras sube las gradas del altar y lo besa; la oración de la quema del incienso; las oraciones del Ofertorio (reemplazadas,
todas ellas, por textos del judaísmo rabínico); el embolismo en su forma
plena; las oraciones antes de la Comunión del sacerdote; la segunda oración
después de las oblaciones; el *Placeat tibi*; y el Ultimo Evangelio. Todo lo
suprimió el Novus Ordo. El sacerdote tiene que elegir entre dos oraciones
de preparación a la Comunión (en el rito antiguo las dice ambas). Por lo
general, el Canon romano casi no se usa.
[22] Así, el número de ósculos (besos) al altar se ha bajado de ocho a dos;
la señal de la cruz que el sacerdote hace sobre sí mismo se redujo de ocho

¿En qué pensaban los reformadores? Las oraciones del sacerdote por sí mismo deben haberles parecido una exageración de la piedad y devocionalismo medievales, demasiado introspectivas y clerocéntricas; después de todo, la liturgia es "para el pueblo". Pero esta idea es claramente falsa, tanto en lo que se refiere a lo que la liturgia es como en lo que se refiere a cuál es el propósito de esas oraciones específicas. Debido a que la liturgia es, sobre todo, la *obra de Dios* para bien del pueblo, con el sacerdote oficiando como cabeza por disposición divina, el sacerdote debe ser especialmente cuidadoso consigo mismo, para poder ofrecer santamente la oblación, como reparación por sus pecados y los del pueblo, y por el fortalecimiento en todos del hombre interior, el nuevo Adán. Suprimir o minusvalorar esta dimensión es despojar a la liturgia de esa búsqueda de la justicia que la hace estar al servicio de la más importante necesidad de todo cristiano, independientemente de su lugar o su papel en el Cuerpo Místico de Cristo.

Al revisar el Ordo de la Misa[23] no se puede sino advertir que el Novus Ordo ha purgado ampliamente este aspecto del sacerdote que ruega por sí mismo. Aunque se puede reconocer sin dificultad que había problemas morales y doctrinales en el clero antes del Concilio, hemos sido testigos de un alza exponencial, un verdadero maremoto, en la deserción y corrupción del clero *desde* el Concilio, y especialmente desde la introducción del rito moderno por el Papa Pablo VI.

Si realmente creemos en el poder de la oración, ¿no se podría atribuír en gran medida la actual crisis al hecho que los sacerdotes (con excepción del 1% de ellos, más o menos, que celebra la liturgia tradicional) no están acostumbrados a *orar por sí mismos* y confesar y reparar por sus pecados en el contexto de la oración más

---

a uno; la triple señal de la cruz, de dos a una; la señal de la cruz sobre el pan y el vino, o las que se hace con el cáliz y la hostia, de varias docenas a sólo una; la bendición del pueblo quedó reducida a una al final de la Misa, omitiendo las bendiciones a los lectores de la Epístola y del Evangelio y la de quienes van a comulgar; las docenas de golpes de pecho se redujeron a uno, o ninguno; las múltiples inclinaciones de cabeza y genuflexiones quedaron reducidas a una fracción de lo que había. Todos estos signos estaban llenos de significado y reforzaban la asociación con lo sagrado; su eliminación debe ser considerada como una causa principal de la desacralización de la Misa.
[23] Para una útil comparación punto por punto, ver "New and Traditional side-by-side," *The Latin Mass Society of England & Wales*, https://lms.org.uk/missals.

elevada y poderosa de la Iglesia, el sacrifico del Sumo Sacerdote, con el cual los configuró su ordenación, para ofrecer el cual han sido preparados y se les ha dado poder? Esas oraciones sacerdotales tienen el propósito de guiar e inspirar al sacerdote para que ofrezca la liturgia "en espíritu y en verdad", imbuyéndolo de la gravedad y grandeza de lo que osa realizar. Cuando Dios dice a Santa Catalina de Siena "Yo soy El que es, tú eres la que no es", lo que hace es expresar una verdad básica de la vida espiritual, que nadie debe olvidar ni en la intimidad de su habitación ni en el culto público de la Iglesia.

EL PAPEL ÚNICO DEL SACERDOTE: OBRAR EN BENEFICIO DE TODOS

Al narrar su conversión desde el *New Age* al catolicismo tradicional, Roger Buck cita a un sacerdote que le envió la siguiente descripción:

"A diferencia de la Misa del Vaticano II [*sic*], en que el diálogo entre el celebrante y los fieles ocupa la mayor parte del rito, las oraciones y rituales de la forma tridentina exigen que el sacerdote esté continuamente pendiente de los ritos que está realizando. Su voz cambia de ser audible a ser sólo un murmullo; sus ojos miran continuamente al crucifijo; los movimientos de sus manos son conscientes y deliberados. Incluso cuando se da vuelta hacia los fieles, los saludos son breves, con los ojos bajos, y con los gestos precisos. El sacerdote es el servidor del ritual, y las rúbricas fomentan un cuidado y consciencia de sí que no sólo focalizan su propia atención, *sino también la de los fieles*, que se arrodillan una vez más al pie de la cruz del Calvario. Cada vez que se da vuelta hacia los fieles, el sacerdote besa primero el altar. El sacerdote, el altar y el sacrificio están en el centro del culto católico. Cuando el sacerdote está en el altar ofreciendo el sacrificio, el ministerio sacerdotal encuentra su más sublime expresión. El beso que da al altar no es sólo una señal de honor y de respeto a la fuente de su identidad, sino también expresión de su propio apego afectivo a su vocación"[24].

---

[24] Buck, *Cor Jesu Sacratissimum: From Secularism and the New Age to Christendom Renewed* (Angelico Press, 2016), 303–4, énfasis añadido por mí. El capítulo 4 se enfocará en la adecuacion de tales "gestos precisos" y de las detalladas rúbricas. Respecto a la cantidad de veces que se besa el altar, ver Kwasniewski, "'For I Will Not Give You a Kiss as Did Judas': On Sacred and Profane Kissing," *New Liturgical Movement*, 6 de abril 2020.

Decir que el sacerdote es dado al pueblo como modelo y como guía no es forma alguna de clericalismo sino, simplemente, verdad católica. Todos los cristianos, en su bautismo -y los sacerdotes, en su ordenación-, son ontológicamente configurados con el oficio sacerdotal de Cristo[25]. El sacerdote debe, sobre todo, dar ejemplo de cómo buscar la santidad de un pueblo sacerdotal, de modo que nosotros, a nuestra vez, podamos inflamarnos con ese ejemplo. La liturgia debe ser la imagen de la vida cristiana, y no solamente una gasolinera donde llenamos nuestro tanque, ni un lugar de encuentro donde intercambiamos saludos y noticias. Así, el ofrecimiento grave y devoto del sacrificio que hace el sacerdote en beneficio de sí mismo, sirve de ejemplo a la congregación de cómo, también ella, debe ofrecer el sacrificio de sí misma con Cristo sobre el altar. Lo que él hace y dice en la liturgia es un ejemplo para *todos nosotros*. Los laicos católicos que siguen la Misa en su misal aprenden cómo aplicar análogamente estas oraciones sacerdotales a sí mismos; aprenden cómo entrar en el ofrecimiento supremo de Cristo a su Padre, uniéndose ellos a la ofrenda.

En resumen, *así como ora el sacerdote, así ora el pueblo*. Si la liturgia se reduce a un encuentro del sacerdote con el pueblo, la liturgia del pueblo se reducirá a su encuentro con el sacerdote. Si la liturgia está orientada hacia Dios, pidiendo el sacerdote intensamente perdón y purificación para sí mismo, y elevando ardientes súplicas por su santificación y salvación, también el pueblo pedirá lo mismo, a menudo con las mismas palabras e incluso con las mismas actitudes corporales u otras análogas, y adquirirá la costumbre de ver la liturgia como el *locus* de la obra de salvación de Dios entre nosotros.

Recuerdo aquí algo que escribe Dom Jean-Baptiste Chautard: "Si el sacerdote es santo, el pueblo será fervoroso; si el sacerdote es fervoroso, el pueblo será pío; si el sacerdote es pío, el pueblo será, por lo menos, decente. Pero si el sacerdote es sólo decente, el pueblo será sin Dios"[26]. En realidad oí por primera vez estas afirmaciones en una forma más impactante, aunque algo melodramática: "Si el sacerdote es un ángel, el pueblo será santo; si el sacerdote es santo, el pueblo será bueno; si el sacerdote es bueno, el pueblo será mediocre; si el sacerdote es mediocre, el pueblo

---

[25] Ver 1 Pedro 2, 5; ver también Romanos 12, 1.
[26] Chautard, *The Soul of the Apostolate* (TAN Books, 2012), 39.

será bestial"[27]. ¿Constituye esto un sentimiento clericalista? No. Como tampoco es militarismo reconocer que la calidad y el éxito de un ejército depende en gran medidade sus generales, coroneles, capitanes y tenientes. Lo que hace Chautard es simplemente dar voz a un hecho relativo a nuestra vida comunitaria de cristianos que nadie podría negar o refutar. Jamás existirá un cristianismo ortodoxo en que el sacerdote no tenga un rol primordial en la liturgia, en cuanto mediador y modelo de nuestra aproximación a Dios. Esto no puede sino repercutir en todos los aspectos de la vida cristiana. ¿Nos sorprenderemos de que haya florecido la santidad en la parroquia dirigida por San Juan María Vianney, o en las cercanías del confesonario del Padre Pío? Se podría multiplicar los efectos hasta el infinito. Tal como ora el sacerdote, así ora el pueblo; y un sacerdote que vive a partir del altar y para él, y del sacrificio y del pan de vida, criará un pueblo que vive del altar y para él, y del sacrificio y del pan de vida.

LAS VESTIMENTAS APROPIADA PARA UN SACRIFICIO REAL Y SACERDOTAL

Una y otra vez la experiencia me ha enseñado la importancia no sólo de lo que el sacerdote *dice* sino también de *lo que hace* y de *cómo lo hace*, es decir, el aspecto ceremonial, la "vestimenta" de las palabras. La forma cómo el sacerdote se reviste, el modo cómo se comporta, sus gestos y movimientos y, además de eso, el modo cómo los acólitos cumplen su tarea, el manejo de los objetos sagrados en el presbiterio y en el altar: todo ello es como la vestimenta de misterios demasiado deslumbrantes como para que se los pueda contemplar en su prístina realidad, que supera nuestras capacidades terrenales de percepción. Podemos comparar esto con las vestimentas de María, la Madre de Dios. ¿Se vestiría jamás la Virgen sin modestia o con ropas feas, inapropiadas a su dignidad? Por cierto que no, y tampoco debería hacerlo nuestro culto público a Dios. Todos nuestros ritos deben estar entera y magníficamente revestidos con los ropajes de la realeza[28].

Así es como deberíamos concebir, por ejemplo, el uso del noble lenguaje latino que, luego de empleado durante innumerables siglos en la sagrada liturgia, ha sido consagrado, por

---

[27] Se atribuye esta cita a San Pío X.
[28] Ver el capítulo siguiente, y también Kwasniewski, "Clothed in the Vesture of Royalty: Sharing the Beauty of Our Mass," *OnePeterFive*, 8 de enero 2021.

decirlo de algún modo, al servicio divino. Cuando escuchamos el sonoro, elevado e imperecedero sonido del latín, nos damos de inmediato cuenta de que estamos en un acto cultual, de que ha comenzado el homenaje público que rinde la Iglesia. No es que se lo use para ser captado inmediata y simplemente por el pueblo, como si se tratara de una sesión didáctica, sino que se lo usa, principalmente y sobre todo, para Dios, en calidad de suave ofrenda de incienso o de la fragancia de la antigua ortodoxia y de intemporales alabanzas, lo cual nos une con los santos de nuestra historia y con los santos del cielo. El culto se eleva, de este modo, por encima de los límites del momento actual de la sociedad y de la cultura. El latín, junto con el canto gregoriano y los momentos de silencio, sirve de "iconostasio acústico", como barrera simbólica que, por una parte, nos indica que estamos en terreno sagrado y no podemos sucumbir a la tentación de una afable familiaridad con Dios y que, por otra parte, obra como poderosa advertencia de que estamos siendo invitados al abrazo de Su divinidad, y llamados a pregustar una belleza y una felicidad que excede a todos nuestros conceptos y expectativas terrenales[29]. Precisamente el ser diferente es lo que da al culto tradicional su mayor fuerza, ayudándonos a sobreponernos a la "domesticación" y "secularización" de Dios, que es una permanente tentación, ya sea en la forma de pura idolatría, útil para controlar lo divino, ya sea en otras formas más sutiles, como las que vemos en el Occidente moderno, tales como la búsqueda de una humanística fraternidad global interreligiosa, que escamotea el Evangelio de Jesucristo.

Hay dos verdades que se imprimen en nuestra alma cuando oímos al sacerdote hablar o cantar en latín: en primer lugar, el reino de lo divino, aunque penetra nuestro mundo y lo rodea, es realmente un reino por sí mismo, por encima y más allá de nuestro mundo. Hace mil años, cuando el latín era hablado y entendido por más personas, su belleza lingüística y su nobleza no era menos admirada, aunque no sonaba tan foráneo como hoy; y debido a ello sostengo que hoy somos más afortunados que entonces, porque el latín está hoy tan marcado e impregnado por un significado sagrado que opera casi como un sacramental,

---

[29] Ver Kwasniewski, *Reivindicación de nuestros derechos hereditarios como católicos: Genio y actualidad de la Misa tradicional* (Angelico Press, 2022), 27-31.

como el agua bendita que bendice a quienes la usan y a todo sobre
lo cual es rociada. En segundo lugar, el deseo de entender el latín
debiera movernos en cuanto animales racionales; pero no sólo
debiéramos desear entender su sentido simbólico en general, sino
también el contenido inteligible que se nos ofrece en la liturgia.
Este es el punto en que aparece el tema de la educación: *deberíamos
prestar atención*, al menos en ciertos momentos, a las oraciones
de la liturgia, comenzando por las traducciones que tenemos en
el misal diario y, a medida que las ocasiones y oportunidades lo
permitan, deberíamos aprender algo de latín eclesiástico. Las
características propias de este lenguaje no disminuyen en absoluto
a medida que empezamos a entender su significado: por el contrario, aumenta nuestro aprecio por su incomparable vivacidad,
su belleza poética, y la sutileza con que transmite las verdades
de nuestra fe. Verdaderamente es el instrumento perfecto para
el propósito que cumple en el culto, y a medida que nos damos
cuenta de ello, más advertimos su perfección y nos maravillamos
de ella, al mismo tiempo que penetramos más profundamente en
las verdades que este lenguaje expresa. El misterio y la catequesis,
la liturgia y la educación van juntos como obvios compañeros.
Aunque la Misa tradicional hace mucho más "catequesis silenciosa"
que el Novus Ordo, hay mucho en la liturgia que permanece
como un libro cerrado, a menos que nos demos el tiempo para
profundizar en la comprensión de sus oraciones, de sus lecturas
y de sus ceremonias. Afortunadamente ello es hoy más fácil que
nunca antes, puesto que tenemos al alcance libros y artículos que
pueden servirnos de guía en esta senda de descubrimientos[30].

Otro ejemplo de cómo la Misa tradicional está revestida con
las vestiduras de la realeza de Cristo es el conjunto de costumbres
que rodean al Santísimo Sacramento que, al cabo, es nuestro Señor
mismo. Se trata a la hostia y el cáliz con la máxima reverencia
en cada instante. Tanto el elaborado Ofertorio como el insuperable Canon romano dejan bien en claro que el pan y el vino
han de convertirse, y se convierten efectivamente, en la Víctima
sacrificial, el Cordero de Dios, cuyo Cuerpo y Sangre se separan
sacramentalmente. Aquí también el sacerdote se relaciona con el

---

[30] Mi libro *Reivindicación de nuestros derechos hereditarios como católicos* está
pensado como un útil recurso en esta tarea, y contiene una bibliografía
comentada que incluye libros para lectores jóvenes y recomienda sitios *web*.
Volveré al tema del latín en el capítulo 7.

pueblo de un modo específicamente sacerdotal por ser el único que toca con sus manos el Cuerpo de Cristo y lo da a los fieles[31]. Cuando los fieles se arrodillan para recibir la Comunión en la lengua, proclaman enfáticamente con ello la naturaleza divina del alimento que están recibiendo: nosotros no nos hemos ganado ese alimento, no podríamos obtenerlo mediante nuestros propios esfuerzos, y ni siquiera podemos administrárnoslo a nosotros mismos; sólo el Señor puede dársenos a Sí mismo, y por eso Su ministro, que tiene el poder mediante el sacramento del Orden Sagrado y ocupa Su lugar y realiza Su obra, alimenta a los fieles que, como niños pequeños, dejan que otros los alimenten. El don divino desciende desde lo alto hasta nuestra boca; nosotros obedecemos a Dios que dice en las Escrituras "Abre de par en par tu boca, y yo la llenaré"[32]. Todas las ceremonias que rodean el Cuerpo y la Sangre -ya sean las muchas genuflexiones, el mantener juntos el sacerdote sus dedos índice y pulgar, las cuidadosas abluciones de dedos y vasos sagrados-, todo ello converge para mostrarnos y reforzar nuestra fe en que estamos en presencia de Dios mismo, a quien *jamás* debemos tratar de un modo informal, descuidado, ordinario por su cotidianeidad, porque ello significaría nada menos que desprecio. Rodeados como estamos de ángeles, no nos debiera parecer demasiado el imitar, aunque sea pobremente, su servicio perfecto, que está permanente atento a cada detalle[33].

Para concluír, digamos que el tipo de cosas que he descrito en este capítulo -la distancia hierática entre el clero y el pueblo en la Misa antigua; el denso contenido de las oraciones propias del sacerdote, que casi nunca son oídas por otros; el uso del latín, el canto llano y el silencio como un iconostasio acústico; el modo de tratar y distribuír la Comunión-, todo ello sirve para ilustrar el siguiente principio general: la catequesis es inútil en la medida en que los signos de la liturgia la contradicen[34]. Para decirlo de

---

[31] En el *usus antiquior* se permite también al diácono, que ha recibido la ordenación, que distribuya la Comunión.

[32] Salmo 80, 11, en la Vulgata. Ver Peter Kwasniewski, *The Holy Bread of Eternal Life: Restoring Eucharistic Reverence in an Age of Impiety* (Sophia Institute Press, 2020), 89–103.

[33] En el capítulo 9 nos concentraremos en la intensa y ubicua reverencia eucarística de la Misa tradicional.

[34] Ver Kwasniewski, "Formation and Malformation: Why Catechesis Isn't Enough if the Liturgy is Countercatechetical," *New Liturgical Movement*, 21 de junio 2021.

modo positivo, la primera y más elemental catequesis es *el modo cómo actuamos en la liturgia*. Nuestro modo de actuar, a su vez, moldea y es moldeado *por lo que decimos* que estamos haciendo en la liturgia, con lo cual me refiero no a lo que decimos sobre la liturgia *desde afuera*, sino a lo que decimos *con ella* y *mediante ella*. Leemos en el primer versículo de los Hechos de los Apóstoles que "Jesús comenzó *a hacer* y *a enseñar*"[35]. El hacer precede al enseñar. En sus *acta et dicta*, la forma tradicional de la Misa ejemplifica más plenamente e inculca más conscientemente que su reemplazante de 1969 las virtudes del corazón de la vida cristiana.

Si queremos tomar en serio el cristianismo, si verdaderamente creemos en la existencia de la verdad, de la virtud, de la oración, de la santidad y de la vida eterna, debemos volver, lo más rápidamente posible, a aquel rito litúrgico que toma en serio todas estas cosas y que, en sus textos y rúbricas, *las impone* al celebrante, como un suave yugo y una carga ligera que lo une a Cristo. La Misa tradicional es la forma ideal de oración litúrgica no sólo para el laicado sino también, y de un modo muy especial, para el sacerdote, quien gracias a ella puede presentar al pueblo el ejemplo de una oración centrada en Dios, que culmina en el sacrificio místico que une a los hombres con Dios, al cielo con la tierra, al tiempo con la eternidad[36]. Ojalá haya más sacerdotes que descubran esta verdad y adhieran a ella de todo corazón, para su *propio* beneficio, como también para el de los fieles, vivos y difuntos. Un sacerdote santo y lleno de celo, sumergido en los misterios de Cristo, unido a la oración del mismo Salvador ante el trono de la gracia, hará siempre un bien al pueblo de Dios mucho mayor que el sacerdote centrado en el pueblo y vuelto hacia lo exterior, como el que la era postconciliar quiso producir y produce todavía.

---

[35] Hechos 1, 1 (énfasis añadido por mí).
[36] Ver Kwasniewski, "Not Abandoning the Flock—Not Abandoning the Truth," *OnePeterFive*, 13 de julio 2022.

3

Por qué la Misa tradicional tiene un estilo real y cortesano

"Todo es lujoso, como en la corte de los reyes.
No calza con una sociedad democrática, como es la nuestra".

D E LOS DOS CAPÍTULOS PRECEDENTES SE desprende que, en la época actual, la Misa tradicional va contra el pelo. El sacerdote "ignora" al pueblo a fin de concentrar la atención en Dios. Los ministros están puestos aparte, en un espacio elevado que les es propio, divididos del pueblo por una barrera; es a ellos que les corresponde la mayor parte de las acciones que se realizan en la ceremonia. El lenguaje es extraño y elevado, desconocido por muchos de quienes asisten a la liturgia. Es evidente que estas cosas son "rasgos, no errores", ya que son internamente coherentes entre sí y se refuerzan unas con otras. Esta liturgia sin duda opera a partir de un propósito deliberado, y trata de que éste esté presente en todos los asistentes a ella. Este capítulo se propone explicar cuál es ese propósito o, más bien, esa realidad.

UN MODELO CELESTIAL

Comencemos por el final de la Biblia. Según Joseph Ratzinger, el Apocalipsis, o Apocalipsis de San Juan, revela cierta "liturgia arquetípica" a la cual deben parecerse todas nuestras liturgias terrenales:

"Con su visión de la liturgia cósmica, en cuyo centro está el Cordero que ha sido sacrificado, el Apocalipsis ha mostrado de un modo impresionante cuáles son los contenidos esenciales del sacramento eucarístico, que fijan el estándar para todas las liturgias locales. Desde el punto de vista del Apocalipsis, el aspecto esencial de toda liturgia eucarística es su participación en la liturgia celestial: es de ahí que deriva necesariamente su unidad, su catolicidad y su universalidad"[1].

---

[1] Ratzinger, *Pilgrim Fellowship of Faith: The Church as Communion* (Ignatius Press, 2005), 110–11.

El Papa Juan Pablo II hizo una observación parecida acerca del Cántico del capítulo 5 del Apocalipsis, al decir que "pertenece a la solemne visión inicial" que nos muestra "un tipo de Liturgia celestial a la que nosotros, todavía peregrinos en esta tierra, estamos asociados durante nuestras celebraciones eclesiales". Y añade: "El himno del Apocalipsis, sobre el que meditamos hoy, termina con una aclamación final realizada por "miríadas y miríadas" de ángeles (cf. Apocalipsis 5, 11), y se refiere "al Cordero que fue inmolado", a quien se tributa la misma gloria que a Dios Padre porque es digno "de recibir poder, riqueza, sabiduría, fuerza" (5, 12). Este es un momento de contemplación pura, de gozosa alabanza y de un cántico de amor a Cristo en su misterio pascual. La liturgia de la Iglesia anticipa este luminoso cuadro de gloria celestial. En realidad, tal como nos lo recuerda el Catecismo de la Iglesia Católica, la liturgia es la "acción" del Cristo total (*Christus totus*). Quienes la celebran aquí ya viven, de algún modo, más allá de los signos, en la liturgia celestial, donde la celebración es una comunión y fiesta totales. Es en esta eterna liturgia que nos hacen participar el Espíritu y la Iglesia cuando celebramos, en los sacramentos, el Misterio de la Salvación"[2].

En su libro "La Cena del Cordero", Scott Hahn escribe: "Sospecho que Dios ha revelado el culto celestial en términos terrenales a fin de que los seres humanos -que, por primera vez han sido invitados a participar en ese culto- supieran cómo realizarlo"[3]. El Apocalipsis, nos dice Hahn, ayudó a la naciente Iglesia a discernir qué elementos del culto del Antiguo Testamento había que conservar en el Nuevo Testamento, puesto que el Nuevo *concluye* e *incluye* al Antiguo[4]. La Iglesia puede y debe tener edificios, ministros, candeleros, cálices, incienso y paramentos porque su culto, que está ordenado a Cristo y deriva de El, es la perfección de todo aquello que el antiguo culto indicaba, con tales símbolos tipológicos, que debía ser llevado a plenitud. Tales símbolos

---

[2] Juan Pablo II, Audiencia General, noviembre 3, 2004, donde cita a CIC nºs 1136 a 1139.

[3] Hahn, *The Lamb's Supper: The Mass as Heaven on Earth* (Doubleday, 1999), 122.

[4] En Mateo 5, 17–18 ("No vayáis a pensar que he venido para abolir la Ley y los Profetas. Yo no he venido para abolir sino para dar cumplimiento. En verdad os digo, hasta que pasen el cielo y la tierra, ni una jota, ni un ápice de la Ley pasará, sin que todo se haya cumplido"), el verbo griego "cumplir" significa tanto completar algo como darle término. La perfección de la Ley encarna todo lo que es bueno y lo supera con una inesperada plenitud.

siguen siendo los que necesitamos para percibir a Cristo y entrar en comunión con El, y adquieren un *nuevo* propósito en cuanto símbolos que señalan una realidad que ya se ha cumplido, la salvación ganada en la Cruz, la gloria compartida con los fieles que ya pueden entrar al cielo. De hecho, puesto que nuestro culto terrenal es todavía imperfecto en comparación con el del reino celestial, corresponde que retengamos unos símbolos que no deben ser confundidos con la realidad última, pero que no sólo nos la recuerdan sino que nos ponen en contacto vivo con ella. No se trata de que el Antiguo Testamento se relaciona con el Nuevo meramente como se relaciona el símbolo con la realidad sino que, más bien, recurriendo aquí a la taquigrafía, existe una doble proporción, Antiguo:Nuevo, Nuevo:Cielo[5].

¿Quién es la figura central del Apocalipsis? El cordero degollado y resucitado, el Cordero Pascual que se nos da en la Sagrada Eucaristía, instituída por Cristo en la última cena que celebró con sus discípulos antes de su muerte redentora. ¿Cuál es la actividad central descrita en el libro? El culto, ya sea el verdadero (que se dirige a Dios y al Cordero), ya el idolátrico (dirigido a Babilonia, la bestia, la prostituta, etc.). ¿Y cuál es la metáfora central? El matrimonio. O estamos unidos como "una carne" con el Cordero, lavados por su Sangre y admitidos a Su mesa, o fornicamos con el diablo. Se compara a las dos ciudades como la prostituta (la vieja e infiel Jerusalén) con la esposa virgen (la nueva Jerusalén, la Iglesia). El término mismo usado para "revelación" -*apokalypsis*- significa "desvelamiento". En la época en que se escribió la Revelación, dicho término se usaba para describir, entre otras cosas, el quitar el velo a la esposa virgen como parte de las festividades nupciales. En resumen, el Libro de la Revelación se refiere al verdadero culto del verdadero Dios, al místico matrimonio con El, y esto es hecho realidad mediante el culto de la Iglesia, especialmente en los sacramentos del bautismo y de la Eucaristía. Fuera de esta vida sacramental, lo que hay es error, locura, desesperación, horror y destrucción: o sea, la historia de la humanidad caída, que guerrea contra el Cordero.

Interesa advertir que este libro ha recibido un título de honor que se extendió posteriormente a todo el cuerpo de las Escrituras,

---

[5] Explicación: el mero símbolo (o signo anticipatorio) es al símbolo-realidad (o sacramento eficaz) como el símbolo-realidad es a la realidad última (la visión de Dios cara a cara).

o más bien fue reconocido en ellas, a saber, "revelación"; y no es una casualidad que *este* libro, llamado "Revelación", se refiera al verdadero culto del verdadero Dios, porque, en verdad, *todas* las Escrituras tratan del verdadero culto al verdadero Dios. El cristianismo es una religión que se centra principal y fundamentalmente en la adoración, el amor y el servicio al único Dios verdadero, y en tales cosas consiste la salvación del hombre (que se desborda en el amor al prójimo). Dicho de otro modo, no es posible una "reducción ética" o un "destilado filosófico" del cristianismo, porque éste está íntimamente unido al sacrificio y al sacramento, mediante los cuales profesamos nuestra fe en Dios y nos rendimos a su amor.

¿Por qué las Sagradas Escrituras terminan con el Apocalipsis? La razón es tan sencilla como profunda: el Apocalipsis no es solamente ni principalmente la conclusión de la escritura de un libro sino, más bien, el comienzo de (o la apertura a) *algo más*, que es intrínsecamente más grande que las Escrituras, a saber, el culto vivo del Cuerpo vivo de Cristo, en la tierra y en el cielo. Esta es la respuesta, sutil pero potente, dada por anticipado a la invención protestante de la *sola scriptura*: con el Apocalisis finaliza la Biblia porque él nos describe el banquete Eucarístico del Cordero y nos invita a él, el cual es el lugar donde *las cosas* de que se habla en las Escrituras *están realmente presentes*. Los signos escritos nos conducen a la realidad significada; el pan de la palabra nos conduce al pan de vida, el libro nos conduce al altar. Hahn escribe:

"Para la mayoría de los primeros cristianos ello era un hecho: el Apocalipsis no se podía comprender fuera de la liturgia. Sólo cuando comencé a asistir a la Misa, las muchas partes de este libro asombroso comenzaron, de pronto, a ordenarse. Pronto pude ver el sentido del altar del Apocalipsis (8, 3), su clero revestido (4, 4), las velas (1, 12), el incienso (5, 8), el maná (2, 17), los cálices (cap. 16), el culto dominical (1, 10), la preminencia reconocida a la Santísima Virgen (12, 1-6), el "Santo, Santo, Santo" (4, 8), el Gloria (5, 3-4), la Señal de la Cruz (14, 1), el Alleluia (19, 3, 6), la lectura de las Escrituras (caps. 2-3) y el "Cordero de Dios" (en muchos, muchos lugares). No se trata de interrupciones en la narrativa o detalles secundarios, sino que constituyen la materia misma del Apocalipsis"[6].

---

[6] Hahn, *The Lamb's Supper*, 66–67.

En las páginas finales del Apocalipsis contemplamos a la nueva Jerusalén que desciende del cielo. ¿Hacia dónde desciende? Hacia el Monte Sión, es decir, al lugar donde Jesús comió su Ultima Pascua e instituyó la Eucaristía, donde el Espíritu Santo descendió en Pentecostés, donde los cristianos se libraron de la destrucción romana del año 70. "En otras palabras, la nueva Jerusalén vino a la tierra, tanto entonces como ahora, en el lugar donde los cristianos celebraban la cena del Cordero"[7]. La liturgia es la Parusía anticipada, el "aquí y ahora" que se hace presente en nuestro "todavía no", como lo expresa tan bellamente la Colecta del Domingo duodécimo después de Pentecostés, que nos enseña que nuestro banquete Eucarístico en el templo desciende desde la fiesta celestial y nos convoca a ella:

"Omnipotente y misericordioso Dios, de cuyo don proviene el que los fieles podamos servirte de un modo digno y laudable, haz, te suplicamos, que corramos sin tropiezo a la consecución de tus promesas. Por Nuestro Señor Jesucristo, tu Hijo, que contigo vive y reina en la unidad del Espíritu Santo por los siglos de los siglos. Amén"[8].

Foley comenta esta oración del siguiente modo:

"La Colecta dice, en esencia, que a Dios se lo sirve, y de ello fluye nuestro servicio "digno y laudable". O, para usar otro término (proveniente del griego) para "ceremonia religiosa pública", Dios tiene una "liturgia" (*leitourgia*), y es en virtud de esta liturgia, la liturgia divina, que los hombres pueden adorarlo como corresponde. Aunque las manos humanas han tenido, obviamente, una parte en su desarrollo histórico, la sagrada liturgia, que participa en la liturgia cósmica descrita en la Epístola a los Hebreos y en el Apocalipsis y nos la anticipa, no es, al cabo "obra de manos humanas" sino resultado del Espíritu Santo y de la continua acción de Jesucristo, Sumo Sacerdote. Divorciar lo humano de lo divino en la sagrada liturgia es cometido de locos, una locura igual que tratar de separar de la inspiración divina lo que en las Sagradas

---

[7] Hahn, 102.

[8] "Traducción servil" hecha por Michael Foley [N. del Tr.: la traducción al inglés que escribe el autor, a la cual llama "servil", es la siguiente: "Omnipotente y misericordioso Dios, de cuya liturgia proviene el que seas digna y laudablemente servido por tus fieles, concédenos, te suplicamos, que podamos correr sin tropiezos hacia tus promesas. Por Nuestro Señor, etc". Mr. Foley dice "de cuya liturgia" donde el texto latino dice "de cuius munere venit", en castellano "de cuyo don proviene"].

Escrituras está compuesto por los hombres. La liturgia no es primariamente un fenómeno humano, que luego aplicamos a lo que sucede en el Cielo, aunque de un modo débil y metafórico. Por el contrario, la más auténtica de las liturgias auténticas es lo que tiene lugar en el Cielo sobre el altar del Cordero inmolado que celebra ahora su Fiesta Nupcial; lo que hacemos en la tierra en nuestras iglesias es un acto derivado de ello. Pero, puesto que es derivado, nuestras liturgias terrenales verdaderamente participan, aquí y ahora, de la Liturgia Celestial"[9].

Si Joseph Ratzinger, Juan Pablo II, Scott Hahn y Michael Foley tienen razón en lo que dicen sobre la conexión entre la liturgia terrenal y la celestial, disponemos de un argumento poderoso y verdaderamente irrefutable a favor de la restauración de lo sagrado, de la recuperación de los signos y símbolos en todos los aspectos de la liturgia, desde la arquitectura, el mobiliario y las decoraciones hasta el ceremonial y la música sagrada. Se trata de un argumento a favor de la preservación o restablecimiento de la continuidad con el culto católico tradicional, y de una abrumadora necesidad de enriquecer y "celestializar" el frecuentemente estéril y empobrecido vocabulario de la vida litúrgica moderna. La música que oímos, por ejemplo, debiera provocarnos una sensación de grandeza o debiera, al menos, elevarnos la mente a las cosas divinas, de modo que podamos tener algún lejano eco de la música angélica; el edificio de la iglesia debiera evocarnos la ciudad celestial, y el presbiterio ser una magnífica imagen del Santo de los Santos. Las ceremonias, con su esplendor solemne y ordenado, debieran arrastrar el alma hacia arriba, hacia la majestad y misterio de Dios. Si no luchamos por tener y obrar estas cosas en la medida que nos sea posible, no sólo nos alejamos de una tradición que tiene más de 3.300 años (si tomamos en cuenta los precedentes judíos) y, lo que es peor, nos hacemos sospechosos de la antigua herejía del marcionismo, que contraponía el Dios cristiano con el Dios judío; sino que, además, demostramos que no hemos ni entendido ni acogido el mensaje de la Divina Revelación *como una unidad*. En cierto sentido, rechazamos las raíces de nuestra religión, que proclama y actualiza la llegada del reino de Dios a nosotros a fin de que "recibamos al Rey de

---

[9] Foley, *Lost in Translation: Meditating on the Orations of the Traditional Roman Rite* (Angelico Press, 2023), 165–66.

Todo, invisiblemente rodeado de las jerarquías de los ángeles"[10] y lo acompañemos en Su gloria.

Lo que podemos y debemos aprender del Apocalipsis es la vocación esencial de la Iglesia: dar gloria a Dios y santificar nuestra alma en el tiempo de la tribulación. Para hacerlo, necesitamos, antes que nada, considerar *el paradigma simbólico fundamental del culto* tal como nos lo da la Sagrada Escritura y toda la tradición cristiana, a saber, Dios es nuestro gran Rey, que gobierna sobre todas las cosas con el cetro de la justicia; Jesucristo es Rey de reyes y Señor de señores, Juez de vivos y muertos; el cielo es Su trono y la tierra Su escabel[11]; y, en Su sagrada corte, una inmensa multitud de santos y de ángeles Lo sirven junto con su Santa Madre, Nuestra Señora, como su Reina[12].

EN DEFENSA DEL CARÁCTER PROTOCOLARIO DE LA LITURGIA

Pero surge una objeción: Toda esta imaginería regia, monárquica, protocolaria, sobre la que se apoya tanto la antigua liturgia, ¿no es simplemente una construcción relativa a determinada época, que ya debiera ser reemplazada por convencionalismos más democráticos o popularistas en nuestros tiempos? ¿No debería cada época tener una liturgia que le hable en los términos de sus propios modelos políticos predominantes? Algunos progresistas, como el P. Thomas O'Loughlin, apenas contienen su expresión de sorpresa por los católicos que prefieren la forma antigua del culto: "Hay ciertos gestos -reverencias e incluso genuflexiones- que provienen del mundo jerarquizado de la corte imperial de Bizancio, pero que son usados ahora por gentes que alegan ser

---

[10] Citado de *The Divine Liturgy of Our Father Among the Saints John Chrysostom. Ruthenian Recension — A Study Text*, Octubre de 2015, www.byzcath.org/forums/ubbthreads.php/ubb/download/Number/1617/filename/Study-Liturgicon-Chrysostom.pdf, p53, n259.

[11] Ver Isaías 66, 1; Hechos 7, 49; Mateo 5, 35.

[12] Como dice Pío XII, hablando de Nuestra Señora en su encíclica *Ad Coeli Reginam* (octubre 11, 1954): "Ella llevó un Hijo que, desde el momento mismo de su concepción, debido a la unión hipostática de la naturaleza humana con el Verbo, fue, incluso como hombre, Rey y Señor de todo. Así, pues, con toda razón y justicia pudo escribir San Juan Damasceno: 'Cuando se convirtió en Madre del Creador, ella se convirtió verdaderamente en Reina de todas las creaturas'". Así, la liturgia tradicional contiene también una gran cantidad de fiestas marianas de precepto, que se caracterizan por elevadas alabanzas a la Virgen Madre.

partidarias de la igualdad entre los hombres y de la democracia"[13].

El P. Anthony Ruff, monje benediction de St. John's Abbey en Collegeville, Minnesota[14], propone la hipótesis de que los obispos en el Vaticano II firmaron un cheque en blanco para que se realizara una reforma radical, que habría de llevar la liturgia, finalmente, a la modernidad. Y escribe:

"Los padres conciliares no entraron en todos los detalles de la reforma de la liturgia, dejándolos en su mayoría a una futura comisión nombrada por el papa. Lo que los padres aprobaron fue un gran cambio de paradigma, desde la liturgia entendida como un drama clerical carolingio a una acción de todo el pueblo, dejando abiertas las implicancias que pudiera tener ese cambio. Sin duda algunos padres, o mucho de ellos, no tuvieron presentes las posibles implicancias del cambio de paradigma. Pero no necesitaban tenerlas"[15].

Uno se pregunta cuántos de los padres conciliares habrían aceptado que la liturgia tradicional que conocían era "un drama clerical carolingio", y cuántos habrían deseado cambiar esa liturgia por "una acción de todo el pueblo", sin poner límites a los cambios litúrgicos que habrían de materializar esa difusa visión. En otro artículo, el P. Ruff declara: "En cuanto a la liturgia, el cambio de paradigma consiste en el tránsito desde un drama sagrado clerical carolingio a un acto de toda la comunidad. Dejemos que cale bien el peso de este cambio, con todas sus posibles implicancias para la práctica litúrgica"[16].

---

[13] O'Loughlin, "Liturgy is not a visit to a museum," *La Croix*, 13 de agosto 2022.

[14] Este monje y este monasterio tienen una mentalidad más afín a la de los jesuitas modernos que a los benedictinos clásicos: ver Kwasniewski, *Noble Beauty, Transcendent Holiness: Why the Modern Age Needs the Mass of Ages* (Angelico Press, 2017), 115–33.

[15] Ruff, "Cardinal Sarah on Mass Not Facing the People," *PrayTell*, 26 de mayo 2016.

[16] Ruff, "The Worst Reasons for *Ad Orientem*," *PrayTell*, 18 de agosto 2016. Si se cree que el problema es el "clericalismo", el Novus Ordo no lo soluciona, ya que la "participación" en la nueva liturgia va a menudo de la mano con la realización por laicos de papeles que han sido históricamente propios de clérigos, tales como la lectura de las Escrituras y la distribución de la comunión, como si el modo más significativo de involucrar al laicado fuera convertirlo en un clero menor o temporal, fenómeno que Juan Pablo II llamó "clerizalización de los fieles laicos" (*Christifideles Laici*, n° 23). Ver Kwasniewski, *Ministers of Christ*, 38, 67, 73, 157, *et passim*. La naturaleza

Los carolingios -es decir, los francos de la Alta Edad Media, cuyo más grande gobernante fue Carlomagno, en cuyo imperio la liturgia papal, entremezclada con elementos galicanos, constituye la sustancia del rito romano en su madurez medieval temprana- son un blanco más bien fácil para los liturgistas de mentalidad reformista moderna, que parecen sentir poquísimos escrúpulos por dar solamente algunos sobrevuelos rasantes por encima de la inmensa complejidad de los datos históricos, permitiéndose generalidades de revistas de *comics*. De hecho, lo poco que sabemos de la liturgia pre-carolingia hace relativamente fácil que los liturgistas atribuyan a los carolingios casi todo lo que personalmente les desagrada, lo cual les proporciona la excusa perfecta para afirmar que ello no es "primigenio" y debe, por tanto, ser expurgado.

Enfrentemos, pues, el desafío implícito en las palabras del P. Ruff. Los enemigos de la tradición afirman que la liturgia latina clásica se caracteriza por ser protocolaria o parecer etiqueta de corte y que, con el paso del tiempo, se mezcló (y corrompió) con expresiones de la política secular del barroco. En otras palabras, los progresistas sostienen que la Misa tradicional -piénsese especialmente en la Misa Pontifical- es un elaborado despliegue de señales de deferencia a un príncipe o rey, que le debe más a la alta cultura profana que a los precedentes sagrados, y que constituye un impedimento para la humildad, sencillez e inmediatez de la presencia de Cristo en la comunidad, o sea, en la hermandad reunida en torno a la mesa.

Aunque a algunos esto pueda parecerles plausible, existen porfiadas contraindicaciones que merecen la atención de los investigadores honestos. En su obra *The Treasure of the Church*, el canónigo Bagshawe argumenta que hay una íntima conexión entre el realismo (o monarquismo) y la liturgia del templo y que, como resultado de ello, la imagen de la "corte del gran rey" fue adoptada por la liturgia cristiana y se la aceptó en todas partes como un enmarcamiento obligado, algo que obviamente ya es así en el Antiguo y en el Nuevo Testamento.Según Bagshawe:

"La estructura misma de la iglesia sugiere la presencia de Dios, y la ornamentación del altar materializa la misma idea. Se trata, en principio, de algo muy parecido al esplendor y al ceremonial de la corte del rey. Es imposible que los hombres alberguen en su

---

clerical de estas funciones queda subrayada por el hecho que todavía es ilícito, incluso en el Novus Ordo, que un laico lea el Evangelio o que el celebrante *no* distribuya la comunión.

medio a la realeza y que no creen signos exteriores que señalan y
veneran al rey. El ceremonial, por cierto ha variado mucho de una
época a otra, pero desde los primeros reyes que han reinado hasta
nuestros propios días, siempre ha existido algún espectáculo real
de algún tipo. Igualmente es imposible que los hombres que creen
que el Señor está en medio de ellos no le prodiguen sus tesoros
más preciosos, tal como fue imposible que Santa María Magdalena
no ungiera Sus pies con un precioso perfume (Juan 12, 3).

"La iglesia es Su palacio, y el altar, Su trono. Lo que nosotros
hacemos es tomar aquella gloriosa corte que se nos describe en
las Sagradas Escrituras y tratar pobremente de imitarla en la tierra.
Los cirios y el incienso, y las flores y los paramentos y el ceremonial de los sacerdotes, ¿qué son sino una imagen terrenal de
aquella "gran muchedumbre que nadie podía contar... vestidos
de túnicas blancas, con palmas en sus manos" y de "todos los
ángeles que estaban de pie alrededor del trono y de los ancianos
y de los cuatro vivientes y cayeron sobre sus rostros ante el trono
y adoraron a Dios"? (Apocalipsis 7, 9-11)[17].

Nosotros no podemos menospreciar este lenguaje y esta imaginería, presente por doquier en las Escrituras y en el período
patrístico, como si fueran un epifenómeno de las antiguas cortes
y monarquías del Medio Oriente, o un telón de fondo, destinado
a crear superficiales emociones, y fácilmente desechable por los
espíritus modernos "emancipados". Porque, en efecto, el mismo
mundo conceptual se prolongó en el imperio bizantino durante
más de mil años con posterioridad a Constantino el Grande;
abarcó a las cortes medievales, a las renacentistas, a las barrocas y
a los países confesionalmente católicos que existieron hasta bien
entrado el siglo XX. Las monarquías y principados, plausiblemente
las formas más antiguas y naturales de organización política, han
sido por lejos una parte más coherente de la experiencia humana
y de la formación de la cultura cristiana que la ideología democrá-
tico/igualitaria o que las "verdades evidentes" de que nos hemos
autoconvencido en la modernidad. Aquel mundo conceptual ha
seguido causando una extraña fascinación en la política y la literatura, y logra un inmenso éxito popular donde quiera que existe[18].
El P. Louis Bouyer observa que los mitos monárquicos figuran

---

[17] Bagshawe, *The Treasure of the Church* (Burns & Oates, 1902), 165–66.
[18] Ver Joseph Shaw, *A Defence of Monarchy: Catholics under a Protestant King*
(Angelico Press, 2023).

entre los elementos estructurales primordiales de la conciencia humana, implantados y hechos fructíferos por la Palabra de Dios. Como lo resume Keith Lemna, experto en Bouyer:

"Nuestro intelecto exige sintonía con el símbolo [religioso] a fin de recibir la revelación divina, y la falange de símbolos religiosos presentes en los mitos monárquicos proporcionan la matriz usada por la Palabra divina, de modo transfigurativo, para dársenos a conocer. La gloria del cosmos refleja la gloria trascendente del Dios único, Verdadero Rey. El Rey Dios es, además, la única y exclusiva fuente, en y mediante su Palabra, de la única ley que rige tanto el cosmos como el corazón de la humanidad. Los mitos de las primeras civilizaciones se centraban en la persona del rey como figura mediadora que unía cielo y tierra. La Palabra bíblica recogió este tema, pero lo transformó, afirmando que sólo Dios es verdadero Rey, el Rey de todas las naciones y pueblos de la tierra, así como también de los poderes cósmicos. Dios es Rey en el cosmos"[19].

Ya sea que pensemos que la democracia sí puede hacerse funcionar, ya sea que no[20], ésta no tiene un lugar en el reino de los misterios sobrenaturales: el cristianismo es pura y enteramente monárquico. Teniendo como telón de fondo la revelación del Antiguo Testamento de Dios como el único y exclusivo gran Rey de toda la tierra, y del pueblo de Israel como nación real y sacerdotal gobernada por profetas, jueces y, al cabo, por la dinastía davídica, confesamos que Cristo es nuestro Rey, que gobierna cielos y tierra en todos los tiempos, pasado, presente y futuro, este mundo y el por venir; que Sus ángeles y santos son Su corte real; que aunque El se digna llamarnos sus amigos y hermanos, sabemos que nunca dejaremos de ser Sus sirvientes, que anhelan estar en su corte y en sus tabernáculos. En época tan reciente como el año 1926 -hace apenas un siglo- la Iglesia creía que los fieles necesitaban oír el siguiente mensaje en la oración de Poscomunión de la entonces recién instituída fiesta de la realeza de Cristo: "Habiendo conseguido el alimento de la inmortalidad,

---

[19] Lemna, *The Apocalypse of Wisdom: Louis Bouyer's Theological Recovery of the Cosmos* (Angelico Press, 2019), 25, 95, and 114.

[20] Los logros de la democracia, hasta ahora, son muy inferiores a los de la monarquía y la aristocracia, si consideramos los estándares de los gobernantes canonizados o beatificados y de la conservación de la fe en las sociedades. Ver Kwasniewski, "Between Christ the King and 'We Have No King But Caesar,'" *OnePeterFive*, 25 de octubre 2020.

pedímoste, Señor, que cuantos nos gloriamos de militar bajo los
estandartes de Cristo Rey, con El mismo podamos reinar continuamente en la sede celestial. Que contigo vive y reina…"[21].
El carácter densamente político de esta imaginería apunta a la
polis real y soberana de la Iglesia católica romana como sociedad
perfecta (*societas perfecta*) ya totalmente perfeccionada en la Jerusalén celestial, la ciudad del gran Rey. Nuestro sacrificio celestial,
la Santísima Eucaristía, es una oblación real y propia del sumo
sacerdote, una auténtica *leitourgia*, que quiere decir obra de uno
en beneficio de todos, la obra que explica el omnipresente cris-
tocentrismo y sacerdotalismo de los ritos litúrgicos tradicionales.

Por tanto, la moderna fijación con la democracia, como si
fuera la mejor o única forma buena de gobierno, no sólo *no abole*
nuestra necesidad de un lenguaje monárquico y protocolario, sino
que lo hace *mucho más necesario* que antes, a fin de que imprima
en nuestro espíritu el modo cómo las cosas son realmente en la
definitiva realidad del reino de Dios. Todos nuestros experimentos democráticos e igualitaristas se vendrán abajo al fin de los
tiempos, cuando el glorioso reino de Cristo Rey sea revelado a
todas las naciones, y todos quienes se han sometido a Su suave
yugo sean elevados a la vida eterna con su carne glorificada, en
tanto que quienes lo han rechazado darán alaridos y rechinarán
los dientes, condenados al tormento eterno. La liturgia debe
reflejar la verdad de Dios, Su monarquía absoluta, Su gobierno
paternal, Su corte jerárquica en el inefable esplendor de la Jerusalén celestial, y no reflejar las verdades pasajeras de nuestras
modernas organizaciones políticas.

En resumen, realizar la liturgia de modo que parezca *menos*
protocolaria, *menos* monárquica, *menos* hierática, *menos* espléndida,
es hacer que parezca diferente de lo que es en su más profundo
ser; es hacerla, hasta donde es posible, menos fiel a sí misma,
menos celestial, menos monárquica. Una Misa des-monarquizada,
des-celestializada, engaña al fiel cristiano, que es alejado del

---

[21] Foley, *Lost in Translation*, 243; los "estandartes" se refieren a la Cruz y a
los diversos instrumentos de la Pasión. Era inevitable que una oración como
ésta -y la mayor parte de la fiesta de la Realeza de Cristo- sucumbiera al
escalpelo de los reformadores litúrgicos, cuya teología oficial desaprobaba
estos conceptos básicos del papa (Pío XI) que la instituyó. Pablo VI no
solamente *trasladó* la fiesta de Cristo Rey, sino que la *reemplazó* por otra
fiesta, en una fecha diferente y con diferentes textos, que tienden a alejarse
de las verdades analizadas en este capítulo (ver Foley, 240-44).

encuentro con el Dios que no ha sido hecho por mano alguna ni ha sido explorado en profundidad por ninguna mente. Si el modo cómo se realiza la liturgia permite al pueblo pensar que la Misa se refiere a él, que él es el primordial protagonista de una reunión intramundana en que el sacerdote es una especie de servidor público que dirige, en nombre de la comunidad, algo que en realidad le pertenece, esa liturgia no hace sino inculcar una perniciosa mentira[22]. La liturgia no es "del pueblo, por el pueblo y para el pueblo", sino que es el acto salvador de Cristo, realizado primeramente y siempre por El, y por los ministros ordenados que actúan en Su nombre y por Su autoridad; se la realiza para la glorificación de Dios *y es sólo por esta razón* que santifica al pueblo. Se puede decir que la liturgia es "para nosotros" del mismo modo que uno puede decir que debemos amarnos a nosotros mismos, es decir, debemos amarnos a nosotros mismos amando a Dios primero y máximamente, mediante la ofrenda sacrificial de nosotros mismos en cuerpo y alma[23], en lo cual consiste la verdadera forma de amarnos.

En consecuencia, una de las mayores bendiciones de la liturgia latina tradicional es su representación pura, abierta y sin timideces de la corte del gran Rey de cielo y tierra en todas sus oraciones, rúbricas y ceremonias, en las magníficas formas artísticas que emergieron de esta "protocolariedad" y que refuerzan el "drama" de los sagrados misterios de nuestra redención. Encontramos esta representación en la expresión franca y decidida de la monarquía divina, expresión que irradia con una panoplia de símbolos sagrados, y en la jerarquía eclesiástica, dotada de paternal poderío. Todo nos envuelve en una atmósfera de aristocracia espiritual, es decir, nos envuelve en el mundo de los santos que reinan con Cristo. Después de todo, esta venerable liturgia no fue producida por un comité de expertos, al modo como se manufacturan las

---

[22] Ratzinger vio todo esto muy claramente. En su discurso "La eclesiología en la Constitución sobre la Iglesia *Lumen Gentium*", Ratzinger hizo notar que la frase "Pueblo de Dios" dio rápidamente paso a una fundamental y peligrosamente falsa concepción de la naturaleza de la Iglesia, en un estilo marxista o democrático. Vio también las implicancias litúrgicas de esta eclesiología erróneamente politizada; consultar especialmente su ensayo "The Image of the World and of Human Beings in the Liturgy and Its Expression in Church Music," in *A New Song for the Lord: Faith in Christ and Liturgy Today* (Crossroad, 1997), 111–27.

[23] Ver Romanos 12, 1–2.

leyes y ordenanzas en los congresos y parlamentos contemporá-
neos, sino que surgió lentamente con el pasar del tiempo, a partir
de innumerables corrientes doctrinales y de devoción introducidas por piadosos monjes y obispos y asimiladas por un laicado
temeroso de Dios. Como ha dicho el P. Claude Barthe:

"Sin entrar en mayores consideraciones históricas, es importante recordar que esta Misa [antigua en latín] se formó al mismo
tiempo que Occidente se convertía y se constituía como cristiano.
En lo que se refiere a la estructura de la liturgia, el gran período de
su creación se sitúa entre la época constantiniana y la carolingia,
cuando las oraciones del Canon, verdadera regla de fe Eucarística, y
las otras grandes oraciones sacerdotales, se desarrollaron al mismo
tiempo que forjaban esta lengua latina específica, que algunos han
descrito como canónica. En cuanto a la "carne" de esta Misa (si se
nos permite usar este término para referirnos a las multiples oraciones que dan brillo a la Entrada, al Ofertorio y a la Comunión),
su plena floración se alcanzó con la reforma gregoriana [siglo once].
La Misa romana quedó plenamente constituída cuando el ideal
de cristianismo alcanzó su madurez. Es la Misa de la Cristiandad.

Pero hay que observar, sobre todo, que, desde el punto de vista
teológico, esta Misa, de esencia sacrificial, es al mismo tiempo
regia. Es Cristo que hace su entrada real desde los primeros ins-
tantes de la ceremonia, revelándose en epifanía con el Ofertorio,
"atrayéndolo todo hacia Sí" desde las alturas de la Cruz gloriosa
en el momento del Canon, invitando a sus amigos al banquete
real en el momento de la Comunión. La adoración del Señor, que
se manifiesta a Sus fieles de este modo, ha sido expresada, desde
la era de las catedrales, por la Elevación, especie de ostensión del
Cuerpo del Rey.

Ciertamente no basta, para poner la piedra angular de la
reconstrucción de la Cristiandad, con solamente celebrar la Misa;
hay que dar también otras batallas. Pero el carácter anti-moderno
de nuestra liturgia, completamente opuesto a una liturgia que
imita las costumbres y el lenguaje mundanos, es una poderosa
ayuda para imprimir la marca regia de Cristo en toda nuestra
vida, personal, familiar y pública"[24].

---

[24] Claude Barthe, "A Sacrificial and Royal Liturgy," Homily for the Feast
of Christ the King, 31 de octubre 2021, *Rorate Caeli*, 17 de diciembre 2023.
Para parecidas reflexiones, ver Janet Smith, "Jesus Christ Is Our True King
and Priest," *National Catholic Register*, 31 de marzo 2022.

En breve, la liturgia tradicional desafía *todo* lo que el hombre moderno ha llegado a considerar como obvio, todo lo que se le persuadió de que considerara "evidente". Ella desafía a nuestros supuestos, rutinas y expectativas modernos. Ella es un enorme desafío a nuestra *hubris* social colectiva y a nuestra soberbia post-revolucionaria. Es por esto que la liturgia tradicional es odiada y temida por quienes adhieren a la modernidad como a un valor primordial que otorga valor a todo lo demás. Es por esto que es amada con pasión por quienes reconocen en ella una visión más alta, más profunda y mejor de la realidad última.

EL TESTIGO BIZANTINO

Al considerar el carácter protocolar de la liturgia, con sus irreductibles elementos monárquicos y aristocráticos, no debemos olvidar que hay que "respirar con los dos pulmones" de la Iglesia. La Divina Liturgia bizantina literalmente estalla en imágenes y gestos protocolarios, como era de esperarse por su prolongado asentamiento en Constantinopla. Los bizantinos han conservado muchos de estos rasgos porque no han sucumbido al pragmatismo, al utilitarismo y al pensamiento democrático que han envenenado las fuentes de la vida social en Occidente y nos han transformado en hombres sin corazón. La liturgia bizantina tiene todos los mismos rituales "protocolarios" que tiene el antiguo rito romano, como el besar las manos del celebrante, las reverencias hechas a personas, íconos y otros objetos, los cirios procesionales y el incienso, rituales que tuvieron su origen en la veneración que rodeaba al emperador[25]. Esto no debiera sorprendernos: tanto la corte bizantina como la carolingia se consideraron a sí mismas como continuación del imperio romano, consagrado ahora en su nuevo papel de supremo gobernador del mundo cristiano, para gloria de Dios y del imperio de Cristo. Fue algo completamente natural que el clero y los fieles adoptaran en el culto divino las costumbres del gobernante terrenal; de hecho, al hacerlo, restauraban lo que es el Inmutable e Incorruptible objeto de veneración, otorgando al gobernante el privilegio de

---

[25] Como Martin Mosebach hace notar: "La liturgia tomó del protocolo ceremonial de los emperadores paganos el lenguaje simbólico en presencia del soberano: cirios, que precedían al emperador y el turíbulo. Cada vez que los cirios y el incienso aparecen en la liturgia, nos indican una nueva culminación de la presencia divina" (Prólogo a Kwasniewski, *Noble Beauty*, xxii).

ser, en la tierra, ícono del divino Rey. Lo que tuvo su comienzo en la tierra fue elevado al cielo e instalado allí a la derecha del Padre; desde allí descendió hasta el trono humano como manto de autoridad y como recordatorio de responsabilidad.

Los cuatro himnos querúbicos se refieren a Cristo como a un Rey. El de uso cotidiano dice: "Nosotros, que representamos místicamente a los querubines y cantamos el himno tres veces santo a la Trinidad dadora de vida, dejamos de lado ahora todas las preocupaciones de la vida *para recibir al Rey de todo*, que viene invisiblemente escoltado por los ejércitos celestiales". En la liturgia de los presantificados se canta: "Ahora las potencias del cielo nos acompañan en el servicio. *El rey de la Gloria hace su ingreso*. Oh, el sacrificio místico es elevado y completado. Acerquémonos con fe y amor, y entremos en comunicación con la vida eterna". En el Jueves Santo se canta: "Permíteme que participe, Señor, de tu Cena Mística, oh Hijo de Dios, porque no hablaré de tus misterios a Tus enemigos ni te besaré como lo hizo Judas, sino que, como el ladrón en la cruz, te confesaré: En tu Reino, acuérdate de mí, Señor". El Sabado Santo se dice: "Que toda carne mortal calle, esperemos con temor y temblor, sin pensar en nada de la tierra: porque el Rey de reyes y Señor de señores se adelanta para ser sacrificado y entregado como alimento a los creyentes; y lo preceden los coros de los Angeles, con todas dominaciones y potencias, los Querubines de muchos ojos y los Serafines de seis alas, cubriendo su faz y proclamando el himno…"[26].

Así, los cuatro himnos del rito bizantino para la Gran Entrada se refieren a la venida del Rey, en su vida post-resucitada como Rey de la ciudad celestial y de todo el cosmos. Para volver a nuestro punto de partida, esto no es más que adherir con coherencia a la imaginería de la realeza, de la que está repleto el Libro de la Revelación, el Apocalipsis de San Juan:

"Y tocó la trompeta el séptimo ángel, y se dieron grandes voces en el cielo que decían: "El imperio del mundo ha pasado a nuestro Señor y a su Cristo, y El reinará por los siglos de los siglos". Y los veinticuatro ancianos que delante de Dios se sientan en

---

[26] Los bizantinos usan este último himno sólo en Sábado Santo, pero fue el himno querúbico de todos los días en la Liturgia de Santiago, que está actualmente experimentando cierto renacimiento entre los partidarios extremados de la liturgia. La versión tradicional en Eslavónico Eclesiástico Antiguo es sumamente impresionante.

sus tronos, se postraron sobre sus rostros y adoraban a Dios…"
(Apocalipsis 11, 15-16).

"Ahora ha llegado la salvación, el poderío y el reinado de nuestro Dios, y el imperio de su Cristo, porque ha sido precipitado
el acusador de nuestros hermanos, el que los acusaba delante de
Dios día y noche" (Apocalipsis 12, 10).

"Estos guerrearán con el Cordero, y el Cordero los vencerá
porque es Señor de los señores y Rey de reyes, y vencerán también
los suyos, los llamados y escogidos y fieles" (Apocalipsis 17, 14).

Alguna vez fue corriente decir, y todavía se lo oye decir de vez
en cuando, que la Misa es una representación mística de la vida
de Cristo, que nos hace presente su Vida con todos sus misterios,
como si todo el espectro lumínico se fusionara en la pura luz
blanca, en que todos los colores se dan, virtualmente, en un solo
momento. Dado que esto es verdad, debemos decir que *todas* las
fases de la vida de Nuestro Señor están presentes y activas, incluso
los 2.000 años de su Cuerpo Místico, sobre el cual reina como
Rey glorificado e Hijo de Dios (en el sentido davídico, y más que
davídico). Efectivamente, puesto que la Misa es la renovación
sacramental del único y eterno sacrificio del Calvario, sabemos
junto con ello que es el ofrecimiento del Señor resucitado con
su dignidad real, su poder y su belleza. Así, por mucho que acertadamente enfaticemos la Pasión, la Misa debe ser para nosotros
un encuentro tangible (o sea, sacramental) con nuestro glorioso
Rey. El rito romano tradicional, especialmente en sus formas
cantada y solemne, tiene exactamente este carácter, en lo cual
coincide con todos los ritos orientales. Por alguna extraña razón,
está actualmente de moda admirar el extraordinario colorido de
la liturgia bizantina y, al mismo tiempo, desechar, con desprecio,
todo lo que en la tradición latina sugiere lo mismo. La gente
admira los gigantescos cálices de oro y las ricas vestiduras del
Oriente, conformándose en Occidente con vasos feos y tristes
ornamentos; queda sin habla ante los impresionantes iconosta-
sios, mientras menea la cabeza ante las rejas del comulgatorio y
otras señales de separación entre la nave y el presbiterio; alaba
la maravillosa poesía del *kontakion* o *troparion* cantados con la
cautivante melodía tradicional, en tanto que deja al margen su
propio e incomparable repertorio de canto gregoriano. La existencia de este peculiar doble estándar en las aulas académicas y
en las del poder sugiere que estamos en presencia de un desorden

psicológico, una especie de auto-desprecio que compele a ciertos individuos a despojarse de los tesoros "del otro" y a imponerse a sí mismos una banalidad que es casi un castigo o una cámara donde su propio vacío hace eco. Se nos permite prodigar elogios a la belleza existente *en otros lugares* a condición de que nos privemos de ella aquí y ahora, y que suframos nuestro hado democrático, que merecemos en todo su rigor. Un ejemplo perfecto de este modo desordenado de pensar puede encontrarse en las palabras del cardenal Giovanni Battista Montini, el futuro Papa Pablo VI quien, como arzobispo de Milán, expresó lo siguiente en 1962 sobre la "reforma interna" que le parecía necesaria en la Iglesia: "Se preocupará de ponerse al día, despojándose, si es necesario, de éste o aquel manto regio que lleva sobre sus hombros soberanos, a fin de vestirse con ropas más sencillas, como exige el mundo moderno"[27]. Pero si esto se llevara a cabo, ¿cómo se equipará a los creyentes para aprehender la maravillosa verdad a la que se refirió el místico inglés de la Edad Media, Julian of Norwich?:

"Vi el alma tan grande como si fuera un mundo sin fin o como si fuera un reino santo, y de sus propiedades deduje que es una ciudad gloriosa. En el centro de esa ciudad tiene su sede el Señor Jesús, Dios y hombre, una persona hermosa y de gran estatura, el más elevado obispo, el rey más imponente, el más glorioso Señor; y lo vi vestido magnífica y gloriosamente. El se asienta en el alma, en su más íntimo centro, con paz y quietud"[28].

En verdad, Cristo reina en el alma que Lo ama; reside en ese precioso templo de gracia que santifica. Y la liturgia, con el lenguaje de los símbolos y la voz de la revelación solemne que le es propia, lentamente abre los ojos de nuestra mente a la deslumbrante pero oculta realidad. El rechazo de la realeza de Cristo va de la mano con el rechazo del culto que es debido al Rey que El es y a los reyes que en El son tales. *O bien* Su realeza se encarnará y expresará mediante nuestra acción pública primaria -tanto política como cívica-, fundamental y culminante que es la

---

[27] Chiron, *Paul VI: The Divided Pope* (Angelico Press, 2022), 156. Adviértase la terminología del *aggiornamento* o "poner al día", introducida por Juan XXIII. El 26 de noviembre de 1969, justo antes de que entrara en vigencia el Novus Ordo, Pablo VI hizo una observación parecida, con la que formuló una falsa oposición: "Comprender la oración es más que los paramentos de seda con que está regiamente vestida" (ver Shaw, *Latin Mass and the Intellectuals*, 250).
[28] Julian of Norwich, *Revelations of Divine Love* (Penguin Books, 1998), ch. 67, p. 153.

sagrada liturgia, punto de referencia y base estable de la sociedad cristiana; *o bien* Su realeza será rechazada y reemplazada por la tiranía del hombre sobre el hombre, la tiranía de la moda o de la ideología: "No tenemos otro rey que el César". Una liturgia empapada de sentido regio y jerárquico protege al hombre caído de querer ocupar el trono de Cristo Rey. El anti-monarquismo y anti-protocolarianismo de la nueva liturgia refleja una "Cristología baja", que hace descender a Cristo al nivel meramente humano y hace caso omiso de Su regia divinidad.

CONSECUENCIAS PARA LAS BELLAS ARTES

Supuesta la comprensión cabal de la realeza de la sagrada liturgia en que Dios, nuestro Rey, es adorado en su santa corte, ¿cuáles son las consecuencias para las bellas artes, inevitablemente llamadas a ayudarnos en el ofrecimiento de esta acción formal, solemne, pública? Digo "inevitablemente" porque, fuera de situaciones de emergencia, como una Misa secreta en un campo de concentración, los ministros deben estar revestidos de determinada forma, el altar debe ser de cierta forma y en cierto estilo, el edificio de la iglesia debe estar diseñado de tal o cual modo, las palabras deben atenerse a cierto registro o a otro, la música debe tener un determinado ritmo y melodía, etc. En tanto seres físicos y animales racionales que aprenden y se comunican mediante los sentidos, nuestra actividad de culto está absolutamente entrelazada con cosas y obras de arte, tanto más cuanto que hemos visto que el Apocalipsis ni siquiera intenta evitarlas en su descripción del cielo sino que, al contrario, lleva su utilización hasta las últimas posibilidades del lenguaje simbólico y corpóreo. Nuestro culto es esencialmente artístico, y lo único que debe preocuparnos es si el arte empleado es bueno o malo, bien o mal adecuado a la realidad, ejecutado con maestría o con torpeza.

En un libro sobre el compositor moderno Arvo Pärt, se lee el siguiente inspirador pasaje:

"En tiempos del Arzobispo Laud (1589-1645), hubo un fuerte movimiento hacia una mayor dignidad ceremonial en la iglesia. Como casa de Dios, debía preparársela según el mejor arte humano, y las funciones debían realizarse en ella con un espíritu de la más profunda reverencia. La liturgia, la música, los vasos sagrados, las paredes mismas del edificio, todo debía servir a *la belleza de la santidad* y a hacerla manifiesta. Esta frase, que encontramos una y otra vez… deriva del Salmo 96: "Cantad al Señor un canto nuevo… Adorad al Señor en la belleza de la santidad"[29].

Laud fue anglicano, pero su actitud devota no difiere de la de los católicos[30]. ¿Acaso no necesitamos "mayor dignidad ceremonial en la iglesia"? ¿Por qué la procesion de entrada de la Misa en una parroquia cualquiera es tan descuidada, informal y rápida, como si la gente sintiera vergüenza de participar en el culto divino, o como si no concibiera que el buen orden y la oración pública están relacionados? ¿por qué hay tan pocas procesiones fuera de la iglesia? Ciertamente nosotros podríamos proceder con un "espíritu de la más profunda reverencia" en la realización de nuestras ceremonias. Menos reuniones informales, sonrisas y apretones de mano, y más temor reverencial del Señor, que nos hace caer de rodillas en homenaje al gran Rey, implorando su clemencia. Necesitamos música, vasos sagrados y arquitectura que haga lucir "la belleza de la santidad". En especial, todos hemos oído música que no parece ni bella ni santa, con su sentimentalismo de mal gusto, sus melodías circenses, sus ritmos prediciblemente sincopados y sus letras bobaliconas que conforman una abrumadora mescolanza, ante la cual la belleza oculta su bello rostro, al tiempo que la santidad huye a las montañas para llorar por su virginidad.

Pero, *¿por qué* debemos realizar estas laudables acciones? Por una sencilla razón: porque Dios, el más Grande y el Mejor, merece lo más grande y lo mejor de nosotros: *date magnificentiam Deo nostro*, "dad gloria a nuestro Dios"[31]. *Deo optimo maximo*. Y esto tiene un corolario: nosotros, los seres humanos, creados a Su imagen y semejanza, necesitamos poder *ofrecer* "lo mejor del arte humano" a Dios, elevando con ello nuestra alma y nuestro corazón. Si nos conociéramos realmente, sabríamos que tenemos ansias de dar a Dios lo mejor de nosotros mismos, no de darle lo mediocre, lo rutinario, lo mundanal o lo insincero. ¿Acaso no quiere el artista orgulloso de su arte dar a su mecenas lo mejor de lo mejor? Y los amantes, ¿no tienen la intención pura de dar al otro lo mejor de sí mismos? Dios nos ha concedido la habilidad y la vocación de tender hacia Su trascendente santidad con obras de belleza, que

---

[29] Paul Hillier and Tõnu Tormis, *On Pärt* (Edition Samfundet, 2005), 61.
[30] Manifiesto aquí la sincera esperanza de muchos católicos romanos de que los Ordinariatos Anglicanos, exhibiendo la actitud y el enfoque laudiano, se conviertan en una fuerza renovadora para el resto de nosotros.
[31] Deuteronomio 32, 3.

nos transportan a nosotros mismos hacia El, dejando atrás el reino de lo profano para entrar en el santuario de la divinidad. Como dice Santo Tomás de Aquino, adoramos a Dios no para darle algo que El no tenga, sino para acercarnos más nosotros mismos a El, pagándole lo que le debemos. De esta forma, nos acercamos a Su bondad y nos asemejamos más a El. Y esto es verdad en el caso de todos los hombres de todos los tiempos.

Pero todavía podemos decir algo más particularmente católico. La "opción preferencial por lo bello" se apoya en la verdad de que el Cuerpo y la Sangre de Jesús, *realmente presentes*, se ofrecen en sacrificio en *este* edificio, sobre *este* altar, mediante *estos* ritos, cantados con *esta* música. Los elementos de la liturgia no son medios indiferentes que, como el papel moneda o las monedas, tienen valor sólo porque alguien, arbitrariamente, los declara valiosos sino que, como el oro, son preciosos por su misma naturaleza, y así como la imagen del rey es venerable debido al oficio de éste, los signos litúrgicos *representan* a Cristo ante los ojos y oídos de la fe y Lo ofrecen al corazón amante. Por mínimo que sea lo que hagamos al menor de Sus símbolos y ceremonias, oraciones y cantos, es a El que se lo hacemos. Esto no es tanto una temible advertencia del peligro de cometer errores, cuanto una gozosa conciencia de los muchos modos, pequeños y grandes, por los que Le rendimos homenaje y Lo adoramos. La liturgia tradicional nos recuerda una y otra vez que estamos tratando al Señor de la vida y de la muerte, al Alfa y Omega, al que es, era y será y, para tomar en préstamo la expresión de otro anglicano, al que "no es un león manso".

Esta es la razón de por qué *importa*, y crucialmente, lo que hacemos, y lo que procuramos hacer, cuando adoramos a Dios con la oración pública. Si tenemos una idea equivocada de ello, podemos realizar algo que es gravemente inconveniente, indigno y desagradable al Señor, a quien tenemos el privilegio de servir y de agradar. Si seguimos la guía de la Tradición de la Iglesia y las exigencias o consejos del Magisterio de todos los tiempos, podemos tener la certeza de estar dando gloria a Dios y colaborando, con el paso de los años, a la santificación de Su pueblo. El Santo Cura de Ars, San Juan María Vianney, se alimentaba sólo de papas, pero no ahorraba un peso en el embellecimiento del presbiterio de la iglesia. El sabía, como los fieles cristianos de todas las épocas, lo que es primero y lo que es segundo. Lo mismo es cierto de San Francisco de Asís, no obstante la falsificación de su legado por algunos *hippies* que se inclinan ante la naturaleza en vez de adorar al Santísimo Sacramento. En realidad, las iglesias franciscanas están entre las más bellas de Europa, magníficamente decoradas, incluso las construídas en períodos en que los propios frailes eran pobres de solemnidad, que casi no sabían dónde habrían de encontrar su siguiente comida, aunque confiaban en que el Señor habría de proveer. Ellos sabían lo que es primero; sabían que cuando es *Dios* lo que hay que venerar, ello ha de poner en movimiento, a causa de El, *todo* lo que hay en nosotros, todo lo grande y glorioso de que podamos echar mano. Por esto es que los antiguos católicos, ricos y pobres por igual, jamás edificaron iglesias simples, sin adornos (cuando estaba en su mano evitarlo) y, al menos en ocasiones especiales o aun más a menudo, reunieron siempre lo mejor de los recursos musicales que pudieron encontrar, para producir la música más gloriosa.

Santo Tomás de Aquino proporciona los motivos esenciales de la prolongada práctica de la Iglesia de procurarse ricas vestiduras, espléndidos vasos sagrados, gloriosa arquitectura, elaborados rituales, bella música, etc., para el Santo Sacrificio de la Misa y el Oficio Divino. Escribe Santo Tomás:

"El principal propósito de todo el culto externo es que el hombre pueda reverenciar a Dios. Es propio de los afectos humanos el reverenciar menos las cosas comunes que no se diferencian de otras, y admirar y reverenciar aquellas que son diferentes de otras por alguna forma de excelencia. De aquí que ha sido costumbre de los hombres que los reyes y príncipes, que deben ser reverenciados por sus súbditos, se vistan con ropajes más preciosos y posean moradas más amplias y bellas. Y por esto es que fue necesario que se designara tiempos, recintos, vasos y ministros especiales para el culto divino, a fin de que el alma humana pudiera ser atraída a una mayor reverencia hacia Dios"[32].

Si los católicos disfrutaran de una adecuada formación religiosa, los ripiosos cantos que infectan nuestros himnarios se evaporarían y se llenarían las iglesias con música de auténtico mérito artístico. Insistiríamos en que ello fuera así; haríamos que fuera así a costa de sacrificios personales; absorberíamos sus frutos con gratitud, a medida que estas armonías celestiales penetraran y moldearan

---

[32] *Summa Theologiæ* I–II, Q. 102, art. 4.

nuestra alma. Lo mismo sucedería con las iglesias que edificamos: su arquitectura elevada cautivaría a todos los que entraran y los movería a adorar al Señor de los ejércitos. En su encíclica final, *Ecclesia de Eucharistia*, el Papa Juan Pablo II proporcionó apoyo teológico a esta actitud, exultante y sacrificial:

"Como la mujer que ungió a Jesús en Betania, la Iglesia *no ha temido ninguna "extravagancia"* y ha dedicado lo mejor de sus recursos a expresar su maravilla y adoración ante *el insuperable don de la Eucaristía*. Igual que los primeros discípulos encargados de preparar "la gran sala de arriba", ella ha experimentado la necesidad, a través de los siglos y en su encuentro con diferentes culturas, de celebrar la Eucaristía en un entorno digno de tan gran misterio. La fe de la Iglesia en el misterio de la Eucaristía ha encontrado expresión histórica no sólo en la exigencia de una disposición de devoción interior sino también en las formas externas, destinadas a evocar y enfatizar la grandeza del acontecimiento que se celebra"[33].

En lo que se refiere a la tradición católica, el deber de celebrar la liturgia con esplendor y solemnidad, en ambientes todo lo magníficos que sea posible y que evoquen la trascendencia, santidad y gloria del Señor, no es una"cuestión opinable" sino algo simplemente dado. Por ello es que la Iglesia ha luchado siempre por el mejor arte humano y lo ha respaldado, y por ello, también, es que los pobres siempre han contribuído a la edificación de las iglesias de las que ellos y sus descendientes son, con justa razón, orgullosos beneficiarios. Esta inequívoca dedicación a la sagrada liturgia no suprime, por cierto, la necesidad de la oración personal, de las obras de caridad más allá de los muros de la iglesia, o de los enérgicos esfuerzos de evangelización. Pero estas cosas no pueden jamás *reemplazar* a la liturgia, que constituye el fin último del que tales obras derivan su significado. Dicho del modo más sencillo: esto es lo que debemos a Dios, y El está primero. "Glorifica al Señor con generosidad, y no escatimes el primer fruto de tus manos"[34].

La belleza no es un extra o un añadido, ni un lujo ni una concesión a la estética, sino una dimensión esencial e inherente de la verdad misma, un atributo de Nuestro Señor Jesucristo y de Su liturgia. Si abandonamos la búsqueda de la excelencia en este ámbito, perderemos nuestra fe, nuestra capacidad de transformar

---

[33] Juan Pablo II, *Ecclesia de Eucharistia*, nos. 48, 49.
[34] Sirácida 35, 8 [Nota del Trad.: en algunas traducciones castellanas, en lugar de "el primer fruto" se dice "primicias" o "diezmos"].

el mundo para Dios, e incluso nuestra salud mental. La fealdad, la ignorancia, el error y el pecado son una privación y un empobrecimiento, con una peculiar fuerza *des*-evangelizadora. La belleza, como la verdad y la bondad, nos llama, nos convierte, nos perfecciona, nos eleva a Dios. Además, sin fe sobrenatural, que lo ordena todo en nuestra vida a nuestro destino último en Dios, el arte mismo se vuelve pernicioso y se hace una fuerza destructora del alma, como hemos visto en los tiempos modernos con el así llamado "arte moderno" o "cultura popular". El cristianismo es no sólo el arte de la salvación, sino también la salvación del arte.

Nuestro Señor dijo a Santa Margarita María de Alacoque: "Mi amable Corazón reinará"[35]. Pero, ¿qué encontramos en ese Corazón de carne sin pecado, de amor puro, de divinidad perpetua? Las Letanías del Sagrado Corazón nos dicen que el Corazón de Jesús es *maiestatis infinitae*, de infinita majestad: la Majestad de quien es *rex et centrum omnium cordium*, Rey y centro de los corazones. Es *templum Dei sanctum, tabernaculum Altissimi, domus Dei et porta caeli*: santo templo de Dios, tabernáculo del Altísimo, casa de Dios y puerta del cielo. De igual modo, la sagrada liturgia de nuestra tradición católica es un templo santo en que adoramos al Rey divino, un tabernáculo de la Presencia Real, la morada de Dios con el hombre, la puerta que se abre al culto sublime y bendito de Dios en la corte de los cielos. Y así como el Corazón de Jesús es *omni laude dignissimum, fons vitae et sanctitatis, deliciae Sanctorum omnium* -dignísimo de alabanza, fuente de vida y de santidad, delicia de todos los santos-, así también lo es el Santo Sacrificio de la Misa que Nuestro Señor nos dio en su inmensa sabiduría y amor; porque por ella le damos a El, al Padre y al Espíritu Santo una alabanza perfecta, y por medio de ella recibimos el pan de los ángeles, el alimento de nuestra peregrinación y nuestro consuelo en este valle de lágrimas; una delicia para los santos que existieron antes que nosotros, tal como lo es para nosotros hoy, y como lo será para nuestros descendientes.

---

[35] Émile Bougaud, *Revelations of the Sacred Heart to Blessed Margaret Mary and the History of Her Life* (Benziger Brothers, 1890), 267.

4

Por qué acatamos los ritos heredados y las rúbricas estrictas

"Todo está pautado y regimentado, no hay lugar
para la espontaneidad o las adaptaciones".

PARA PODER ENTENDER POR QUÉ DEBEMOS atenernos a los ritos heredados y cumplir estrictas rúbricas en el ofrecimiento de la Misa, tenemos primero que comprender que el culto litúrgico supone de nuestra parte receptividad, humildad, sometimiento, sujeción a una verdad que nos gobierna, y adopción de papeles y lenguajes que no son nuestros por nacimiento. De este modo, veremos que el carácter regio de la liturgia, que hemos defendido en el capítulo precedente, implica verdades todavía más profundas sobre la diferencia entre un culto teocéntrico y una actividad egocéntrica.

¿Qué significa vivir una "vida litúrgica" (*vita liturgica*) en medio del yermo de la modernidad profana? Los santos ritos son nuestra conexión vital, nuestro cordón umbilical que nos une a la Santa Madre Iglesia: ellos nos mantienen alimentados y a salvo en este valle oscurecido por la muerte. El Valle de la Muerte no está en California, sino en el infierno. Este es nuestro verdadero valle de la muerte, porque quien vive en él o, más bien, quien muere continuamente en él, está atascado en las profundidades y no puede subir a los lugares altos, al Monte Sión y a la ciudad del Dios viviente. Las Escrituras llaman, al mundo caído en que viven los hombres, "el valle de la *sombra* de la muerte"[1] porque está bajo el poder -limitado y destinado al fracaso, pero, no obstante, real- del Malo. Por ello es que, cuando examinamos qué ocurre en el reino de Satanás, adquirimos una mejor comprensión de cómo intenta él socavarnos en este mundo.

---

[1] Salmo 23, 4. [N. del Trad.: algunas versiones castellanas dicen "valle de tinieblas"].

NO HAY *VITA LITURGICA* EN EL INFIERNO

El infierno no tiene liturgia. Los ángeles caídos no tienen una obra común de caridad, ni una obra común de culto divino. Cuando se apareció a Abba Apollo, aquel padre del desierto, el diablo carecía de rodillas, como para significar que no puede arrodillarse[2]. Su mentalidad es *non serviam* y todos los demonios siguen la misma actitud, que podríamos llamar de "cuidadoso conformismo". Por esta razón, no existe en el infierno una verdadera jerarquía[3]. Los demonios son más bien como bandidos que se mantienen juntos porque eso le conviene a cada uno. Contrariamente al modo democrático de pensar hoy prevaleciente, la liturgia está *esencialmente* conectada con la jerarquía: Cristo Sumo Sacerdote es quien lidera el culto, y se digna permitir la participación del sacerdote, del diácono, del subdiácono, de los ministros, de los cantores, del coro, del laicado, cada uno en su lugar y función propios. No se puede pedir ni crear un papel litúrgico: más bien uno lo recibe y lo asume. Ser litúrgico es someterse libremente a una norma externa, a un orden no creado por nosotros, a una compleja totalidad de la cual somos humildes partes.

La liturgia nos lleva más allá de nosotros mismos, hacia papeles que no son ni innatos ni heredados ni moldeados; hacia ámbitos que, para las meras creaturas, están fuera de los límites posibles; hacia acciones y pasiones que son *sobrenaturales* tanto en su origen como en su meta[4]. Cuando cantamos la liturgia, salimos fuera de nosotros mismos, nos ponemos en los cielos: "Nuestros pies pisan tus atrios, Jerusalén"[5]. Por la íntima ligazón de la naturaleza humana con la racionalidad y el lenguaje, nuestra acción misma de poner en nuestros labios palabras que se han originado en otros es un reformar nuestra humanidad, un vestirnos de Cristo, una renuncia a las ambiciones de Babel, y una pacífica recepción del Espíritu de Pentecostés.

---

[2] Cf. más adelante, p. #.

[3] Santo Tomás de Aquino aborda el tema de si es Satanás o el Anticristo quien debe llamarse cabeza de todos los malos: *Summa Theologiæ* III, Q. 8, aa. 7–8. Ver el comentario de Urban Hannon, "The Politics of Hell," in P. Edmund Waldstein, ed., *Integralism and the Common Good*, vol. 2: *The Two Powers* (Angelico Press, 2022), 209–29.

[4] Ver Kwasniewski, "Sacrifice of Praise and the Ecstatic Orientation of Man."

[5] Salmo 121, 1.

Por estas razones, el diablo no tiene ni puede tener una liturgia. Aunque está obligado a someterse a la ley del Altísimo, no quiere hacerlo, y no puede, por tanto, entrar en la alegría de su Señor; más bien no reconoce ley alguna sino la de su propia voluntad, razón por la cual no hay paz en el infierno; no tiene humildad como para permitir que se lo incluya como una parte de una gran totalidad, ni para aceptar como propias las palabras de otro. No desea experimentar el éxtasis del amor. Como dijo Nuestro Señor en el Evangelio de San Juan: "El fue homicida, y no permaneció en la verdad desde el principio, porque no hay nada de verdad en él. Cuando profiere la mentira, habla de lo propio, porque él es mentiroso y padre de la mentira"[6]. Jesús habla aquí con precisión metafísica y psicológica. El diablo es homicida porque, en vez de recibir la vida de Dios como un don y promover la recepción de este don por otros, envidia la vida de Dios y la arrebata a quienes la tienen[7]. No está en la verdad porque la verdad, para una creatura, es siempre armonía del intelecto y su objeto (*adaequatio rei et intellectus*), de modo que el intelecto es medido por la realidad que le es exterior. El intelecto creado *tiene* verdad, *contiene* verdad, pero no puede *ser* la verdad, ya que esto es prerrogativa solamente de Dios. En este sentido, la verdad sólo puede estar *en* nosotros, pero no puede jamás ser *de* nosotros, como si nosotros fuéramos su origen o su medida[8].

Por tanto, la persona que rechaza la verdad de Dios, termina expulsando de su mente la verdad y comienza una carrera de falsificaciones, tanto en forma de auto-engaño (vemos cómo el diablo, a lo largo de los Evangelios y, en realidad, de toda la historia, actúa como si verdaderamente él pudiera derrotar a Jesús), como en forma de engaño a otros (vemos cómo el padre de la mentira azuza a los hombres a un frenesí de mentiras, manipulaciones y esclavizamientos). El diablo, y cualquiera de sus imitadores, "habla de lo propio". Y hablará sólo de la superficial "sabiduría del mundo", que es el contenido de su mente; proferirá sofismas, banalidades y cinismos. Esto es lo que se deriva de no querer

---

[6] Juan 8, 44.

[7] Ver "The Devil's War against Celibacy, Marriage, and the Eucharist" en Kwasniewski, *Treasuring the Goods of Marriage in a Throwaway Society* (Sophia Institute Press, 2023), 183–92.

[8] Ver Josef Pieper, *The Silence of St. Thomas* (St. Augustine's Press, 1999), 45–71, especialmente 53–63.

aceptar como propias las palabras más sabias, más profundas, más brillantes y más verdaderas de otro, es decir, de su Creador. Lucifer, como su propio nombre lo implica (portador de luz) fue creado para reflejar al Verbo y de este modo ser espléndidamente bello en su propia naturaleza. Pero abandonó a la Palabra y por ello se hizo feo a pesar de su maravillosa naturaleza. Un lago, cuando está perfectamente sosegado, puede tomar la forma de las montañas bajo el cielo vespertino y, de este modo, ir más allá de su naturaleza de agua, participando de la naturaleza de la tierra, del aire y del fuego. En cambio, cuando está turbulento y turbio parece perder, de algún modo, las mejores virtudes del agua misma, su pureza, transparencia, capacidad de lavar, de calmar la sed. El lago claro, en sus reflejos, se vuelve más que sí mismo; el lago turbio, en su turbidez, se vuelve menos que sí mismo. El P. Herbert McCabe dijo en alguna ocasión: "Tal es la teología que hay tras la historia del Jardín de Edén. No era posible que los seres humanos fueran simplemente humanos: tenían que ser o sobrehumanos o inhumanos"[9].

ASCENSO A LO ALTO, O ESPIRAL HACIA ABAJO

Una de las grandes antífonas de Pentecostés transmite la siguiente vigorosa verdad: *Repleti sunt omnes Spiritu Sancto, et coeperunt loqui, alleluia, alleluia*: "Quedaron todos llenos del Espíritu Santo, y comenzaron a hablar, alleluia, alleluia"[10]. Tenemos primero que llenarnos del Espíritu de Dios antes de tener algo que valga la pena decir, y nuestra primera palabra como infantes recién nacidos será *Alleluia*, es decir, la alabanza del Señor[11]. Esta, pues, será la primera palabra de la Iglesia recién nacida: palabra de alabanza pura que se eleva a Dios como suave incienso. El salmista

---

[9] McCabe, *God, Christ, and Us* (Continuum, 2003), 65.

[10] En el Breviario Romano este versículo (Hechos 2, 4) sirve de antífona en todas las horas de la Fiesta de Pentecostés y como responsorio: se la repite y canta muchas veces. En la Liturgia de las Horas postconciliar se la usa una sola vez en la Oración de la Mañana y otra vez en la Oración de Vísperas II.

[11] El mismo mensaje se contiene en los versículos del Salmo 25, que se recita en todas las Misas: *circumdabo altare tuum, Domine, ut audiam vocem laudis et enarrem universa mirabilia tua* (Salmo 25, 6-7). Adviértase el orden: primero "Rodearé tu altar, Señor"; segundo, "para oír la vos de tu alabanza"; tercero, "y pregonar todas tus maravillas". Hay que penetrar profundamente en la liturgia, en el misterio del altar, para poder *oír* la voz de la alabanza de la Iglesia, y entonces se tendrá la experiencia de obras maravillosas de que hablar.

exclama: *Ex ore infantium et lactentium perfecisti laudem…* "De la boca de los infantes y lactantes te has preparado la alabanza para confundir a tus enemigos y hacer callar al adversario y al perseguidor"[12]. Etimológicamente la palabra *infans* quiere decir "el que no habla", el que debe aprender a hablar oyendo constantemente a su madre, recibiendo el lenguaje de la boca de ella, tal como recibe la leche de sus pechos. Esta vida de dependencia obstaculiza el avance del enemigo, Lucifer, que, a diferencia del niño, trata de obtener una imposible independencia y no alaba al Señor [13]. Lo que ocurre al cristiano, le ocurre también a la Iglesia: cada vez que ella quiere vivir las primicias de su juventud[14], da el primer lugar al ofrecimiento del sacrificio de alabanza. Cuando estamos animados por el Espíritu, ofrecemos el sacrificio de alabanza, *nos convertimos* en el sacrificio. Inversamente, cuando hablamos de "nosotros mismos" -es decir, *desde* nosotros y *sobre* nosotros- no decimos nada que no sea una mentira[15]. Si la Iglesia pone como su prioridad cualquier cosa que no sea la sagrada liturgia dignamente celebrada, abandona su primer amor y comienza un descenso hacia la prostitución, como el antiguo Israel que se prostituía ante los falsos dioses de las naciones vecinas.

Hay una línea recta que conecta a Babel con Canaán, Babilonia y la Gehenna. Primero, Babel: cuando abandonamos la sagrada tradición, que nos une unos con otros, con la muchedumbre de los santos y con Dios trascendente, nuestro castigo es un balbuceo de lenguas vernáculas, una inmensa oferta de opciones, un pluralismo

---

[12] Salmo 8, 3 (Vulgata)

[13] Cf. Isaías 14, 12-17.

[14] Cf. Salmo 42, 4 (Vulgata)

[15] Teniendo presente esto, podríamos reconsiderar la famosa afirmación de Pablo VI de que el Concilio Vaticano Segundo fue la gran oportunidad de la Iglesia para convertirse hacia sí y hablar de sí: el primer Concilio que se propuso, como su primera tarea, el *reflejarse a sí mismo*. Sin embargo, ¿no sospechamos, por lo general, que cuando alguien que gusta de mirarse a sí mismo en un espejo y hablar de sí mismo, lo hace por vanidad? Mons. Athanasius Schneider observa: "Cuando se ve fotografías de esa época, el Vaticano II, como fenómeno, aparece como un inmenso espectáculo de triunfalismo clerical… Los elementos humanos y administrativos fueron puestos en el centro de la vida de la Iglesia y por sobre la constante tradición de la Iglesia. Pero los clérigos, especialmente los obispos y la Santa Sede, han recibido el encargo no de mostrarse a sí mismos sino de mostrar a Cristo al mundo" (*Christus Vincit: Christ's Triumph over the Darkness of the Age* [Angelico Press, 2019], 128-29).

incoherente en el *ars celebrandi* o "modo de celebrar". Segundo,
Canaán: nuestra mala mentalidad litúrgica y nuestros malos hábitos litúrgicos son el terreno ideal para que broten formas decla-
radas o encubiertas de adulterio, idolatría, apostasía y ateísmo.
Tercero, Babilonia: somos sometidos a cautiverio por nuestros
enemigos, el mundo, el demonio y la carne; se nos envía al exilio,
lejos de la patria, lejos de nuestra identidad propia: moramos en la
más lejana *regio dissimilitudinis*, en una condición existencial que va
acompañada por una absoluta falta de voluntad de volver a nuestro
hogar, de vivir a la altura de las exigencias sacrificiales, o de atraer
a nuestros prójimos hacia el bien. Cuarto y último, la Gehenna,
imagen del infierno, el valle donde se incinera la basura. Toda esta
espiral descendente es una espiral de creciente auto-indulgencia
y de decreciente disciplina: nos dispersamos, nos desperdiciamos,
nos desperdigamos y nos adelgazamos hasta convertirnos en una
caricatura de nuestro primer ser sustancial. Eso es lo que hemos
visto, no sólo en la liturgia, sino en el sacerdocio, la vida religiosa,
las misiones, la catequesis, las bellas artes. Cuando se renuncia
al pan supersustancial de la tradición, que lleva a la Santísima
Eucaristía en su centro, se abandona el alimento nutritivo y se
cae en la comida chatarra, en la hambruna.

El camino ascensional tiene que tomar la forma de positiva
autonegación, de imitación de Cristo con el fin de transformarse
en El. Por esto es que todo movimiento que se aleje de la ascética,
toda disminución de la penitencia acostumbrada en la Iglesia
en general, proviene también del Malo. Esto incluye la gradual
reducción, debida a Pablo VI, del ayuno eucarístico en el siglo
XX, la abolición de Septuagésima (pre-cuaresma) y del ayuno
cuaresmal[16]. Si el humo de Satanás ha penetrado a la Iglesia de
Dios por alguna rendija, como este mismo papa lo admitió, ¿quién
fue el que abrió la rendija en primer lugar? ¿de dónde proviene
la debilidad de la estructura? Más en general, ¿quién fue el que

---

[16] La cuaresma solía ser un período de ayuno, es decir, de cuarenta días
de ayuno (descontados los domingos). Pablo VI redujo el ayuno a sólo dos
días (!), y por eso es que decimos que abolió el ayuno cuaresmal como tal.
Hay, por cierto, casos en que las normas de ayuno y abstinencia pueden
ser disminuídas para algunos individuos. Pero la Iglesia católica ya poseía
una inteligente flexibilidad en este sentido, manteniendo siempre la norma
disciplinar para todos los que pudieran cumplirla. Se podría poner como
comparación el concepto de *oikonomia* de los ortodoxos orientales: la norma
conserva su vigencia, pero su aplicación se hace según las circunstancias.

pensó que era buena idea abrir las ventanas de la Iglesia para que entrara el contaminado aire de afuera? El diablo normalmente se mantiene lejos de los lugares sagrados, por lo que debe haber recibido alguna invitación que no podía rechazar. La relajación de la Iglesia contemporánea y el aumento de los fenómenos satánicos no están en absoluto desconectados.

Dado que, en las exigencias que nos hace, la liturgia es jerárquica, ultramundana, extática y absoluta, coincide perfectamente con la estrategia del diablo de desestabilizar, democratizar, secularizar y relativizar la liturgia aquí en la tierra. El diablo trata de debilitar nuestros lazos con una tradición fija y eficaz. Las distinciones entre lo sagrado y lo profano, lo formal y lo informal, lo adecuado y lo inadecuado, son cosas que el diablo trata de hacer difusas y, finalmente, obliterar. Lo que busca es, en efecto, oscurecer o excluir la manifestación de la jerarquía celestial en las distinciones terrenas de ministros sagrados y de sus papeles complementarios pero no intercambiables[17]. Procura así persuadirnos -especialmente al clero- que la liturgia no es la fuente y culminación de la vida cristiana, sino sólo un medio entre otros muchos para hacer avanzar la "agenda cristiana". El diablo sabe que no puede impedir *algún* avance en la fe cristiana, y tiene claro que nada hay más cerca de dicho avance que el poder de la liturgia de santificar el nombre de Dios y de establecer entre nosotros Su reino, dándonos nuestro alimento cotidiano y moviéndonos al arrepentimiento de los pecados y a su evitamiento. En verdad, la

---

[17] Como escribe Santo Tomás de Aquino: "Las órdenes en la Iglesia se derivan del orden de la jerarquía celestial; y así como entre los ángeles las diferentes acciones se deben a la diferencia de órdenes, así también en la Iglesia militante las diferentes órdenes se refieren a acciones diferentes, tal como en el cuerpo -al que se asemeja el cuerpo místico- los diversos miembros tienen funciones diferentes, como queda claro en 1 Corintios 12" (*Commentary on the Sentences*, Bk. IV, Dist. 13, Q. 1, art. 1, qa. 1, resp.). El oscurecimiento o supresión de esto tiene lugar especialmente mediante la obliteración de las distinciones tradicionales entre clero y laicado y entre varones y mujeres. Fuera del caso de emergencia, como el de un ejército que trata de saquear una iglesia, no hay justificación posible para que los laicos tomen en las manos el Santísimo Sacramento. Tampoco existe ninguna defensa teológica plausible del permitir a las mujeres entrar al presbiterio. Tales prácticas surgen de la premisa que niega la distinción entre lo sagrado y lo profano, entre lo sobrenatural y lo natural y, en el ámbito de los bautizados, entre los ordenados y los no ordenados (o entre los que pueden ser ordenados y los que no). Dichas prácticas emanan del protestantismo y conducen al modernismo. Para un tratamiento en profundidad de estos temas, ver Kwasniewski, *Ministers of Christ*.

liturgia es un *fin en sí mismo* porque es peculiar posesión *de Dios* y nos hace a nosotros la peculiar posesión *de El*. Si el diablo puede convencernos de que la liturgia *no es un fin en sí mismo*, de que es una útil herramienta que podemos usar para algún fin ulterior, ya ha ganado la mitad de la batalla en busca de almas; ha sacudido nuestra fundamental orientación hacia el culto de Dios y del Cordero en la Jerusalén celestial, reino que no tendrá fin.

Si los ángeles tuvieran cuerpo, los ángeles buenos cantarían, danzarían, pintarían, esculpirían y edificarían cosas bellas. Siendo la realidad como es, quizá miran con santa envidia nuestra religión corporal, ya que disponemos de un modo de externalizar nuestra devoción interior con obras de fe, como testimonios de la verdad; podemos dar a nuestro pensamiento y sentimiento un ser semi-permanente, moldeando una "palabra-hecha-carne" con un lejano parecido a la Encarnación de la Palabra. Con acertado instinto, Fra Angelico ha pintado ángeles que bailan rondas con las almas santas en el jardín del cielo. Pero los ángeles malos no cantarían[18], ni podrían ejecutar la exigente y liberadora danza de la liturgia. No podrían pintar, ni esculpir ni edificar. Si trataran de hacer cualquiera de estas cosas, el resultado iría por el lado de la atonalidad, del expresionismo abstracto, del primitivismo y del postmodernismo, sólo que mucho peor que todo esto. Como ha dicho un autor moderno: "Todo lo que el artista puede producir con total originalidad es desorden. Que todo el que habla de sí mismo es un mentiroso, es cosa igualmente verdadera en el arte y en la moral"[19].

---

[18] He aquí como C. S. Lewis se imagina la situación: "Mi querido Gusano de la Madera: música y silencio, ¡como los detesto a ambos! Deberíamos estar agradecidos de que, desde que nuestro Padre entró al Infierno, mucho antes de que los humanos, pensando en años luz, pudieran computarlo, ni un centímetro cuadrado del espacio infernal ni un instante siquiera del tiempo infernal ha estado sometido a ninguna de estas abominables fuerzas, sino que todo ha sido llenado con Ruído: Ruído, el gran dinamismo, la expresión audible de todo lo que es exultante, despiadado y viril; Ruído, que es lo único que nos defiende de las necias vacilaciones, de los desesperantes escrúpulos y de los deseos imposibles. Haremos que todo el universo sea, al cabo, ruído. Ya hemos avanzado mucho en esa dirección en lo que se refiere a la Tierra. Las melodías y silencios del Cielo serán, al cabo, silenciados. Admito, con todo, que no somos todavía suficientemente estridentes, ni nada que se le acerque. Pero estamos investigando" (*Screwtape Letters* [The Macmillan Company, 1946], *Letter* 22, pp. 113–14).

[19] Marcus Berquist, *Learning and Discipleship* (Thomas Aquinas College, 2019), 216.

El Hijo de Dios, en agudo contraste, ha dicho: "De Mí mismo no hago nada, sino que hablo como mi Padre me enseñó"[20]. El Señor enfatiza pacientemente esto con una variedad de expresiones: "Porque Yo no he hablado por Mí mismo, sino que el Padre, que me envió, me prescribió lo que debo decir y enseñar, y sé que su precepto es vida eterna. Lo que Yo digo, pues, lo digo como el Padre me lo ha dicho"[21]. "Las palabras que Yo os digo, no las digo de Mí mismo, sino que el Padre, que mora en Mí, hace El mismo sus obras"[22]. El Señor llega a decir, en el capítulo quinto de Juan: "Por Mí mismo, Yo no puedo hacer nada"[23] o, como dice otra traducción "Yo no puedo hacer nada por Mí mismo"[24].

Las estrictas instrucciones que, en el Antiguo Testamento, se dan para el sacerdote y para el culto, que ocupan una gran parte del Pentateuco, son dadas con carácter de permanentes[25], y no quedan superadas en el Nuevo Testamento sino que se cumplen perfectamente en Cristo, en quien la Palabra infinita y eterna de Dios, soberanamente libre, está vinculada permanente y específicamente con *esta* carne humana, este rostro, estas manos, corazón, y voz, quien nos comunica Su singularidad en forma de tradiciones litúrgicas desarrolladas bajo la guía de Su Espíritu Santo[26]. Es por esto que Nuestro Señor nos dice: "Por lo tanto, quien violare uno de estos mandamientos, aun los mínimos, y enseñare así a los hombres, será llamado el mínimo en el reino de los cielos"[27]. La liturgia de la Iglesia aplica este versículo, en su transposición y significado cristianos, a sus santos, que todavía cumplen y enseñan aun el mínimo de estos mandamientos.

---

[20] Juan 8, 28. ¿Qué es lo que el Hijo nos revela? "Nadie ha visto jamás a Dios; el Dios, Hijo único, que es en el seno del Padre, Ese lo ha dado a conocer" (Juan 1, 8). Compárese con: "el Hijo no puede por Sí mismo hacer nada, sino *lo que ve hacer al Padre*; pero lo que Este hace, el Hijo lo hace igualmente" (Juan 5, 19).

[21] Juan 12, 49-50.

[22] Juan 14, 10.

[23] Juan 5, 30

[24] Juan 5, 30, según la traducción al inglés de la RSVCE (Revised Standard Version Catholic Edition).

[25] Adviértase, entre otros ejemplos, el énfasis que se pone en que se siga "el modelo mostrado en la montaña" (Exodo 25, 40); el cuidado de la tienda de la reunión, con sus ítems específicos dispuestos de determinado modo (Número 4; Números 18); las consecuencias de la rebelión de Corá (Números 16).

[26] Ver Kwasniewski, *El rito romano de ayer y del futuro: El regreso a la liturgia latina tradicional tras setenta años de exilio* (Os Justi Press, 2023), 37–87.

[27] Mateo 5, 19.

Como modelo nuestro, contemplemos al Hijo de Dios que reza los salmos de David mientras crece en el hogar de María y de José. ¡Qué espectáculo!: el Nuevo Adán, padre del mundo que ha de venir[28], reza los antiguos salmos de un hijo de Adán. La Palabra que ilumina a todos los hombres e inspira a los profetas es el verdadero autor de estos salmos; tal como los cielos y la tierra y toda su muchedumbre[29], los salmos son *Su propia creación*. Pero el Verbo-hecho-carne se somete a estas palabras que *ya están dadas ahí*, que El plantó en la historia para la formación de Su propio Corazón sagrado, para dar a Sus labios y pulmones y cuerdas vocales su ejercicio óptimo, para unirlo, lo más plenamente posible, al pueblo de Israel y a la condición humana que ha asumido. El Verbo ha subordinado Su libertad divina a la tradición litúrgica. Dado que todos somos pequeñas imágenes de la Imagen del Padre, los salmos se nos dan también a nosotros, como vehículo de nuestros más íntimos pensamientos y sentimientos, de forma que, moldeados por ellos, podamos expresar lo que es más profundo y más verdadero en nosotros, en nuestra naturaleza humana divinizada. Del mismo modo, nosotros subordinamos nuestra libertad a la tradición litúrgica, como parte de nuestra imitación de Cristo.

HUMILDAD EN EL SERVICIO Y FIJEZA EN LA FORMA

Una de las grandes fortalezas de la tradición litúrgica en latín es que no deja nada entregado a la voluntad o imaginación del sacerdote (y lo mismo puede decirse de todos los ministros en el presbiterio). Ella traza coreográficamente sus movimientos, dicta sus palabras, moldea su mente y su corazón según lo que ella es, para que quede absolutamente claro que es *Cristo* quien obra en él y por medio de él[30]. El P. Stéphane Dupré, de la Fraternidad

---

[28] Ver Romanos 5, 1; 1 Corintios 15, 45; Isaías 9, 6.

[29] Ver Génesis 2, 1.

[30] Un sacerdote puede elegir qué Misa votiva va a celebrar en un día ferial; en una feria puede escoger celebrar, usando el Común apropiado, a cualquier santo incluído en el Martirologio para ese día; ciertos Comunes ofrecen una posibilidad de elegir una Epístola o un Evangelio diferentes. Estas oportunidades de elegir son pocas y bien controladas, y no introducen ningún voluntarismo en la liturgia porque la elección de qué hacer debe ser hecha en su integridad con antelación. Es como el caso de un esquiador que considera varias pistas para descender; una vez que elige una, está obligado a seguirla entera. La elección es, se podría decir, pre-litúrgica más

Sacerdotal de San Pedro ha dicho: "En la liturgia tradicional, soy un esclavo. La Iglesia me dice dónde poner las manos, dónde pararme, cuándo hacer una genuflexión, cuándo besar el altar. Así, ya no soy libre para hacer mi voluntad, y el sacerdocio de Cristo puede actuar por mi intermedio"[31]. O en palabras del salmista: "Sabed que el Señor es Dios, El nos ha hecho, no nosotros mismos. Somos su pueblo y ovejas de su rebaño"[32]. Las ovejas tienen que seguir a su pastor. El clero no es, ni nunca será, el primer principio de la liturgia; como dice Santo Tomás de Aquino con elocuente humildad, el sacerdote -o cualquier clérigo- es un "instrumento animado" del Eterno Sumo Sacerdote: "Las sagradas órdenes no son el principal agente, sino un ministro o un cierto instrumento de la operación divina"[33]. Los ministros son como martillos, cinceles o sierras racionales con los cuales un artesano superior ha de cumplir Su obra de santificación, al tiempo que les confiere la dignidad de estar en Sus manos y participar de Su acción. Mons. Ronald Knox lo dice del siguiente modo:

"El filósofo Aristóteles, al definir la posición del esclavo, dice "Un esclavo es una herramienta viviente". Y eso es lo que es un sacerdote, una herramienta viviente de Jesucristo. El sacerdote presta sus manos para que sean las manos de Cristo, y su voz para que sea la de Cristo, sus pensamientos para que sean los de Cristo; no hay, no debería quedar en el sacerdote nada que le sea propio, de comienzo a fin, excepto cuando la Iglesia le permite, bondadosamente, que permanezca un momento en silencio por sus propias intenciones, por el bien de los vivos y de los muertos. Quienes no pertenecen a nuestra religión se asombran, a veces, o incluso se encandalizan, al contemplar las ceremonias de la Misa: todo es, dicen, tan mecánico. Pero, en realidad, *debe* ser mecánico; lo que miran no es un hombre, sino una herramienta viviente; se vuelve en esa dirección y en la otra, se inclina, se levanta de nuevo, gesticula, obedeciendo en todo esto un orden preconcebido: el orden de Cristo, no el nuestro. Como mejor se dice la Misa -los católicos lo sabemos- es cuando

---

que intra-liturgica, a diferencia de las múltiples oportunidades de opción del Novus Ordo y del espacio que da para improvisar.

[31] Citado por Steve Skojec, "A Priest Just Doing His Job," *OnePeterFive*, 23 de julio 2020.

[32] Salmo 99, 3.

[33] *Commentary on the Sentences*, Bk. IV, Dist. 2, Q. 1, art. 3, ad 2.

se dice de modo que no nos damos cuenta de *cómo* se dice; no esperamos excentricidades de parte de una herramienta, de una herramienta de Cristo"[34].

Los clérigos son herramientas privilegiadas, por cierto, pero son, con todo, herramientas; y la liturgia sigue siendo la obra de Cristo, el Gran Artesano, el carpintero del arca de la alianza, el arquitecto de la Jerusalén celestial, el Nuevo Canto y su cantor. En sus formas exteriores, en su texto y música y ceremonial, la liturgia debería proclamar luminosamente que es obra de Cristo y de la Iglesia, no producto de un individuo carismático o de una comunidad de base"[35].

Mons. Robert Hugh Benson se imagina a un no católico reflexivo razonando sobre por qué la Misa tiene que ser determinada, fija y regimentada, si es que es verdaderamente lo que los católicos creen que es -un hacer presente de nuevo el supremo misterio de la Cruz-:

---

[34] Knox, *The Pastoral Sermons* (Sheed & Ward, 1960), 342–43. Santo Tomás de Aquino se refiere al mismo pasaje de Aristóteles en la *Ética a Nicómaco* 8.11 (1164b4) cuando explica cómo el carácter sacramental pertenece a la categoría de calidad, una subcategoría de poder: "Un ministro es como un instrumento de aquél a quien sirve como ministro; de ahí que el Filósofo dice que un esclavo es como una herramienta animada. Y así, el poder [*virtus*] de un sacramento, así como también el ministro y el carácter, son [todos] instrumentales" (*Commentary on the Sentences*, Bk. IV, Dist. 4, Q. 1, art. 1).

[35] Santo Tomás de Aquino ve incluso una diferencia básica entre un hombre de la Nueva Ley y un hombre de la ley de la naturaleza, es decir, anterior a la Ley Mosaica. Una de las objeciones contra la institución por Cristo de los sacramentos dice: "El misterio del sacerdocio en la Nueva Ley no es de autoridad menor que en la ley natural de la naturaleza. Pero quienes administraban los sacramentos en la ley de la naturaleza, es decir, los sacerdotes, profesaban la fe del modo que querían [*pro suo libito*], mediante sacramentos visibles. Pero mucho más debiera ser tal el caso en la Nueva Ley, que es de mayor libertad" (*Commentary on the Sentences*, Dist. 2, Q. 1, art. 4, qa. 4, obj. 2). La respuesta que a esto da Santo Tomás es iluminadora: "Los sacramentos de la ley de la naturaleza no tenían efecto alguno por la acción realizada [*ex opere operato*], sino sólo por la fe, y así, su determinación podía hacerse por la mera posesión de la fe. Pero, no es así en los sacramentos de la Nueva Ley, que confieren la gracia por la acción realizada". En otras palabras, debido a que Cristo ha realizado nuestra salvación de un determinado modo, esta determinación debe ser significada por *cómo* adoramos a Dios. Por tanto, a fin de evitar transmitir el error de que los sacramentos de la Nueva Ley no son más que expresiones individuales o comunitarias de fe, y para transmitir, por el contrario, que son *acciones divinas que contienen la gracia* a la que respondemos con la fe, no puede existir una variabilidad *ad libitum*.

"Incluso para mí, siendo protestante, me pareció absolutamente conveniente que un acontecimiento tan estupendo no pudiera ser realizado de ningún modo que no fuera el de una sagrada danza dramática, con acompañamiento de una etiqueta cortesana rígida y minuciosa. Dejar el desarrollo de semejante cosa entregado a la personalidad individual y al gusto privado de un simple clérigo con sobrepelliz, sería indescriptiblemente trivial; los esquemas humanos tienen que ser obliterados por una irresistible uniformidad; los gustos personales y el método de conducirse deben ser rígidamente reemplazados por movimientos y gestos predefinidos. De hecho, para un drama como éste no necesitamos clericalismo, sino el más enfático sacerdotalismo. La originalidad en el santuario es, como se ha dicho con razón, la más grosera de las vulgaridades imaginables"[36].

Siendo todavía anglicano, John Henry Newman ya había reconocido la verdad de que el ministro de la liturgia es configurado por su oficio para entregar, fiel y humildemente, el mensaje de otro -y con las *palabras* del otro-, sin distraer el contenido con toques personales o idiosincráticas variaciones:

"Así como las palabras con que oramos en la iglesia no son nuestras, tampoco lo son el aspecto, o las posturas o los pensamientos. Según lo dice el profeta, "no obraremos allí a nuestro modo", ni para "darnos el gusto", "ni para proferir nuestras propias palabras", imitando con ello a todos los santos que nos han precedido, incluídos los santos Apóstoles, quienes jamás hablaron sus propias palabras en el culto solemne, sino las que Cristo les enseñó, o las que el Espíritu Santo les enseñó, o las que el Antiguo Testamento les enseñó. Por esto es que siempre oramos lo que dice un libro de la Iglesia. Los Apóstoles dijeron a Cristo "Señor, enséñanos a orar", y Nuestro Señor bondadosamente les dio la oración llamada "Oración del Señor". Por la misma razón nosotros también usamos la Oración del Señor, y usamos los salmos de David y de otros hombres santos, y usamos himnos que se nos dan en las Escrituras, creyendo que es mejor usar las palabras de profetas inspirados que las nuestras"[37]. Y

---

[36] Benson, *Papers of a Pariah* (Cenacle Press, 2022), 67–68.
[37] Newman, "Reverence in Worship," in *Parochial and Plain Sermons*, vol. 8 (Longmans, Green, and Co., 1908), 9. Esta cita comienza del siguiente modo: "Debemos actuar en todas las cosas como si viéramos a Dios, es decir, si creemos que Dios está aquí, guardaremos silencio; no reiremos, ni

siendo católico, Newman volvió a este punto, subrayándolo con su habitual elocuencia:

"Revestido con sus vestiduras sacerdotales, él [el sacerdote] entierra totalmente lo que es individual en él, y no es sino el represente de Aquel de quien deriva su comisión. Sus palabras, el tono que usa, sus acciones, su presencia, pierden su individualidad; un obispo o un sacerdote son como cualquier otro obispo o sacerdote: todos cantan las mismas notas, ejecutan las mismas genuflexiones al dar unos la paz y otros la bendición, en la medida en que ofrecen el mismo sacrificio. La Misa no se debe decir sin que haya un Misal a la vista del sacerdote, ni debe decirse en muchas lenguas sino en aquélla [viz., latín] que hemos recibido de los primeros jerarcas de la Iglesia occidental"[38].

Quien pone en práctica, con especial cuidado, esta actitud de receptividad es San Benito de Nursia. En su "Regla", este patriarca de cenobitas presenta la esencia de la humildad como un vivir no según los propios deseos y pasiones, sino según el juicio y la orden de otro: *ambulantes alieno judicio et imperio*[39]. Cuando San Benito se pone a ordenar la liturgia monástica, se refiere continuamentee a cómo se hace las cosas en otras partes: los salmos cantados por nuestros padres, el himno Ambrosiano, los cánticos usados por la Iglesia de Roma. Incluso al moldear el estilo monástico de orar, observa continuamente los modelos ya existentes. Este es el verdadero espíritu de conservadurismo litúrgico, de piedad con los mayores, y de imitación de Cristo. No somos nosotros los que decidimos la forma de nuestro culto, sino que lo recibimos con humildad, como "un juicio ajeno" que hacemos nuestro. Obrar de otro modo equivale a poner el hacha a la raíz del árbol de la humildad[40]. La oración litúrgica siempre

---

hablaremos ni susurraremos durante la ceremonia, como hacen muchos jóvenes; no miraremos en torno a nosotros. Seguiremos el ejemplo que nos da la propia Iglesia. Quiero decir"… y luego sigue lo que hemos citado arriba. Menciono esto porque podemos ver que la espontaneidad o la improvisación en la liturgia coinciden *siempre* con un espíritu descuidado o irrespetuoso: están con éste en una relación incestuosa.

[38] Newman, *The Idea of a University* (Longmans, Green, and Co., 1907), pt. 2, §7, pp. 425–26.

[39] Regla, cap. 5. Del mismo modo, el cap. Nos previene contra "hacer nuestra propia voluntad", para no caer en lo corrupto y lo abominable.

[40] San Benito permite que se haga una redistribución de los salmos, siempre que los monjes observen, estrictamente el principio de recitar el salterio

ha sido el modo más importante de inculcar el sometimiento a Cristo y a su Iglesia, de modo que aprendamos *Sus* modos, que asimilemos *Su* oración, y que bebamos de *Su* sabiduría -que, ciertamente, no podremos "cocinar" nosotros en unas cuantas reuniones de comité-. Tomamos *Su yugo* sobre nosotros... el yugo de la tradición. Antes de mediados del siglo XX se daba por supuesto, en los círculos católicos, que una de las especiales *perfecciones* de la sagrada liturgia es ser fija, constante, estable, una roca inamovible sobre la cual se puede construir la vida espiritual. Las numerosas y exigentes rúbricas de la liturgia se entendían como guías para el celebrante a lo largo de un piadoso camino de obediencia y sometimiento, por el cual podía sumergir su personalidad en la Persona de Cristo y fundir su voz con la del coro de la Iglesia en oración. En palabras de Martin Mosebach: "Los grandes místicos del pasado jamás sintieron las rúbricas como un peso. Incluso el siglo XX tuvo un gran santo místico, el Padre Pío, de Apulia, que recibió los estigmas y que, con sus cinco heridas sangrantes, dijo siempre la Misa con férrea sujeción a las rúbricas. Antaño los seminaristas aprendían las rúbricas tan bien que podían cumplirlas durmiendo. Tal como los pianistas tienen que practicar para adquirir técnica, cosa que al principio es una tortura pero que termina sonando como si fuera una libre improvisación, así también los celebrantes experimentados se desplazaban por el altar con gran seguridad, y toda celebración era como salida de un mismo molde. Esos celebrantes no estaban encerrados en un corsé de rúbricas, sino que flotaban sobre ellas como por sobre las nubes"[41].

Los gestos formales, hieráticos comunicaban un simbolismo eternamente nuevo, limitando (si no eliminando) el peligro del subjetivismo y del emocionalismo. El sacerdote, u otro ministro, se configuraba con Cristo el servidor, que vino no ha hacer Su voluntad sino la de Aquel que lo envió; al ministro se le dice qué

---

entero en una semana. Por tanto, no chocaría con la humildad el que una comunidad monástica hiciera *algunos* ajustes al ciclo de los salmos, pero sería un alarde de temeridad rechazar los pilares más antiguos y estables del Oficio, como la recitación de todo el salterio cada semana o, como ejemplos más específicos, rechazar los salmos 109-112 para las vísperas del domingo y los salmos 66, 50, 117, 62 y 148-150 para los laudes del domingo.
[41] Mosebach, *The Heresy of Formlessness: The Roman Liturgy and Its Enemy* (Angelico Press, 2018), 132.

debe decir y qué debe hacer: nunca habla por sí mismo[42]. El P. Luke Bells escribe:

"Jesús no viene *por decisión propia*, sino que *es enviado*. Tanto en el caso de Jesús como en el de sus seguidores la lucha por la identidad propia se da en la renuncia a lo propio, en la preparación para recibir, en la aceptación del don... Aquellos que no se aferran al propósito de tener el control, aquéllos que verdaderamente siguen a Jesús, están representados por Pedro, a quien se dice "Otro te vestirá y llevará adonde no quieres ir". Pedro aprende y llega a tener una identidad que es más sufrida que ejercida, más recibida que conquistada, más concedida por la super-abundancia de la eternidad que por las imposiciones del tiempo. Lo esencial en ella es que viene de lo alto"[43].

El Padre, que mora en el Hijo, hace la obra del Hijo, y el Hijo, que mora en el sacerdote, hace del mismo modo la obra del sacerdote. De esta forma, así como el Hijo "se despojó de su gloria" tomando forma de siervo, así también hace el sacerdote, despojado de su gloria humana al tomar la forma de siervo, al compartir el ocultamiento, la humillación, la pasión y la muerte de Cristo[44]. Como vimos anteriormente, Nuestro Señor, el gran Sumo Sacerdote de la Nueva Alianza, dijo: "Por Mí mismo Yo no puedo hacer nada"[45]. Quizá tenemos aquí la declaración más radical de la atadura del sacerdote a la liturgia. Es una atadura tan total que el sacerdote puede en verdad decir: "No puedo hacer otra cosa. Estoy constreñido desde lo alto". Si piensa u obra de otro modo, no ha llegado todavía a ser un siervo, en imitación de Aquel que tomó la forma de siervo. Peor, todavía: si algún libro litúrgico le permite o lo anima a obrar de otro modo, ese libro es un espejo sucio o quebrado que no refleja a la Palabra.

---

[42] Excepto durante la homilía -que es la razón por la que no se la debería considerar parte de la liturgia-. La homilía le corresponde al sacerdote en su oficio de maestro, sí; pero no es propiamente una ofrenda litúrgica. Ella está dirigida *al pueblo de Dios* y no a Dios, aunque confiamos que el predicador teme y reverencia a Dios como a Juez que sabe si el sacerdote habla la verdad con caridad o no. Ver Kwasniewski, "The Homily Is Not Part of the Liturgy," *The Remnant*, 15 de enero 2021.

[43] Luke Bell, *The Mystery of Identity* (Angelico Press, 2022), 121.

[44] Podemos decir incluso que el sacerdote imita y participa del descenso de Cristo a los infiernos al ofrecer el Santo Sacrificio por las almas del Purgatorio, que tiene cierta semejanza con el limbo de los Padres.

[45] Juan 5, 30.

EL "PEQUEÑO CAMINO" LITÚRGICO

Se preguntó una vez a Mons. Athanasius Schneider, en una entrevista, qué lecciones había aprendido al celebrar la forma tradicional de la Misa. He aquí la elocuente respuesta del obispo:

"La lección más profunda que he aprendido al celebrar la forma tradicional de la Misa es ésta: yo soy sólo un pobre instrumento de una sacratísima acción sobrenatural, cuyo celebrante principal es Cristo, el Eterno Sumo Sacerdote. Siento que durante la celebración de la Misa pierdo, en algún sentido, mi libertad individual, porque las palabras y los gestos están prescritos hasta en los menores detalles, y no se me permite cambiarlos. Siento profundamente en mi corazón que soy sólo un siervo y un ministro que, sin embargo, con libre arbitrio, con fe y amor, realizo no mi voluntad sino la voluntad de Otro"[46].

¿Cuánto puede un sacerdote ganar o perder con su cooperación, o su falta de ella, con "los menores detalles" del rito litúrgico que la tradición y la ley eclesiástica le entregan? Para encontrar la respuesta, volvámonos a una gran escritora de la edad de oro de la espiritualidad francesa, Catherine de Bar (1614-1698) o, en la vida religiosa, Madre Mectilde del Santísimo Sacramento. En su correspondencia con la Condesa de Châteauvieux, la Madre Mectilde escribe:

"Lo primero que advierto en Ud., mi querida hija, es que Ud. no estima suficientemente las cosas pequeñas. Ud. no las considera con la perspectiva de la Divina Providencia. Por ello es que Ud. les presta poca atención y poco respeto, y con esto pierde Ud. una gran cantidad de gracias… A veces Dios pide solamente un pequeño acto de fidelidad a fin de hacernos grandes santos. Ud. tiene que estar siempre ante Dios en un estado de atención santa y amorosa, para darse a El en todo. Si Ud. pudiera comprender el desperdicio que produce cuando obra de un modo puramente humano, no habría nada capaz de consolarla. ¿No es una gran falta el que un alma que es capaz de dar gloria a Dios lo prive, con todo, de ella, cediendo a sus propios razonamientos, que quisieran convencerla de que las acciones pequeñas de la vida son pura nada y no necesitan ser encauzadas? Oh, hija mía, si Ud. comprendiera verdaderamente cómo ha sido rescatada y cómo pertenece a Jesucristo, se

---

[46] "Exclusive: Bishop Athanasius Schneider Interview," *Rorate Caeli*, 2 de febrero 2016; texto ligeramente enmendado.

preocuparía mucho más de honrar a Dios. Si ni siquiera un latido de su corazón pertenece a Ud., ¡tanto más la más pequeña de sus acciones, que siempre dura más que un latido!"[47].

En estas palabras vemos que se anticipa, de modo impactante, al más conocido "pequeño camino" de Santa Teresa de Lisieux. La Madre Mectilde ve que los pequeños actos de fidelidad son el terreno en que se pone a prueba nuestro deseo de ser grandes santos; que no debemos jamás actuar de un modo puramente humano, con nuestros propias fuerzas de creaturas. Si combinamos la doctrina espiritual de la Madre Mectilde con la comparación de la herramienta, de Mons. Knox, y con las reflexiones de Mons. Schneider, podemos tener una nueva intuición de los enormes beneficios espirituales de la liturgia romana tradicional para los ministros que se someten a sus mil pequeñas exigencias, que son ocasiones para ponerlos en un estado de atención a Dios santa y amante. No hay palabra ni movimiento alguno que sea una "pura nada", un detalle que no necesita ser vigilado; todas las acciones se gobiernan y ordenan a dar honor a Dios.

La Madre Mectilde amplía este punto en otros pasajes de la misma correspondencia con la Condesa de Châteauvieux:

"El Evangelio nos dice hoy brevemente en qué consiste la santidad cristiana. Es una lección marvillosa. Por favor, escuche. La ley dice "Amarás al Señor tu Dios con todo tu corazón, con toda tu alma, con todas tus fuerzas, con toda tu mente". Considere bien estas cosas y verá cuán obligada está Ud. a dar a Dios hasta la más pequeña de sus acciones. . .

"En un sinfín de lugares de las Escrituras verá que no puede Ud. disponer de sí misma -ni siquiera de uno solo de sus pensamientos- sin tener que robar a Jesucristo. Ud. no tiene derecho a hacerlo porque ha sido comprada, y el que compra el árbol, compra también su fruta; por tanto, Ud. no se pertenece en absoluto. Considere esta verdad y repita a menudo estas palabras: no me pertenezco, pertenezco a Jesucristo. El me rescató por amor, por lo que necesariamente soy esclavaa de Su amor. ¡Oh, digna esclavitud!. . .

"Luego verá cuán obligada está Ud. a entregarse a El. Es decir, a consentir en todos los derechos, poderes y autoridad que El tiene sobre Ud., y a permanecer en El. Esto significa no apartarse jamás

---

[47] Mectilde, *The "Breviary of Fire": Letters by Mother Mectilde of the Blessed Sacrament, Chosen and Arranged by the Countess of Châteauvieux* (Angelico Press, 2021), 55-56, traducción levemente modificada.

de su sagrada Presencia y hacerlo todo según su Espíritu. En la medida en que le sea posible, no debe Ud. tener otro objeto de pensamiento que El. En suma, la razón de su obrar debe ser en todo sólo Su gloria, incluso en sus acciones más pequeñas. No crea que hay nada pequeño en lo que a Dios se refiere: todo es grande, todo es santo. Su amor lo santifica todo.

"Por tanto, obre con exactitud hasta en las más pequeñas cosas. Todo lo hacemos por un gran Dios. Todo debe hacerlo con entendimiento, es decir, con atención a Dios, y con un sencillo deseo de glorificarlo en todas las cosas. El quiere que Ud. sea fiel [en las cosas más pequeñas], y luego la elevará a cosas más grandes. El que no presta atención a las cosas pequeñas pronto caerá en grandes desórdenes. . .

"No considere las cosas pequeñas con la perspectiva de su mente humana. Ud. debe estar dispuesta a obedecer prontamente, sin considerar la pequeñez de la acción. El siervo no tiene derecho a escoger o rehusar. Ud. debe ser sumisa en todo momento, sin saber por qué. Por tanto, ame la fidelidad en las cosas pequeñas y permaneza así sumisa a ello. Ud. puede dar más gloria a Dios levantando del suelo una paja por obediencia a Dios, que azotándose cincuenta veces son el látigo o practicando, según decisión de su voluntad, otras austeridades mayores. Si Dios se complace en estas pequeñas cosas, Ud. debe realizarlas con sencillez y con la misma perfección, el mismo amor, y la misma fidelidad que si estuviera convirtiendo al mundo entero"[48].

¡Qué irresistible es la doctrina de la Madre Mectilde sobre la santa esclavitud a Cristo, expresada en el constante ofrecimiento de todas las cosas pequeñas, de toda pequeña acción realizada por el gran Dios, el Señor de cielos y tierra! No podemos dejar de recordar las palabras de Cristo: "El fiel en lo muy poco, también en lo mucho es fiel; y quien en lo muy poco es injusto, también en lo mucho es injusto"[49]. Adviértase el énfasis en la justicia: el que es infiel a Dios en las cosas pequeñas, será también injusto en las grandes: *no poco amante, sino injusto*. Se trata de la justicia, de "los derechos de Dios", ya que, como lo dice tan vívidamente la Madre Mectilde, le pertenecemos a El como Su propiedad. Y lo que es injusto es, también, falto de amor, porque la caridad se funda en la justicia.

---

[48] Mectilde, 46–49.
[49] Lucas 16, 10.

Al hablar de fidelidad y de justicia, Nuestro Señor se refiere a la virtud de la *religión*, es decir, al hábito de dar a Dios lo que le es debido, lo mejor que podamos. Si no le damos nuestros miembros sometidos a control, nuestras inclinaciones, genuflexiones, besos, ojos bajos y pronunciación cuidadosa de antiguas sílabas, ¡cuánto nos engañamos pensando que le vamos a dar nuestra mente y nuestra voluntad, nuestro amor, nuestro servicio a los demás! Se podría casi parafrasear la Primera Epístola de San Juan: "Si no ama los ritos de su Iglesia, que ve, ¿cómo puede amar a Dios, a quien no ve?"[50] . La escuela por excelencia de la perfecta fidelidad en las cosas pequeñas, como también en las grandes, es la sagrada liturgia, en la que obedecemos pequeñas rúbricas al tomar con las manos la Carne y la Sangre de Dios. Movidos por las enseñanzas de la Madre Mectilde, ¿no deberíamos decir que una liturgia que ofrece al celebrante o al participante una mayor cantidad de oportunidades de someter a otro la mente y hacer su voluntad, especialmente en los "menores detalles", es una liturgia que ha de producir mayores frutos de santidad?[51]

Si se me permite acuñar una frase, hablaré de "el pequeño camino litúrgico", es decir, la enseñanza de Santa Teresa de Lisieux aplicada a aquel ámbito en que siempre se la ha practicado, sin fanfarrias, hasta décadas recientes, en que las rúbricas fueron gravemente reducidas, en que se multiplicaron las opciones del celebrante, en que se adoptó una actitud informal y en que se despachó, como obscurantismo, mil años de la piedad occidental. Sea que los sostenedores de esto se hayan o no dado cuenta, este mar de cambios reflejó una paganización de la liturgia por las razones dadas por el historiador y filósofo italiano Giambattista Vico: "¿Qué podría ser más necio e inepto que prescribir ceremonias absolutamente fijas para las vagas y cambiantes deidades del paganismo? En cambio, el cristianismo sostiene dogmas inimpugnables sobre la naturaleza de Dios y los misterios de la religión; y por eso se justifica plenamente la exactitud de sus ritos"[52]. Como si se dijera: una religión de verdades definidas e

---

[50] Cf. 1 Juan 4,20.

[51] En relación con la manera más intensa y diversificada de participación activa en el rito tradicional de la Misa, ver Kwasniewski, *Reivindicación de nuestros derechos hereditarios como católicos*, 54–74; cf. *Noble Beauty*, 191–213 y *Ministers of Christ*, 131–51.

[52] Vico, *On the Study Methods of Our Time* (Bobbs-Merrill, 1965), 45.

incambiantes reveladas por Dios será necesariamente una religión con ritos exactos, caracterizados por la estabilidad más que por el cambio[53]. Se nos vienen a la mente unas famosas líneas de Joseph Ratzinger:

"Los ritos [de Oriente y Occidente] se solidificaron en formas definitivas... Todos ellos eluden ser controlados por ningún individuo, comunidad local o Iglesia regional. La falta de espontaneidad es de su esencia. En estos ritos descubro que hay algo que se me aproxima y que no he producido yo mismo, algo que, en último término, deriva de la revelación divina. La grandeza de la liturgia depende -lo repetiremos con frecuencia- de su falta de espontaneidad (*Unbeliebigkeit*)[54].

El pequeño camino litúrgico consiste en apreciar y prestar atención a las pequeñas cosas de que consiste la liturgia, y en realizarlas con gran cuidado y amor. Durante el curso del siglo XX, muchas de estas pequeñas cosas -reverencias y genuflexiones, besos al altar, señales de la cruz, cubrirse o descubrirse la cabeza, guardar baja la vista, mantener los dedos juntos- fueron podadas, reducidas a casi nada. Con el abandono de este pequeño camino llegó una siempre creciente inundación de infidelidad, impiedad y depravación. "El que no presta atención a las cosas pequeñas, pronto ha de caer en grandes desórdenes". Gracias a Dios, el crecimiento del movimiento tradicionalista trae consigo necesariamente una restauración de la atención a estas pequeñas cosas y esto, a su vez, nos da una buena esperanza y una razonable confianza en que, algún día, veremos de nuevo un gran santidad emerger de la liturgia.

Se puede pensar en la siguiente objeción: ¿No arriesga este enfoque transformarse en una forma de legalismo o una excesiva

---

[53] Como explico en *El rito romano de ayer y del futuro*, todos los ritos tradicionales de Oriente y Occidente se desarrollaron tan gradualmente, a lo largo de tantos siglos, que a cualquiera generación de creyentes en particular le hubieran parecido más ser los mismos ritos que haber cambiado. Esta es una de las muchas razones de por qué el período de, más o menos, 1910 a 1970, es uno que no tiene igual en la historia de la Iglesia, en lo que se refiere a la naturaleza y número de los cambios que tuvieron lugar en el culto público. Incluso las transiciones del griego al latín, y de las iglesias domésticas a las basílicas, hubieran parecido básicamente constituir una continuidad, destruída en el siglo XX, excepto en los enclaves tradicionalistas que la conservaron.

[54] Ratzinger, *Spirit of the Liturgy*, IV.1.

preocupación con las rúbricas? Hasta donde se puede decir, el legalismo se transformó en un peligro sólo después de 1570, cuando por primera se promulgó una forma de Misa con sus rúbricas por un papa. Anteriormente a 1570, el clero hacía ciertas cosas y evitaba hacer otras movido por poderosas costumbres y por un sentido de la adecuación de lo que podría llamarse "mejor práctica". El modo de obrar derivaba más de la piedad y reverencia que de una ley exterior. Con todo, el Papa Pío V sólo codificó lo que ya se estaba haciendo: las rúbricas recogieron costumbres muy antiguas y no la arbitraria voluntad de una comisión, como sucedió más tarde, en el siglo XX, con las reformas de rúbricas. Al cabo, no podemos menos que estar de acuerdo con Newman en que si se cree verdaderamente en el dogma de la transubstanciación, la densidad de rúbricas del antiguo misal romano se hace inmediatamente comprensible, porque están puestas al servicio de fines llenos de temor y reverencia:

"Ábrase el misal, léase las detalladas instrucciones dadas para la celebración de la Misa: la adecuada disposición con que el sacerdote se prepara para ella, cómo debe ordenar cada una de sus acciones, de sus movimientos, de sus gestos, de sus enunciados durante el curso de ella y qué debe hacerse en caso de posibles accidentes muy variados. ¡Qué burla sería todo esto si el rito no significara nada! Pero si es un hecho que Dios Hijo está ahí, ofrecido en carne y sangre humana por manos de un hombre, resulta claro que ningún rito en absoluto, por cuidadoso y elaborado que sea, llega a la altura de los abrumadores pensamientos que surgen en la mente por causa de tal acción. Así, pues, los usos y ordenanzas de la Iglesia no existen porque sí… sino que protegen un misterio, defienden un dogma, representan una idea, predican buenas nuevas, son canales de gracia"[55].

LA SEDUCCIÓN DE LA AUTONOMÍA

Las observaciones precedentes demuestran suficientemente por qué es desconcertante, para decir lo menos, una de las mayores novedades de los libros litúrgicos postconciliares, a saber, las muchas opciones que se da al celebrante para que elija, y las muchas oportunidades para elegir sus propias palabras: "con

---

[55] Newman, *Certain Difficulties Felt by Anglicans in Catholic Teaching* (Longmans, Green, and Co., 1901), vol. 1, lec. 7, pp. 215–16.

éstas o similares palabras"[56]. Frente a esta frase se puede legíti-
mamente preguntar: "¿Cuán similar es similar?". En realidad, la
palabra de la liturgia y la del ministro deberían ser *homoousios*, de
una única e igual substancia, no *homoiousios*, de una substancia
similar. La diferencia es mucho mayor que una iota. En el acto
de seleccionar opciones e improvisar textos, el celebrante ya
no refleja perfectamente la Palabra de Dios que, como perfecta
Imagen del Padre, igual a Él, recibe Sus palabras, no les da origen; y que cumple la voluntad de otro y no Su propia voluntad.
El celebrante, al escoger e improvisar, no muestra la identidad
fundamental del cristiano, o sea, la de alguien que recibe y da
fruto, como la Santísima Virgen María, que concibe sólo por obra
del Espíritu, sin el concurso de hombre alguno[57]. Por el contrario,
adopta la posición de alguien que da origen; substrae la esfera
de su acción de la de su Maestro, a quien tiene que dar cuenta;
se construye una zona de autonomía; niega al Señor el privilegio
de darle órdenes y se priva a sí mismo de la recompensa por el
sometimiento; por un momento abandona la estrecha senda de
ser una herramienta y entra a la ancha vía de quien es alguien.
"Quien habla por su propia cuenta busca su propia gloria"[58]; se
hace no actor, sino autor de la obra; su *libre elección* en cuanto
individuo es exaltada como un principio de la liturgia; adhiere
a la enloquecida muchedumbre que, en palabras del salmista,
dice: *linguam nostram magnificabimus, labia nostra a nobis sunt; quis
noster dominus est?*, "Somos fuertes en nuestra lengua, contamos
con nuestros labios; ¿quién es señor nuestro?"[59].

Pero dado que la libertad de elección es antitética con la liturgia

---

[56] See Paul Turner, *In These or Similar Words: Praying and Crafting the Language
of the Liturgy* (World Library Publications, 2014). Aquí puede encontrar una
sinopsis: http://paulturner.org/wp-content/uploads/2015/01/ml-in-these-
or-similar-words.pdf.

[57] Ver Kwasniewski, *Noble Beauty*, 53–87. No constituye una objeción seria a
esto el que los primeros cristianos no tuvieron oraciones fijas y plenamente
desarrolladas, porque la historia nos indica que, con el paso del tiempo, las
comunidades se fueron alejando de la improvisación y desarrollaron oraciones cada vez mejor definidas, basadas en las consagradas formas que recibían
de las generaciones anteriores. Ver Kwasniewski, "From Extemporaneity to
Fixity of Form: The Grace of Liturgical Stability," *New Liturgical Movement*,
11 de octubre 2021; ver también DiPippo, "Liturgical Improvisation Must
End," *New Liturgical Movement*, 26 de agosto 2020.

[58] Juan 7, 18.

[59] Salmo 11, 5

en cuanto ritual fijo recibido de nuestros antepasados y transmitido fielmente a nuestros descendientes, la elección tiende a ser, en la liturgia, fuente de distracción, de dilución o disolución, más que una contribución que la beneficia. La misma crítica puede hacerse a todas las situaciones en que la nueva liturgia permite al celebrante una indefinida libertad de expresión, de postura corporal y de movimiento. Semejante voluntarismo es un golpe a la esencia de la liturgia, que es oración pública, objetiva, formal, solemne y comunal, en la que todos los cristianos participan igualmente, aunque les corresponda realizar acciones irreductiblemente diferentes. La oración de los cristianos pertenece a todos ellos en común, lo que quiere decir que no debe pertenecer a ninguno en particular. En el momento en que un sacerdote inventa algo que no es común, se constituye, ante el pueblo, en soberano clerical; el pueblo tiene entonces que someterse no a la norma de Cristo y de la Iglesia sino a la norma arbitraria de este individuo[60]. Por estas razones Joseph Ratzinger no dudó en condenar este aspecto del nuevo misal:

"En cuanto al Misal actualmente en uso... a menudo encontramos en él fórmulas como: *sacerdos dicit sic vel simili modo*... [el sacerdote dice lo siguiente o algo similar], o *Hic sacerdos potest dicere* ... [Aquí el sacerdote puede decir]. Estas fórmulas del Misal de hecho aprueban oficialmente la creatividad; el sacerdote se siente casi obligado a cambiar las palabras, para demostrar que es creativo y que le está dando inmediatez a la liturgia, haciéndola cercana a su congregación: y con esta falsa creatividad, que transforma la liturgia en un ejercicio catequético *para esta* congregación, se destruye la unidad y la *eclesialidad* de la liturgia. Me parece, por tanto, que sería dar un paso importante hacia la

---

[60] Incluso algunos progresistas han reconocido este hecho: ver este revelador reconocimiento en "Robert Taft Acceptance Speech: Berakah Award" (*PrayTell*, 2 de noviembre 2018) y en "Recovering Western Liturgical Traditions" (*America*, 26 de mayo 2008, www.americamagazine.org/faith/2008/05/26/recovering-western-liturgical-traditions), de Taft, en que éste escribe: "Occidente podría aprender de Oriente a recuperar el sentido de la tradición, y dejar de tropezar con sus propios clichés. ¿Debiera la liturgia evitar las repeticiones? La repetición es de la esencia del comportamiento ritual. *¿Debiera la liturgia ofrecer variedad?* Demasiada variedad es enemiga de la participación popular. ¿Debiera la liturgia ser creativa? Pero, ¿creatividad de quién? Son unos presumidos quienes, sin haber manifestado creatividad alguna en ningún otro aspecto de su vida, creen que son Beethoven y Shakespeare en lo relativo a la liturgia".

reconciliación el que se liberara, simplemente, al Misal de estas áreas de creatividad, que no corresponden al nivel más profundo de la realidad y del espíritu de la liturgia"[61].

Pero existe una solución mejor, más verdadera y, en muchos aspectos, más simple: regresar al misal que *siempre* ha estado "libre de falsa creatividad" porque el orden tradicional del culto que *ya* contiene "corresponde al nivel más profundo de la realidad y del espíritu de la liturgia".

Amy Welborn describe incomparablemente bien el pensamiento oculto tras la "flexibilidad" de la nueva liturgia, así como también la manera en que este rasgo destruye la liturgia para el fiel corriente (y cómo es que daña también a los propios ministros -¡si sólo se dieran cuenta de ello!-). Escribe Welborn:

"Dios está en el aquí y el ahora, y nos habla en el aquí y el ahora. Corresponder al Espíritu en el aquí y el ahora significa no estar atados a ritos y palabras impuestos, especialmente si esos ritos nos vienen de lejanos tiempos y culturas. Por tanto, es necesario que la liturgia sea vista como un encuadramiento -valioso, eso sí- pero sólo un encuadramiento en el que los ministros y la comunidad pueden responder al Señor libremente, dejando que Él actúe tomando en cuenta lo específico de esta comunidad en particular, en este momento en el tiempo, y considerando también los dones especiales de estos ministros y las necesidades conocidas de esta comunidad. Se supuso que [la reforma litúrgica] haría el ritual accesible al Hombre Moderno muchísimo más que ninguna forma medieval, atrapada por su época.

"Ello pareció razonable en aquel momento. En el mejor de los casos, en manos de santos, quizá lo sea. Pero como he dicho repetidamente, una de las razones por las que decimos que la tradición posee una especie de sabiduría es que ha sido testigo de las fortalezas y debilidades de la naturaleza humana y ha llegado a tener la capacidad de tomarlas en consideración -especialmente las debilidades y la pecaminosidad-, convirtiéndose en una realidad que desincentiva e inhibe esas tendencias pecaminosas.

"Y así, cuando hay una liturgia, hay ministros y personas que la tienen a su cargo. Y no resulta escandaloso que en un contexto donde se nos dice "*El Espíritu obra mediante las palabras y las acciones*

---

[61] Ratzinger, *Theology of the Liturgy: The Sacramental Foundation of Christian Existence, Collected Works*, vol. II (Ignatius Press, 2014), 564–65.

de los hombres -confíen en ello-", se construya inmediatamente un enorme, ilimitado jardín de juegos para la expansión del Ego. Se libera al Ego, constreñido anteriormente a obedecer estrictas normas y rúbricas (y a usar una lengua extranjera, no vernácula); y se lo libera no sólo por la fórmula "con estas u otras palabras" -preñada de consecuencias-, sino también por su nuevo papel permanentemente dialogante con la congregación, la que ahora emplea una hora, o algo más, contemplando el rostro de ese Ego, y a la que se le ha dicho que, de modo más o menos crucial, la experiencia espiritual de la congregación en la liturgia depende de su interacción *con la personalidad de dicho Ego,* que es clave para recibir los frutos de este momento espiritual"[62].

Como hemos visto, Nuestro Señor llamó mentiroso al diablo porque "habla por sí mismo", trata infructuosamente de sacar de su propia mente finita una palabra que sea suficiente o, se podría decir, auto-suficiente, y fracasa siempre. Por sí misma la iniciativa privada no puede jamás estar a la altura del bien público. *Sobre todo* en la liturgia no debemos jamás hablar "por nosotros mismos" sino sólo por Cristo y su amada Esposa, la Iglesia.

El salmo 115, que el antiguo misal romano propone como preparación para el celebrante, resume con elegancia lo que estoy argumentando en este punto. Exclamé *"en mi angustia: todo hombre es mentira. ¿Qué daré al Señor por todo lo que El me ha dado?"* (vv. 11-12). El salmista admite que el hombre caído, como el diablo, es mentiroso. Se pregunta qué puede dar en cambio al Señor por todo lo que Este le ha dado -le ha dado en la liturgia tradicional, en la espiritualidad, la doctrina, la disciplina de la Iglesia-, e inmediatamente prosigue: *"Tomaré la copa de la salud y publicaré el Nombre de Yavé"* (v. 13), como diciendo: sólo mediante la propia liturgia, que no depende de mí ni procede de mí, puedo retribuírle adecuadamente. *"Es preciosa en presencia del Señor la muerte de sus fieles"* (v. 15), es decir, de esa multitud de testigos que se santificaron son esta liturgia, tomando sobre sí Su yugo: *"Oh Yavé, yo soy tu siervo; siervo tuyo e hijo de tu esclava"* (v. 16), soy el siervo de Aquel que se hizo siervo por mí, que me ofrece su propio Cuerpo y Sangre precioso a cambio de mi servicio racional; yo soy el hijo de Su Madre, la esclava del Señor. *"Tú soltaste mis ataduras"* (v. 16);

---

[62] Welborn, "It's not the reverence; It's the ego," *Charlotte was Both,* 9 de agosto 2021. Ver, de la misma autora, "...wishful thinking and liturgical pretense," *Charlotte was Both,* 23 de septiembre 2023.

las ataduras de mi propia voluntad, de mi autodeterminación, de mi autoinflación, que me retienen a la tierra aquí abajo, me amarran a las modas predominantes, al espíritu de la época, a las esperanzas de mi propio grupo o estrato, a las bastas o sutiles ideologías de mis tiempos. Siendo liberado de este modo por las palabras y la acción de otro, *"yo te ofreceré un sacrificio de alabanza, publicaré el nombre de Yavé"* (v. 17)[63]. No me haré a mí mismo un nombre, sino que sencillamente llamaré al Suyo[64].

¿SUCULENTOS SACRIFICIOS O POBRE MAZAMORRA?

Aquí podemos volvernos también al salmo 15 como guía. "Dije a Yavé: "Tú eres mi Señor, no hay bien para mí fuera de Ti". *Yavé* es la porción de mi herencia y de mi cáliz. Tú tienes en tus manos mi suerte. Las cuerdas de medir cayeron para mí en un buen lugar, y me tocó una herencia que me encanta"[65]. El Señor no necesita, en verdad, los pobres dones que podemos ofrecerle sino que, al revés, somos nosotros quienes necesitamos la buena herencia y la rebosante copa que ha preparado para nosotros a lo largo de los siglos, y que ahora nos ofrece en líneas negras de oración y en líneas rojas de rúbricas que se nos pone ante los ojos y en las manos: "Las cuerdas de medir cayeron para mí en un buen lugar".

En el salmo 19 encontramos un sugerente versículo: *Holocaustum tuum pingue fiat*, "que tu holocausto sea suculento"[66]. ¿Por qué? El animal que se ha de ofrecer a Dios debe ser el mejor que uno posea, no sólo sin mácula sino saludable y robusto por haberse alimentado con grandes cantidades del mejor pienso. Este animal sacrificial nos representa a nosotros. Nosotros queremos dar a Dios *todo*: la suculencia de nuestro pensamiento, de nuestra voluntad, de nuestras pasiones, palabras y acciones. Una mazamorra delgada no es digna de El, ni tampoco mitades de costillas, ni porciones del tamaño de una cucharita de café: El nos quiere enteros para Sí. Cuando seguimos el camino de la liturgia tradicional, nuestro sacrificio es *suculento*, porque el contenido del rito es grueso y rico

---

[63] Ver San Benito, *Regla*, cap. 7: "La voluntad propia tiene su castigo, pero la sumisión gana una corona".

[64] Ver Génesis 11, 4. El más sutil de los males desencadenados por el Novus Ordo es éste: acarrea notoriedad y aplausos a los sacerdotes que lo celebran reverente y bellamente. Ver Kwasniewski, "Men Must Be Changed by Sacred Things, and Not Sacred Things by Men," *OnePeterFive*, 15 de septiembre 2021.

[65] Salmo 15, 2, 5–6.

[66] Salmo 19, 4.

y lleno de religión, y es también *holocausto*, porque en él, como está mandado, se quema todo por El, sin que quede nada fuera del alcance de las rúbricas.

El fruto de obedecer a una regla externa es una inmensa paz interna, como la que describe la Madre Mectilde:

"Toda la felicidad está contenida en la voluntad divina y sólo el alma poseída por ella es feliz, y goza en este mundo un pregusto del Paraíso. Todo lo bueno procede de aquí: no hay problemas ni ansiedades; ni inconstancia ni presunción; ni impaciencia ni tristeza; ni temor ni oscuridad: todo es sereno en la voluntad divina, todo es luz y claridad, todo es inamovible"[67].

Si todo lo bueno proviene de la voluntad divina, no es menos cierto que todo lo malo proviene de que la creatura abandona a Dios, que es la raíz y vigor de su ser. Jesús nos dice: "Sin Mí no podéis hacer nada"[68]. Jacques Maritain observa que esta declaración puede ser entendida de dos modos: según su significado obvio, y según un significado paradojal[69]. Según el sentido obvio, el Señor nos dice que, sin El, sin Su gracia, sin que el sarmiento reciba la savia de la viña, no podemos hacer nada que sea bueno sobrenaturalmente, que agrade a Dios, que sea meritorio. Pero el Señor nos está diciendo también: "Cuando actúas sin Mí, lo que terminas haciendo es exactamente *nada*; cuando obras por cuenta propia, eres perfectamente capaz de hacer "nada", y mientras más apartado de Mí actúas, más nada produces". Es como si se dijera: "Lo único que puedo hacer apartado de Cristo es pecar, introducir desorden, o hacer que las cosas sean más aburridas, chatas o vacías". Esto también tiene implicancias para la liturgia: ¿debería sorprendernos que las iglesias se han vaciado, cuando la nueva liturgia nos permite hacer lo que se nos viene a la cabeza? Lejos de Cristo, nada lo hacemos bien, el resultado no es algo bueno sino "una improvisación de la nada de los entes creados"[70]. La causa más profunda del colapso misionero de la Iglesia de Occidente es que hemos perdido nuestra subordinación institucional y personal a Cristo Sumo Sacerdote, el primer actor de la liturgia,

---

[67] Mectilde, *The True Spirit of the Perpetual Adorers* (manuscrito inédito), ch. 14.
[68] Juan 15, 5.
[69] Ver Jacques Maritain, *Existence and the Existent* (Image Books, 1956), 98–99.
[70] Dicho con los términos de Maritain: *God and the Permission of Evil* (Bruce, 1966), 113.

la Palabra a quien prestamos nuestra lengua, nuestras manos, nuestros cuerpos, nuestras almas. Durante más de medio siglo *no ha estado* perfectamente claro en nuestras iglesias que los ministros son, en realidad, siervos *de otro*, ni que son instrumentos inteligentes puestos enteramente a disposición de El. Por el contrario, se ha comunicado el mensaje opuesto una y otra vez, *ad nauseam*, tanto con palabras como con obras: "hemos llegado a la mayoría de edad", *somos nosotros* los que dan forma al mundo, a la Iglesia, a la Misa, a toda la vida cristiana, según nuestras propias luces y con nuestros propios fines[71]. No nos arrodillamos para recibir la comunión en la lengua, como niños pequeños y dependientes; nos quedamos de pie y la recibimos en nuestras manos como adultos que se gobiernan a sí mismos[72]. No es difícil darse cuenta de que esta mentalidad de "mayoría de edad" es una inversión de lo predicado por Cristo y un repudio de la tradición de la Iglesia, y de que no produce *ni puede* producir una renovación sino que, al contrario, tiene que generar confusión, infidelidad, tedio y desolación. Vemos aquí un paralelo exacto de lo que ha ocurrido con el matrimonio cuando el así llamado "amor libre" entró en escena: se fue el amor comprometido y el sacrificio heroico, e ingresó la lujuria, el egoísmo, la insatisfacción y la indescriptible plaga de la soledad. "Sin Mí no podéis hacer nada". En el ámbito de la moral sexual, tal como en el de la moral litúrgica, se nos ha dado una clara demostración de lo que podemos hacer sin Cristo y sin el don de la tradición, a saber, nada.

Como si la Iglesia en la tierra hubiera súbitamente contraído una enfermedad autoinmune, sus gobernantes en el siglo XX se volvieron en contra de sus tradiciones eclesiásticas, de su gran música, arte y arquitectura; en contra de sus mismos ritos y ceremonias, en lo que no puede considerarse sino como una irrupción del inframundo, como un flujo proveniente de energías demoníacas y del caos.

Las contradictorias nociones de culto analizadas en este capítulo y en todo este libro, una, la abnegada glorificación del Padre, del Hijo y del Espíritu Santo; la otra, una autocelebración promovida por el padre de la mentira, el hijo de la perdición, y el espíritu de la época, han tenido consecuencias mucho mayores

---

[71] Ver Isaías 59.
[72] Ver capítulo 9.

que las que suele advertirse. Hablando, en un bosquejo auto-
biográfico sobre la primera liturgia "high-curch" a la que asistió
siendo todavía un protesante evangélico, y que tuvo lugar en
Saint Mary the Virgin, cerca de Times Square, una iglesia anglo-
católica episcopaliana motejada de "María la Ahumada" por el
generoso uso del incienso que se hacía en ella, Thomas Howard
nos ayuda a ver cuáles son esas consecuencias:

"Me eran familiares los ritos cristianos sencillos, y éste parecía
suntuoso. Todo los aspectos de la ceremonia parecían ser importantes. Cada gesto parecía llevar una carga de significado. En
determinado momento el sacerdote sostenía sus manos en alto de
este modo, y en el siguiente las extendía de este otro modo. En
determinado momento lo miraba a uno de frente, y al siguiente,
estaba de lado, y luego nos daba la espalda. Incluso se cambió los
paramentos durante esa hora: una capa por una casulla. Nada era
natural o espontáneo o no estructurado. Para trasladarse de un
lugar a otro, lo hacía en procesión. Nunca se enunció nada que
no fuera cantado. Y nada podía hacerse sin repartir humo hacia
allá o hacia acá; caminando los ministros dieron la vuelta al altar
con el humo, lo echaron sobre los libros, luego se lo dirigieron
al sacerdote y, finalmente, nos lo dirigieron a nosotros. Aunque
hubiera encontrado algo que me desalentara (cosa que no ocu-
rió), habría vuelto de nuevo por la música. Todas las antífonas
se cantaron en gregoriano, la más pura, la más austera de todas
las formas musicales, perfectamente adecuada a los textos de las
Escrituras, ya que libera las palabras de las distracciones causadas
por el estilo propio de cualquier lector y las pronuncia, libres de
ornamentaciones, de modo que no se puede sino escucharlas.
Y la música de la Misa misma -el Kyrie, el Gloria, el Sanctus y
Benedictus, y el Agnus Dei- se cantó desde la altura, en la parte
de atrás de la iglesia, sin coro visible revestido con túnicas, no
como una interpretación dirigida a nosotros, sino como voces que
proferían esos antiguos cantos que la Iglesia usa para responder
a los grandes misterios del evangelio, y todo ello cantado no
por voces temblorosas ni gorjeantes, como en un recital, sino
absolutamente sin vibrato, lo que también libera al texto de todo
intento individual de causar impresión...

"¿Qué habrá que pensar de la liturgia [formal]?, me pregunté.
Está en el polo opuesto de los intentos de nuestra época de hacer
las cosas desestructurada y espontáneamente. Un caminante que

pasara por allí podría opinar que todo aquello es horriblemente represivo, restrictivo. Pero se estaría perdiendo conocer el modo cómo toda esta estructura admirable nos eleva por sobre las pobres y pequeñas circunferencias de nuestros sentimientos y experiencias privados y nos lanza, libres, hacia algo que es infinitamente más vasto que nosotros mismos, tal como lo hace cualquier gran ceremonia. Es extraño cómo todas las razas, todas las tribus y culturas y épocas han recurrido siempre a la ceremonia en presencia de los misterios más profundos de la vida. Nacimiento, matrimonio, y muerte: ¿qué es lo que todos hacemos con estos acontecimientos puramente orgánicos, puramente funcionales? Los disponemos y los ordenamos y los manejamos ritualmente. Tortas de cumpleaños, solemnidades en los matrimonios, exequias fúnebres. ¿De qué tratan todas ellas? Bueno, claramente somos creaturas rituales. Quizá los esfuerzos de nuestra época por reemplazar la pompa y ceremonial por la espontaneidad son una trágica traición de la clase de creaturas que somos. En su curso, las estrellas se mueven en una solemne danza; leemos de los serafines y querubines que se tapan la cara en adoración; vemos a todo el mundo de la flora y fauna repetir sus rituales anuales con exuberante obediencia a la rúbrica. ¿Habremos de ser los únicos en el universo en insistir que nuestra libertad está en el azar, en el ad-hoc, y en lo no estructurado? Una de las formas de describir la diferencia entre infierno y Ciudad de Dios es decir que el primero es totalmente no estructurado y la segunda, magníficamente estructurada. Había visto, me pareció, un diagrama de esta magnífica estructra en la liturgia de aquella mañana en Saint Mary"[73].

Thomas Howard recibió un impulso decisivo en su viaje a la fe católica de los pensamientos que le sugirió aquella ceremonia matinal que, (triste e irónicamente) conservaba muchos más elementos del culto tradicional católico que lo que era el caso con las iglesias *católicas* de la misma ciudad, tanto entonces como ahora. Ceremoniales de un tipo contrario a éste pueden perfectamente impulsar a las personas por un camino que las *aparte* de la fe católica, sea que las mueva a salir literalmente por la puerta, o que las aparte metafóricamente de la ortodoxia.

---

[73] Howard, *The Secret of New York Revealed: Being the Autobiographical Fragments of the Then Recently Married Thomas Howard Chronicling His Numerous Discoveries in the City of That Name* (Ignatius Press, 2002), 124–26.

SEÑALES ESPERANZADORAS

No terminemos en un tono pesimista. Sabemos que todo lo que pasa es, o algo bueno querido por Dios porque le agrada, o algo malo que permite Aquel que, en Su omnipotencia, puede sacar de ello algún bien mayor; por ejemplo, poner a prueba a los santos y purificar la Iglesia. Ya se ha demostrado que los cambios radicales en la liturgia no pueden haber sido directamente queridos por Dios; pero ¿podemos ver alguno de los bienes que El ha sacado de la divina autorización de la revolución litúrgica? Creo que sí.

Primero, precisamente por su casi extinción, la liturgia tradicional nunca ha sido más amada, atesorada, estudiada y promovida como lo es ahora por parte de quienes están trabajando para reinstalarla en el lugar de honor que se merece. Por la investigación historiográfica que he hecho, puedo decir que la grandeza de la auténtica liturgia vio a veces su belleza desfigurada por un *ars celebrandi* autocomplaciente o debilitado, como si fuera un elemento inconmovible en la vieja y laberíntica mansión católica. Vemos en el Antiguo Testamento que frecuentemente el Señor priva a Su pueblo de aquellos bienes que ya no se esfuerza por merecer, y que rara vez o jamás Le agradece. Esto es misericordia *severa*, por cierto, pero es misericordia, que nos urge a tomar en serio lo que debe ser tomado en serio, si no queremos que nos sea arrebatado del todo. Es una llamada al arrepentimiento y a renovar nuestro cuidado. "Cosas duras le hiciste experimentar a tu pueblo; nos diste a beber vino de vértigo"[74].

Segundo, creo que hoy estamos mucho más alertas: "el enemigo de la raza humana"[75] ha mostrado sus cartas, y estamos mejor preparados para detectar sus engaños. La aparición, en los últimos años, de una rica bibliografía sobre los límites inherentes de la autoridad papal, sobre la obligación del papa de obrar como siervo de los siervos de Dios más que como un déspota oriental, y sobre la interna conexión entre la liturgia, el dogma y la moral, apunta a una renovada consciencia de los derechos y deberes, axiomas y leyes, que nos definen como católicos[76]. A medida

---

[74] Salmo 59, 5.

[75] Así llaman al diablo San León Magno y San Gregorio Magno: ver John Saward, *World Invisible: The Catholic Doctrine of the Angels* (Angelico Press, 2023), 128. En las Escrituras se lo llama "adversario" (I Pedro 5, 8).

[76] Ver Serafino Lanzetta, *Super Hanc Petram: The Pope and the Church at a Dramatic Moment in History* (Os Justi Press, 2023); Peter Kwasniewski,

que pasa el tiempo, la verdad del axioma *lex orandi, lex credendi* se hace cada vez más clara entre los católicos tradicionalistas, e iluminada por la cegadora luz de lo obvio, refuta el modernismo de sus antiguos oponentes sin dejar lugar a duda alguna.

Tercero, tenemos ya una experiencia de vida sobre qué ocurre cuando se distorsiona o descarta los principios de la liturgia. Nunca antes se intentó un experimento tan temerario como éste, pero como las leyes de la naturaleza y de la gracia permanecen siempre iguales, el experimento estaba destinado al fracaso: las frutas podridas del árbol postconciliar están ahí a la vista de todos. Esta dolorosa experiencia nos ha hecho más conscientes de la buena liturgia y más insistentes a su respecto: más exigentes de una celebración cuidadosa, de la adecuación de los ornamentos del presbiterio, de la esplendidez de los paramentos, de la buena ejecución de la música sagrada. Podría decirse que, los que se preocupan, se están preocupando más; y este proceso se irá intensificando a medida que los nostálgicos del Vaticano II vayan desapareciendo de entre nosotros. Toda parroquia que vibre con la liturgia, todo monasterio o convento observante, toda familia o escuela fiel, toda sociedad o asociación de mentalidad equilibrada, al poner en práctica el "pequeño camino litúrgico" y al permanecer fieles a los menores detalles de la tradición, estará contribuyendo con su parte a este inesperado triunfo de David, cantor de salmos, sobre el presuntuoso Goliath de la liturgia manufacturada.

Obligado por la verdad: Autoridad, obediencia, tradición y bien común (Os Justi Press, 2024); Peter Kwasniewski, ed., *Ultramontanism and Tradition: The Role of Papal Authority in the Catholic Faith* (Os Justi Press, 2024); Peter Kwasniewski, ed., *Unresolved Tensions in Papal-Episcopal Relations: Essays Occasioned by the Deposition of Bishop Joseph Strickland* (Os Justi Press, 2024).

5

Por qué hay repeticiones en el culto tradicional

*"Hay tanta repetición. ¿Es necesario
decir las cosas tres o más veces?"*

E N ESTE CAPÍTULO QUISIERA SUGERIR UN modo de considerar las repeticiones que pueda ayudarnos a apreciar el positivo valor que tienen, para reaccionar contra las ideas en que se fundamentó la amplia simplificación de los ritos litúrgicos en el siglo XX. Primero, analizaré un elocuente texto del Concilio Vaticano II; segundo, voy a explorar el valor psicológico de la repetición; tercero, voy a examinar la repetición formal en un contexto sagrado, para lo cual voy a usar el Confiteor como mi estudio de caso; cuarto, voy a considerar si hay lugar a mejoras en el antiguo rito de la Misa; finalmente, voy a analizar ciertas tentaciones que surgen con las repeticiones, y así llegaré a una conclusión.

UN ESLABÓN DÉBIL EN LA CADENA DE *SACROSANCTUM CONCILIUM*

Entre las víctimas más graves de la reforma litúrgica están las oraciones y gestos en la Misa, que se juzgó ser ejemplos de "inútiles repeticiones", tal como el triple Confiteor, el Kyrie repetido nueve veces, el *Domine, non sum dignus*, tres veces repetido en dos oportunidades, y las genuflexiones y señales de la cruz en el Canon romano. Se dijo que estas purgas se hicieron para cumplir con el criterio dado en la sección 50 de la Constitución sobre Sagrada Liturgia, *Sacrosanctum Concilium*:

"Revísese el ordinario de la misa, de modo que se manifieste con mayor claridad el sentido propio de cada una de las partes y su mutua conexión y se haga más fácil la piadosa y activa participación de los fieles.

"En consecuencia, simplifíquense los ritos, conservando con cuidado la sustancia; suprímanse aquellas cosas menos útiles que, con el correr del tiempo, se han duplicado o añadido; restablézcanse, en cambio, de acuerdo con la primitiva norma de los

Santos Padres, algunas cosas que han desaparecido con el tiempo, según se estime conveniente o necesario".

Lo dispuesto en este número se basa en principios más generales, enunciados en la sección 34: "Los ritos deben distinguirse por una noble sencillez; deben ser breves, claros, desembarazados de repeticiones inútiles, adaptados a la capacidad de comprensión de los fieles y, en general, no deben requerir muchas explicaciones". Se advertirá que esto es una inadecuada traducción de la sección 34 del texto original en latín[1] que, traducida más fielmente, dice: "Que los ritos brillen por su noble simplicidad, sean transparentes por su brevedad y eviten las repeticiones inútiles, se acomoden a la capacidad de comprensión de los fieles y no requieran, por lo general, de muchas explicaciones". Aunque así traducido el texto no es excesivamente duro, sigue siendo, lamentablemente, una de las declaraciones más débiles de la Constitución, como puede verse desde cinco ángulos diferentes.

Primero, ¿qué se quiere decir exactamente con "simplicidad"? La simplicidad de Dios es, en realidad, infinita e incluye a todas las cosas; la simplicidad de la materia prima es potencialmente infinita y totalmente indefinida; la simplicidad de un santo no puede sino parecerle rara al mundo; se abusa fácilmente de la simplicidad de un niño. Añadir "noble" ayuda sólo un poco.

Segundo, aquello de que los ritos sean *brevitate perspicui*, "transparentes por su brevedad", hace surgir una multitud de problemas que no reciben solución. ¿En virtud de qué podríamos sostener que la puesta por obra de un misterio insondable puede ser transparente a los ojos del alma? ¿Por qué tendríamos que creer que la concisión es una ayuda, más que un entorpecimiento, para nuestra asimilación de ese misterio?[2]. El P. Aidan Nichols

---

[1] *Ritus nobili simplicitate fulgeant, sint brevitate perspicui et repetitiones inutiles evitent, sint fidelium captui accommodati, neque generatim multis indigeant explanationibus.*

[2] "Las octavas son para la contemplación de misterios demasiado grandes para un solo día, y es por cierto verdadero que *repetita juvant* (la repetición ayuda), proverbio por el que el rito romano, con su habitual conservadurismo, ha tenido gran respeto históricamente" (Gregory DiPippo, "Other Readings for the Octave of Corpus Christi," *New Liturgical Movement*, 4 de junio 2021). Para un exhaustivo análisis de cómo el calendario del *usus antiquior* materializa la psicología de la utilidad de la repetición en la meditación, ver Michael Foley, "The Reform of the Calendar and the Reduction of Liturgical Recapitulation," in Alcuin Reid, ed., *Liturgy in the Twenty-first Century: Contemporary Issues and Perspectives* (Bloomsbury T&T Clark, 2016), 321–41.

escribe: "Para el sociólogo, no es en absoluto evidente que los ritos breves, claros, tengan un potencial transformador mayor que los ritos largos, complejos, abundantes, espléndidos, llenos de complejas ceremonias"[3]. La tradición oriental opera sobre la base de supuestos contrarios, o sea, sobre la base que las largas, lentas oleadas de repeticiones, y cierta obscuridad, son esenciales para la liturgia, un hecho que el Papa Juan Pablo II reconoció cuando escribió, respecto de la liturgia bizantina: "La larga duración de las celebraciones, las continuas invocaciones, todo expresa un progresivo ensimismarse en el misterio que toda la persona celebra"[4]; y lo mismo puede decirse de la tradición occidental en sus mejores momentos. A los historiadores del arte les gusta hablar del *chiaroscuro* de los pintores del barroco, pero no fueron éstos quienes inventaron esa estrategia de luz y obscuridad; es la liturgia el *chiaroscuro* de los divinos misterios que nuestra inteligencia no puede comprender por el exceso de luz con que se nos aparecen. Por tratar la liturgia de lo que trata, y por ser *para quienes* es, resulta adecuado que su forma misma de ser combine facilidad y dificultad, claridad y obscuridad, simplicidad y complejidad (un punto al que he de regresar en el capítulo 8).

Tercero, nos deja dudosos aquello de que los ritos deben "evitar inútiles repeticiones". Si de lo que se trata es de la emisión de sonidos sin ton ni son, como un disco de vinilo rayado o un disco compacto con daños, estamos de acuerdo, pero ¿hace falta que eso se ponga por escrito? Por otra parte, las repeticiones orales son de los recursos literarios más frecuentes que uno encuentra en las Escrituras ("En verdad, en verdad os digo"[5]), en la gran

---

[3] Nichols, *Looking at the Liturgy: A Critical View of Its Contemporary Form* (Ignatius Press, 1996), 59.

[4] Juan Pablo II, *Orientale Lumen*, no. 11.

[5] Ejemplos de la expresión "En verdad, en verdad" repetida en la Biblia incluyen, en el Antiguo Testamento, Número 5, 22 y Nehemías 8, 6, y en el Evangelio de San Juan 1, 51; 3, 3; 3, 5; 3, 11; 5, 19; 5, 24; 5, 25; 6, 26; 6, 32; 6, 47; 6, 54; 8, 34; 8, 51; 8, 58; 10, 1; 110, 7; 12,24; 13, 16; 13, 20; 13,21; 13, 38; 14, 20; 16, 20; 16, 23; 21, 18. Otro ejemplo lo encontramos en Números con la deliberada repetición, una y otra vez, "Por orden del Señor, acamparon, y por orden del Señor, partieron", para hacer que el pueblo entendiera que descansaba y se ponía en movimiento por voluntad del Señor. Podemos tener la seguridad de que cuando los antiguos, para quienes el proceso de escribir era caro y laborioso, repetían algo, no lo hacían irreflexivamente, cosa que, en cambio, hacemos hoy con la función "copiar/pegar" de los procesadores de palabras.

poesía universal ("Dijo el cuervo "Nunca más"[6]), en devociones populares (el Rosario, las letanías, algunas novenas), y en todas las liturgias (e.g., decenas de "Señor, ten piedad" en la Divina Liturgia de San Juan Crisóstomo), por lo que la idea de evitar repeticiones parece ignorancia o, peor, cosa ideológica. Como lo he explicado en una obra anterior:

"Es razonable evitar la repetición de elementos sin sentido. Pero ¡cuán diferente es el canto de las Letanías de los Santos o de las Letanías de Loreto, los Padrenuestros y Avemarías al pasar las cuentas del venerado Rosario, o las cascadas de Kyries en la Divina Liturgia Bizantina! Nuestro Señor mismo nos dio ejemplos de peticiones insistentes en el Jardín de Getsemaní: "Los dejó de nuevo, se alejó y oró por tercera vez, diciendo lo mismo una vez más" (Mateo 26, 44; cf. Marcos 14, 39)"[7].

El texto conciliar, en su claramente deficiente brevedad, no especifica cuándo la repetición es útil y cuándo no, ni dice cuál podría ser el criterio de utilidad. No hay en él señales de que se haya tenido conciencia de que poner énfasis en el concepto de utilidad podría dejar entrever un utilitarismo contrario a las exigencias más profundas de la espiritualidad, de la estética y de la tradición.

Cuarto, la declaración de que los ritos deben ser "adaptados a la capacidad de los fieles" no ayuda en absoluto. ¿Constituyen los "fieles" una masa homogénea e indiferenciada? Algunos de ellos están bien catequizados, otros son ignorantes; algunos son nuevos para la fe, otros son devotos de toda una vida; algunos se inclinan por la oración contemplativa, otros son extrovertidos que encuentran difícil sosegarse y concentrarse; algunos son ávidos lectores del "Año Litúrgico" de Guéranger, otros no se han dado cuenta siquiera de la existencia del Movimiento Litúrgico. No hay forma de crear con éxito un rito litúrgico orientado a una mal definida o indefinible "capacidad de los fieles"[8]. Es la diversa capacidad

---

[6] Cita del poema "El cuervo" de Poe, en que la expresión "Nunca más" pone fin a once estrofas.
[7] Kwasniewski, *Resurgimiento en medio de la crisis: Sagrada liturgia, Misa tradicional y renovación en la Iglesia* (Angelico Press, 2019), 103–4.
[8] Pío XII dice en *Mediator Dei*, nº 133: "no pocos fieles cristianos son incapaces de usar el «Misal Romano», aunque esté traducido en lengua vulgar; y no todos están preparados para entender rectamente los ritos y las fórmulas litúrgicas. El talento, la índole y la mente de los hombres son tan diversos y tan desemejantes unos de otros, que no todos pueden sentirse igualmente movidos y guiados con las preces, los cánticos y las acciones

de los fieles lo que debe acomodarse a la inmensa realidad de la liturgia, y no la liturgia la que debe ser remodelada o reformada para adaptarse a una imaginaria congregación. Como sabemos, posteriormente se afirmó que la liturgia debía acomodarse al tipo más bajo de participante, es decir, al católico que no conoce casi nada, que no hace ningún esfuerzo por cultivar su vida interior y que, en consecuencia, necesita ser constantemente animado desde el exterior, y alimentado con cucharadas de banalidades monosilábicas, en un lenguaje de *magazine*[9].

Quinto, la exigencia de que los ritos litúrgicos no deben tener "necesidad de muchas explicaciones" es sorprendente, mirada a la luz del párrafo 34, que pide simplificación. Un rito comunica en la medida en que está empapado de signos o símbolos, por lo que podría pensarse que, mientras más densamente simbólico, y mientras más numerosos y pronunciados sus gestos, mientras más ricas sus oraciones, con más fuerza podrá comunicarse al alma preparada a recibirlo, y ello precisamente sin necesidad de muchas explicaciones[10]. Pero si un rito es demasiado obvio,

---

sagradas realizadas en común. Además, las necesidades de las almas y sus preferencias no son iguales en todos, ni siempre perduran las mismas en una misma persona. ¿Quién, llevado de ese prejuicio, se atreverá a afirmar que todos esos cristianos no pueden participar en el sacrificio eucarístico y gozar de sus beneficios? Pueden, por el contrario, echar mano de otros métodos, que a algunos les resulta más fácil: como, por ejemplo, meditando piadosamente los misterios de Jesucristo, o haciendo otros ejercicios de piedad, y rezando otras oraciones que, aunque diferentes de los sagrados ritos en la forma, sin embargo concuerdan con ellos por su misma naturaleza".

[9] Tal fue la política oficial que sirvió de trasfondo a las traducciones litúrgicas al vernáculo, establecidas en el documento de *Consilium* "Comme le prévoit", de 25 de enero de 1969, que no fue derogado sino hasta *Liturgiam Authenticam*, de 28 de marzo de 2008, o sea, que tuvo una hegemonía de tres décadas. El Papa Francisco, aficionado a todo lo *bugniniano*, ha dado una señal de regreso a "Comme le prévoit". Como parte de esta estúpida campaña, en los Estados Unidos se tradujo la Biblia al "nabbish" (lengua de la *New American Bible*), prosaico dialecto de pie plano, desconsoladoramente banal, groseramente parafrástico y a menudo engañoso (ver Anthony Esolen, "A Bumping Boxcar Language," *First Things*, Junio de 2011, www. firstthings.com/article/2011/06/a-bumping-boxcar-language).

[10] Como lo explica Joseph Shaw: "La presentación de verdades mediante símbolos no es, sencillamente, un modo de darles mayor dignidad o belleza, ni mucho menos un modo de ocultarlas a los no iniciados. Más bien, es una forma de comunicar un mensaje a quienes tienen voluntad de contemplar seriamente el símbolo, el cual trasciende lo que podría expresarse con una serie de simples proposiciones" (*Latin Mass and the Intellectuals*, 295).

demasiado breve, demasiado explícito, o demasiado pobre, se necesitará una enorme cantidad de explicaciones para persuadir a la gente de que algo importante, numinoso, transformador o milagroso está teniendo lugar. Si se quiere evitar gran cantidad de explicaciones antes, durante y depués de la liturgia, hay que proteger el lenguaje inherente y propio de la liturgia, consistente en vestimentas, posturas, gestos, cantos, oraciones y silencios[11].

¿Cómo habría sido *Sacrosanctum Concilium* escrita por católicos respetuosos de la liturgia, que se hubieran valido de las intuiciones de la antropología, de la psicología y de la teología? Imaginémonos cómo habría quedado redactada la sección 34:

"Los ritos deben hacer brillar la belleza de una unificada complejidad que refleja, de algún modo, la infinita simplicidad de Dios y la ordenada multiplicidad de Su creación. Deben asimismo combinar claridad con obscuridad, eficiencia con reposo; deben cultivar significativas repeticiones, acentuar los objetos y acciones simbólicos, y evitar las explicaciones verbales. A los fieles que procuran la santidad, los ritos deben, a lo largo de toda la vida, enseñar la más alta forma de oración de la Iglesia".

En otras palabras, los ritos deben ser los tradicionales que la Iglesia de Occidente ya tenía, en especial el rito romano. No había ninguna necesidad de "mejorarlos"; por el contrario, se debió *deshacer* las deformaciones introducidas en la década y media antes del Vaticano II, como las extensas y extrañas modificaciones a la Semana Santa, la abolición de octavas y vigilias, la supresión de las conmemoraciones, etc.[12].

En todo caso, la sección 34 de *Sacrosanctum Concilium* es lo que es: un testimonio de la superficialidad y miopía de los círculos eclesiásticos de la década de 1960.

Hay que preguntarse: ¿Por qué llegó a pensarse que era necesario pedir la supresión de las repeticiones? ¿De dónde surgió una actitud tan negativa? Permítanme citar, como ilustración del punto, el siguiente pasaje de *The Spirit of the Liturgy* (1918), famoso e influyente libro de Romano Guardini:

"No hay que negar justificación a ciertos métodos de oración

---

[11] Sobre este tema y todos los demás que menciono en este capítulo, ver el brillante ensayo de Mosebach, "Holy Routine: The Mystery of Repetition," *First Things*, 14 de septiembre 2017, www.firstthings.com/web-exclusives/2017/09/holy-routine.

[12] Ver Kwasniewski, *El rito romano de ayer y del futuro*, 373–420.

como, por ejemplo, el Rosario, porque tienen su efecto necesario y propio en la vida espiritual. Así, expresan claramente la diferencia que hay entre la oración litúrgica y la popular. La liturgia tiene como principio fundamental *Ne bis idem* [No dos veces lo mismo], porque apunta a un progreso continuo de ideas, estados de ánimo e intenciones. Por el contrario, la devoción popular tienen un carácter marcadamente contemplativo, y le gusta demorarse en unas cuantas imágenes sencillas y en unos mismos estados de ánimo, sin veloces cambios en el pensamiento. Para el pueblo, las diversas formas de devoción son a menudo sólo medios de estar con Dios. Y, por eso, ama la repetición. Para él, las peticiones siempre repetidas del Padre Nuestro, del Ave María, etc., son simultáneamente receptáculos en que puede vaciar su corazón"[13].

¡Qué extraño es que un hombre de la estatura de Guardini se exprese así! Porque el sabía, sin duda, que *todas* las oraciones litúrgicas, en Oriente y Occidente, incluyen repeticiones y que las devociones populares implican *progresión* (como en los misterios del Rosario, en los versículos del Angelus, o en el Vía Crucis). Además, la característica que atribuye a las devociones populares, a saber, el tener un "carácter contemplativo", puede ser igualmente atribuído a la liturgia, especialmente en Occidente. Quizá fue esta forma de pensamiento dicotómico lo que explica la campaña contra las "repeticiones inútiles".

Los miembros del Movimiento Litúrgico a menudo alabaron la "objetividad" de la liturgia y miraron en menos el "subjetivismo" de las devociones. Aunque hay algo de verdad en este contraste, hay también cierta tendencia a la sobresimplificación, si se olvida que el mundo de la liturgia es tan grande en su objetividad que deja espacio para un inmenso involucramiento subjetivo de los fieles, y si se olvida también que las mejores devociones católicas tienen un muy sólido centro dogmático, que se presta a veces para (y a veces crea) formas artísticas o literarias cuasi-litúrgicas. Se puede recordar muchas composiciones musicales, algunas realmente grandiosas, que se inspiran en el Vía Crucis, y sirven de alimento para la meditación en las populares paraliturgias de Viernes Santo, que la mal pensada reforma de la Semana Santa, hecha por Pío XII, suprimió de la noche a la mañana.

---

[13] Guardini, *The Spirit of the Liturgy* (Crossroad, n.d.), nº 10 del cap. 1, pp. 30-31.

EL VALOR PSICOLÓOGICO DE LA REPETICIÓN

Tenemos que hacernos preguntas más profundas que las que se hicieron los autores de *Sacrosanctum Concilium*. ¿A qué se refieren las repeticiones? ¿Cuándo y por qué se las usa en la vida humana y en el culto? Tenemos que buscar las repuestas tanto a nivel natural, es decir, relativas a la psicología humana, como a nivel sobrenatural, en relación con los rituales de la religión cristiana. Repetimos cosas por diversas razones, como se puede ver cuando, con Santo Tomás de Aquino, miramos las diferentes facultades del alma. En lo que toca a la facultad del intelecto y a nuestra capacidad de comprender, repetimos a fin de penetrar más en el tema. Puesto que los hombres no tienen un intelecto angélico capaz de comprender inmediatamente una verdad en su totalidad, los repetidos encuentros con una proposición o un objeto nos son útiles, porque en cada oportunidad es posible captar algo más de él, como un observador que da vueltas en torno a una estatua, mirándola desde diversos ángulos[14]. Además, la repetición litúrgica está normalmente vinculada con un simbolismo numérico, lo que apela al intelecto, estableciendo una conexión entre lo que se está diciendo y el misterio mayor, más comprehensivo, a que se alude. Así, el Kyrie repetido nueve veces al comienzo de la Misa es una plegaria trinitaria doblemente subrayada: tres peticiones se dirigen al Padre, tres al Hijo, y tres al Espíritu Santo.

Intimamente vinculado con este aspecto está el valor de la repetición en cuanto llena la imaginación y moldea la memoria. Lo que se repite está más continuamente presente a nuestro sensorio interior, con lo cual se causa una impresión más profunda en nuestra facultad de la memoria. Es obvio que tenemos que repetir algo si queremos memorizarlo o, según la maravillosa expresión inglesa, "learn it by heart", "aprenderlo *de corazón*"[15]. Si quere-

---

[14] Otra forma de hacer ver lo limitada que es nuestra capacidad de comprender todos los significados de una proposición simultáneamente es el conocido ejercicio consistente en tomar una oración y leerla una y otra vez, poniendo el énfasis en una palabra distinta cada vez, para ver cómo cambia el efecto: "*Mi* alma glorifica al Señor", "Mi *alma* glorifica al Señor", "Mi alma *glorifica* al Señor", "Mi alma glorifica *al Señor*". En cada oportunidad encontramos una faceta diferente que atrae a la mente.

[15] "La repetición y la reiteración son elementos esenciales de la pedagogía de los seres humanos, ya sea que la reiteración se dé en numerosos altares laterales en una gran iglesia, ya sea que se dé en la triple [tres veces un conjunto de tres] repetición del Kyrie y del *Domine, non sum dignus*, ya sea

mos que la oración se traslade del intelecto al corazón, tiene que
hacerse familiar, internalizada, habitual y connatural, de modo
que no perdamos energía navegando por nuevas palabras, nuevos
sentimientos, nuevos esquemas. No me hace bien alguno estar
rodeado por miles de libros si no tengo en mi corazón el contenido
de ninguno de ellos[16]. Es cuando las palabras de la Iglesia que se
me dan desde el exterior se hacen *mis* palabras, enraizadas en mi
interior, que la liturgia se convierte, efectivamente, en la fuente y
culminación de *mi* vida cristiana. Toda repetición numerosa ayuda
en este sentido, incluso si es mínima, como lo es a menudo en la
nueva Liturgia de las Horas, en que algunos salmos se dicen sólo
una vez en el mes. Mucho más ayuda a adquirir connaturalidad con
la oración la repetición diaria o semanal y, de un modo diferente,
ayuda también la abierta repetición verbal consistente en decir la
misma cosa múltiples veces, una después de la otra.

Añadiría aquí que la formación misma de la palabra en mis
labios, sea que la enunciemos en voz alta, sea que la digamos *sotto
voce*, es una parte crucial de este proceso de moldear la memoria. En
The Love of Learning and the Desire for God, Jean Leclercq nos recuerda
que los monjes medievales rara vez leían en silencio: consideraban
la lectura como una acción de murmurar o masticar las palabras,
saboreando sus diversos sonidos, como si las palabras fueran una
incipiente música. Leer, por tanto, suponía "fortalecer la memoria". Tal como es bien sabido, por la experiencia y por los estudios
científicos, que cantar facilita la memorización de los textos mucho

---

en el uso casi diario del Gloria" (Kwasniewski, *Resurgimiento en medio de
la crisis*, 158). La repetición, pues, incluye una repetición artística y una
arquitectural. Los muchos altares laterales nos muestran la distribución de
la gracia del Calvario por medio de muchos sacerdotes ministeriales que
el Eterno Sumo Sacerdote usa para ofrecer el sacrificio de alabanza. Los
altares laterales *no tenían* que aparecer, pero una vez que lo hicieron en todo
Occidente, su supresión equivale a un tácito repudio de la doctrina de que
cada sacerdote es ordenado para ofrecer el verdadero y real sacrificio de la
Misa en nombre de todos, en contraste con la Misa concelebrada, en que,
sin importar el número de sacerdotes que hace el ofrecimiento, no hay más
que un sacrificio sacramental (ver *Resurgimiento en medio de la crisis*, cap. 10,
"Las gracias perdidas: Misa privada y concelebración").

[16] Por eso es que, si el leccionario tiene como uno de sus fines familiarizar
a los fieles con la Palabra de Dios, el antiguo leccionario de un año, con
lecturas limitadas a algunas exquisitamente elegidas por su mensaje moral y
eucarístico, es muy superior al nuevo leccionario de varios años, en lo relativo
a implantar la Palabra de Dios en nuestra alma. De esto hablo en el cap. 6.

más que meramente recitarlos, y que los poemas con rima y metro son más fáciles de memorizar que la prosa, es también bien sabido que moldear palabras con los labios las inscribe más firmemente en la página del alma que el pasar silenciosamente los ojos sobre ellas. Lo que he dicho relativo a los labios puede decirse de cualquier otra parte del cuerpo sujeta al control de nuestra voluntad, como nuestra cabeza, nuestros dedos, brazos y piernas.La acción corporal conscientemente repetida hace más fácil, con el tiempo, ejecutarla o deleitarse ejecutándola. El uso de todo el cuerpo en la oración, con el régimen de arrodillarse, hacer genuflexiones y reverencias, ponerse de pie, juntar las manos, etc., inscribe el significado de las palabras en nuestra carne y agrega el peso sensible de nuestro cuerpo a las intenciones del alma. De este modo extendemos el poder de nuestra memoria a la persona entera, uniendo lo que es más bajo y más animal a lo que es más alto y más divino. La repetición litúrgica corporal se convierte, así, en un modo práctico de reintegrar nuestro fragmentario yo y orientarlo a Dios.

El reconocimiento, otrora extendido, de estas verdades antropológicas quedó encapsulado en el adagio *repetitio est mater studiorum*, "la reptición es la madre del estudio". Así, la educación de los niños solía incluir una enorme cantidad de repeticiones y de memorización, porque no hay mejor modo de aprender los elementos del lenguaje, de la aritmética, de la geografía, de la historia y de la doctrina religiosa. El haber dejado atrás este enfoque y haberlo reemplazado por dudosas teorías pedagógicas es una señal más de la pérdida de sentido común, por la que nuestra época será recordada o, más probablemente, olvidada.

En lo que se refiere a la facultad de la voluntad y a nuestra capacidad de amar, la repetición *procede* del fervor y, a la vez, lo *alimenta*, cosa que es tan cierta a nivel del apetito sensitivo, como al de nuestras pasiones y emociones. San Agustín, comentando el salmo 6, 9-10, "Yavé ha oído la voz de mi llanto, Yavé escuchó mi demanda, Yavé aceptó mi petición", explica por qué el salmista se repite: "La frecuente repetición de la misma idea no denota la necesidad que siente el orante de insistir en su petición, sino el calor de quien se regocija. Los que se regocijan normalmente hablan de modo tal que no les basta dar a conocer su gozo una sola vez"[17]. Especialmente los amantes son detestables por lo

---

[17] San Agustín, *Expositions of the Psalms 1–32* (New City Press, 2000), salmo 6, no. 11, pp. 110–11.

repetido de su conversación. Con su habitual encanto, Jane Austen observa, en *Sense and Sensibility:*

"Aunque con unas pocas y bien trabajadas horas de hablar incesantemente se despachará más temas que lo normal entre dos creaturas racionales, ello es diferente en el caso de los amantes. Entre *ellos*, ningún tema se da por finiquitado, jamás hay suficiente comunicación, sino hasta que el tema se ha repetido al menos veinte veces"[18].

En este pasaje, Jane Austen muestra más sensatez y sensibilidad que los redactores de *Sacrosanctum Concilium* y que los reformadores litúrgicos, que se impusieron la tarea de derribar a hachazos la liturgia, podando repeticiones amantes, estorbos poéticos, y complejidades verbales. El racionalismo de los reformadores, surgido de su pensamiento utilitarista, les impidió ver y oír con ojos y oídos de amante. Por su inutilidad, el ocio, el juego y la contemplación quedaron ocultos a los pedantes ojos de su soberbia.

El escritor bizantino católico Adam DeVille ha escrito agudamente sobre este tema:

"Todas las tradiciones litúrgicas orientales comprenden la sabiduría de una amante repetición. Repetimos porque amamos. La liturgia bizantina está llena de repeticiones, generalmente agrupadas en tres, ya sea porque el amor pide repetición (¿qué dice el niño lanzado hacia arriba por su padre? "¡De nuevo!"), ya sea porque las repeticiones triples son un recurso mnemotécnico que lleva una impronta trinitaria. Occidente debe, pues, poner término a su desprecio psicológicamente destructivo y perverso por las llamadas "inútiles" repeticiones. La repetición es la esencia de la liturgia y del rito. A esta luz, déjese de presuponer que un leccionario de tres años es mejor que uno de un año. No lo es. Un ciclo de un año significa una repetición más frecuente, lo que a su vez significa una mayor probabilidad de que la gente recuerde las lecturas y vuelva a pensar en ellas posteriormente. El odio de la repetición es invariablemente justificado por un autoindulgente discurso sobre "noble sencillez". Pero no es ni noble ni sencillo. "Noble sencillez" no es más que una mojigata exhibición de iconoclastia burguesa, con sus

---

[18] Capítulo 49. Fue el P. Edmund Waldstein, O. Cist., quien me hizo reparar en este espléndido pasaje.

fetiches de "líneas puras, limpias" y "sobriedad ornamental""[19].

DeVille alude a un famoso pasaje de "Ortodoxia", de G. K. Chesterton, que no puedo dejar de citar:

"Debido a que los niños rebosan de vitalidad, debido a que son libres e intensos, quieren que las cosas se repitan y permanezcan sin cambiar. Siempre dicen "Hazlo otra vez", y el adulto lo hace otra vez hasta casi desfallecer, porque los adultos no son lo suficientemente fuertes como para exultar en la monotonía. Pero quizá Dios es suficientemente fuerte como para exultar en la monotonía. Es posible que Dios diga cada mañana al sol "Hazlo otra vez", y cada atardecer le diga a la luna "Hazlo otra vez". Puede que no sea una automática necesidad la que hace que todas las margaritas sean iguales; puede ser que Dios hace cada margarita por separado, pero no se ha cansado nunca de hacerlas. Puede ser que El tenga el apetito sin fin de la infancia; porque nosotros hemos pecado y nos hemos envejecido, pero nuestro Padre es más joven que nosotros"[20].

La repetición no se limita, por cierto, a la esfera de las palabras, sino que se extiende a los gestos. Un monje benedictino nos da el maravilloso ejemplo de besar el altar:

"Nosotros expresamos este rico significado del altar y lo internalizamos mediante ciertos gestos que están prescritos. El sacerdote y el diácono besan el altar al llegar al presbiterio y antes de irse de él. En el rito tradicional de la Santa Misa, el sacerdote besa el altar frecuentemente. Estos repetidos besos significan el deseo del sacerdote, que representa tanto a Cristo el Esposo como a todo el Cuerpo de la Novia, su Iglesia, de que se consume con frutos la sacramental unión. La supresión en el *Novus Ordo* de los repetidos besos al altar es una fría innovación racionalista, ajena al lenguaje del amor, para el cual uno o incluso dos besos no son suficientes"[21].

---

[19] Adam DeVille, "When it comes to liturgy, we're all mutually-enriching mongrels," *The Catholic World Report*, 10 de febrero 2017. Dom Alcuin Reid concuerda con esto, aunque más moderadamente: "No es vergonzoso ni hereje preguntarse si el deseo del Concilio de suprimir lo que es llamado "inútiles repeticiones" suprimió ritos que, rezados con devoción, acentúan eficazmente el misterio de que se trata, de un modo que tiene valor ritual y psicológico" ("Elements of the New Liturgical Movement," www.academia.edu/9282429/Elements_of_the_New_Liturgical_Movement).

[20] Chesterton, *Orthodoxy* (The Bodley Head, 1908), "The Ethics of Elfland," 107.

[21] Manuscrito no publicado.

La repetición, pues, es para los poetas, para los amantes, para los niños, para los locos, para todos los que tratan de expresar lo inefable, para los que anhelan ser amados, para los que aprenden de un maestro, y para los que han perdido el seso: éstos son, en el mundo espiritual, los "locos santos", como el peregrino ruso que repite sin cesar la Oración del Señor. Dom Benedict Nivakoff dice:

"De la Tradición aprendemos que hay un gran valor en la regularidad y la repetición. En el Rosario decimos el *Ave Maria* cincuenta, o ciento cincuenta veces al día, en la Santa Misa no nos cansamos de hacer signos de la Cruz, y según los monjes griegos, es precisamente la repetición incesante de la Oración del Señor lo que le da su gran poder santificador. Se puede multiplicar indefinidamente los ejemplos. Incluso la repetición del descanso del domingo y del ciclo del año litúrgico parecen apuntar a una sacralidad, a una divina predilección de la repetición"[22].

Así que si hemos alcanzado el punto en que ya no queremos ni necesitamos muchas repeticiones, debe ser porque ya no somos hijos de Dios ni amantes de El; no tenemos nada en común con los locos santos; no tenemos ni una fibra poética en nuestro cuerpo. Sin duda, esto sería un estado vergonzoso, no deseable.

Si se considera todo esto, pareciera que la repetición desempeña un papel mucho más importante en una conversación íntima, en nuestros más íntimos pensamientos, en la práctica de las artes y artesanías y en otros muchos más ámbitos de la vida que lo que podríamos haber supuesto al comienzo. La belleza de la poesía, no menos que la de la alfarería, depende en gran medida de un hábil uso de dibujos y diseños repetidos. Los primeros principios de la música bella son fijeza de la tonalidad, constancia del ritmo, y el diestro manejo de motivos repetidos. Los mejores cuentos infantiles -de los que hay cientos, si no miles- no son a menudo más que hábiles variaciones de un número básico de tramas y de moralejas. El hecho mismo que un niño pida oír los mismos cuentos una y otra vez es un testimonio de la maravilla y delicia que causan. En realidad, la naturaleza misma se deleita en esquemas y refranes repetidos: el pulso de la sangre, el respirar, el caminar. Las olas del mar reciben mucha belleza de la

---

[22] Citado de una carta datada el 6 de diciembre de 2019, enviada por los monjes de Nursia.

regularidad de su forma y de su llegada. La tela de la araña es una maravilla de simetría geométrica. No cabe duda de que la oración, mezclada con los ritmos de la vida cotidiana, participa de las mismas cualidades.

Habiendo visto los fundamentos naturales del valor de la repetición, estamos ahora en situación de abordar las especiales razones que hay para la reiteración preestablecida, según fórmulas, en el culto cristiano.

LA REPETICIÓN FORMAL EN UN CONTEXTO SAGRADO

El ritual, por definición, es nuestra entrada a un mundo que no es propiamente el nuestro, sino de Dios[23]. En él pisamos tierra sagrada, y tenemos que pensar, desear, obrar y hablar de un modo diferente del que usamos en nuestro mundo cotidiano, al cual estamos adaptados por nuestra naturaleza creada. Estamos en presencia de lo sagrado, y eso nos hace tartamudear, susurrar, cantar, guardar silencio, y luego, nos hace hacer todo esto de nuevo, como si fuéramos ascendiendo a una montaña mediante retrocesos que nos hacen descender un poco pero luego, lentamente, progresar hacia arriba. El rito no puede ser calculado, ni ejecutarse como un negocio cualquiera, ni es lógico, ni lineal. Es, se podría decir, como un juego de roles, en que nos atrevemos a actuar un papel que pertenece a otro y, como hemos visto en el capítulo anterior, lo hacemos ceremonialmente; usamos ropajes especiales, proferimos palabras especiales, somos formales, dignificados, pautados: nos entregamos a ser gobernados por nuestros superiores. En realidad, incluso el serafín, con su poderoso intelecto, es retratado en las Escrituras exclamando *Kadosh, kadosh, kadosh*, como respuesta a la visión de la inefable e inextinguible gloria de Dios[24], por lo que también nosotros

---

[23] Esto es lo que el ritual tiene en común con la experiencia del *eros*, tal como lo entiende Platón, cuando el hombre alcanza un atisbo momentáneo de la Belleza misma, y se llena de regocijo y se entusiasma, y se inquieta y se siente indigno. Por esto es que los amantes son repetitivos, en tanto que no lo es un cajero o un empleado de banco. El amante, como lo vio Platón, se va acercando a la realidad divina (aunque no esté consciente de ello); en cambio, la persona que realiza su actividad cotidiana permanece, por decirlo así, en su propio ambiente, a nivel natural, que no provoca éxtasis alguno. Ver Josef Pieper, *Divine Madness: Plato's Case Against Secular Humanism* (Ignatius Press, 1995).

[24] Ver Isaías 6, 3.

tenemos que exclamar *Sanctus, sanctus, sanctus* en nuestro santuario terrenal, que es imagen del celestial.

La repetición verbal y ceremonial, como muchos otros elementos litúrgicos tradicionales, conviene evidente y perfectamente a la esfera de lo sagrado, definiéndolo y separándolo de lo ordinario y lo profano. Recuerdo aquí una aguda observación de C. S. Lewis: "El hábito moderno de realizar las ceremonias poco ceremoniosamente no es prueba de humildad, sino que prueba, más bien, la incapacidad del culpable de olvidarse a sí mismo en el rito, y su disposición a estropear para todos los demás el particular placer que los ritos proporcionan"[25]. Lewis advierte que un rito, precisamente por lo que es (o más bien, por pertenecer a *quien* pertenece), exige que quienes participan o entran en él se olviden de sí mismos y se dejen atraer hacia la esfera de otro. Entregándonos de este modo fundamentalmente pasivo a la actividad que realiza otro, y tomando parte en esa actividad lo mejor que podemos, permitimos a Su plenitud desbordarse sobre nuestra pobreza, no sólo una vez sino muchas veces, a medida que el autosuficiente Sacrificio de la Cruz se renueva diariamente en nuestros altares.

Hablando en general acerca de la riqueza de detalles en los ritos litúrgicos tradicionales (incluídas las repeticiones), Martin Mosebach explica que jamás seremos capaces de comprender la unidad y coherencia de estos ritos si no los miramos con la sensibilidad y empatía que usamos en el caso de las grandes obras de arte:

"El Concilio de Trento, en su enseñanza sobre los sagrados ritos de la liturgia, dijo que éstos "no contienen nada innecesario o superfluo". Este dicho, debidamente entendido, nos desafía de nuevo a mirar la liturgia como una obra de arte. ¿Quién osaría pretender que ha encontrado cosas "innecesarias o superfluas" en un gran fresco o un gran poema? Una obra maestra puede contener vacíos, partes menos felices, repeticiones, cosas que son ininteligibles o contradictorias, pero jamás cosas que son innecesarias y superfluas. En todas las épocas ha habido quienes han hecho el ridículo tratando de eliminar "errores" en obras maestras, aplicando su academicismo a medio hornear a los frescos de Miguel Angel y a las tragedias de Shakespeare. Las grandes obras

---

[25] Lewis, *A Preface to Paradise Lost* (Oxford University Press, 1942), 17.

tienen alma: podemos sentirla, viva, radiante, aun si su cuerpo ha sufrido daños. La liturgia debe ser considerada con, al menos, igual respeto que las obras de arte profanas de esta clase. El respeto nos abre los ojos. A menudo, incluso en el caso de obras de arte profanas, si las estudiamos concienzudamente y consideramos los detalles, especialmente si parecen ser detalles superfluos, veremos que los elementos criticados adquieren, inesperadamente, vida; al cabo, ocurre a veces que los empezamos a ver como partes de especial calidad en la obra. Este es siempre el caso con los ritos de la sagrada liturgia. No hay nada en ellos, si se lo contempla con intensidad, que no demuestre estar absolutamente saturado de fuerza espiritual"[26].

Un ejemplo de repetición poco útil, según los reformadores litúrgicos, fue el modo como se emplea el Confiteor en el rito de la Misa. Primero, se lo "duplica" en las oraciones al pie del altar (lo mismo sucede en el comienzo del oficio tradicional de Completas). Segundo, se lo repite por los acólitos o ministros después de la comunión del celebrante y antes de la comunión de todos los demás. Los reformadores consideraron que todo esto era suplerfluo por lo que, ya en el Misal de 1962, suprimieron el Confiteor antes de la comunión, aunque esta costumbre sobrevivió con tenacidad hasta el presente en la mayoría de los lugares donde se celebra la Misa tradicional, y luego resumieron los Confiteor, poniéndolos al comienzo del Novus Ordo, en un solo texto abreviado que omite el nombre de todos los santos excepto el de Nuestra Señora.

Miremos más de cerca si estas prácticas son adecuadas.

¿Existe alguna razón para no decir todos juntos, y por sólo una vez, el Confiteor al comienzo de la Misa? Sí: el Confiteor doble resalta poderosamente la naturaleza dialógica del culto litúrgico, en que el celebrante actúa como mediador del pueblo,

---

[26] Mosebach, *The Heresy of Formlessness*, 74–75. Siendo precisos, hay que decir que no fue propiamente el Concilio de Trento sino el *Catecismo Romano* universal, editado por San Carlos Borromeo y promulgado por San Pío V después del Concilio (y a ruego de éste), el que dijo lo siguiente: "El Sacrificio [de la Misa] se celebra con muchos solemnes ritos y ceremonias, ninguno de los cuales debe ser considerado inútil o superfluo. Por el contrario, todos ellos tienden a desplegar la majestad del augusto Sacrificio y a animar a los fieles, cuando miran estos salvadores misterios, a contemplar las cosas divinas que están ocultas en el Sacrificio Eucarístico" (*Catechism of the Council of Trent for Parish Priests* [TAN Books and Publishers, 1982], 259).

y en que todos los miembros del cuerpo oran por los demás. La duplicidad formaliza la mediación y el mutuo apoyo, refuerza la humildad que necesita el celebrante, que confiesa sus pecados *coram omnibus* (a la vista de todos), y muestra la dignidad del servidor que dice a su superior: "Que Dios todopoderoso tenga misericordia de *ti*, y que, perdonados *tus* pecados, te lleve a la vida eterna". Refleja asimismo la verdad de la jerarquía cósmica y eclesial y combate uno de los errores dominantes de nuestra época, el del igualitarismo democrático, que los incluye a todos en una masa indiferenciada.

Mons. Athanasius Schneider ha mencionado alguna vez una Misa dialogada que celebró en Africa en una gran escuela católica tradicional para niñas. Una vez confesados sus pecados, oyó que aquellas niñitas le decían, en perfecto latín, "Misereatur *tui* omnipotens Deus, et dimissis peccatis *tuis*, perducat *te* ad vitam aeternam"²⁷. Cuenta que quedó sobrecogido por sentimientos de humildad, de pequeñez y de gozo. Esta experiencia del sacerdote -o del obispo, o el papa- que confiesa sus pecados en frente del pueblo es algo que podríamos usar hoy con mucho provecho en la Iglesia, junto con la correspondiente confesión del pueblo. Y todo esto, en la presencia, que da a la vez humildad y fuerzas, de los santos invocados dos veces por su nombre: "la Santísima Virgen María, San Miguel Arcángel, San Juan Bautista, los santos apóstoles San Pedro y San Pablo y todos los santos"; no amontonados en un conjunto indiferenciado de "todos los ángeles y santos", que se menciona sólo una vez, procurando eficacia. No hay atajos en la penitencia y en el perdón²⁸.

Al Confiteor antes de la Comunión, los reformadores litúrgicos no sólo objetaron el ser algo que ya "se había hecho antes" en la Misa, sino el que causara la impresión de que el rito de la Comunión está "añadido" a la Misa como algo exterior, algo que no le es intrínseco. Sin embargo, la antigua práctica tiene sentido teológico, al menos desde la perspectiva de la enseñanza dogmática del Concilio de Trento. En efecto, la Comunión del sacerdote celebrante es *esencial* para completar el sacrificio, pero no lo es la Comunión de nadie más. De hecho, la existencia de un únito rito

---

²⁷ Que Dios todopoderoso tenga piedad de *ti*, perdone *tus* pecados, y *te* lleve a la vida eterna.

²⁸ Sobre la razón por la que mencionamos *estos* santos en particular, ver Mosebach, *The Heresy of Formlessness*, 101–4.

en que el sacerdote proclama *Ecce Agnus Dei* antes de recibir él la Comunion y de repartirla luego a los fieles es uno de los muchos elementos que han obscurecido la diferencia de *género* que hay entre el sacerdocio ministerial y el sacerdocio de los fieles. Además, hay que evaluar esta práctica no desde el punto de vista de la Misa rezada, sino de la Misa Solemne, que es la Misa normativa del rito romano. Ver al sacerdote flanqueado por el diácono y el subdiácono, de los cuales el diácono entona el Confiteor, pone bien en claro que el sacrificio ya está esencialmente *completo* con la Comunión del sacerdote, quien representa a Cristo el Sumo Sacerdote, y que las Comuniones que siguen a continuación son una *extensión* de este sacrificio a los ministros y los fieles, una propagación sacramental comparable a la propagación de la *Pax*, el saludo de paz, que desciende desde lo alto, al modo como los ángeles más elevados comunican la iluminación a los inferiores. Quien ofrece el sacrificio lo lleva a su culminación al participar él mismo de la Víctima sacrificial. Ninguna otra Comunión es necesaria para esta culminación, aunque naturalmente la Iglesia se regocija con la participación de muchos fieles que estén en gracia de Dios y preparados para recibir al Señor. La distinción escolástica entre intensidad y extensión ayuda a entender esto. Por ejemplo, el alma separada en el cielo posee la beatitud con total intensidad, pero cuando se le reúne el cuerpo en la resurrección, la felicidad se desborda a la carne, y por ello la beatitud es mayor en extensión (i.e., se extiende más).

Las Comuniones por separado del sacerdote y de los fieles, con el Confiteor como una cesura visible y audible, es el modo litúrgico de representar la verdad dogmática de que habla el Papa Pío XII en *Mystici Corporis Christi*, cuando distingue entre la "redención objetiva" que Cristo realizó plenamente en la Cruz, y la "redención subjetiva" de los cristianos, que ocurre mediante la aplicación de los méritos de su Pasión a nuestra alma en los sacramentos de la Iglesia[29]. Este aspecto del *usus antiquior* apunta

---

[29] Ver Pío XII, *Mystici Corporis Christi*, nos. 12, 31, y 44. Santo Tomás de Aquino habla de esto a menudo, como cuando explica por qué los fieles no necesitan recibir el cáliz: "La perfección de este sacramento no está en la recepción de él por los fieles, sino en la consagración de la materia. Y por ello no disminuye la perfección de este sacramento el que el pueblo reciba el cuerpo sin la sangre, siempre que el sacerdote que consagra reciba ambos" (*Summa Theologiæ* III, Q. 80, art. 12, ad 2); "La Pasión de Nuestro

sin ambigüedades a la esencia de la Misa como re-presentación del Sacrificio de la Cruz por manos del ministro ordenado, y rechaza con fuerza la idea protestante de la fusión de la Misa con la Ultima Cena, es decir, la simple identificación de la Eucaristía con la Comunión, error tan ubicuo hoy día que muchos católicos no sólo lo dan por verdad sino que ni siquiera tienen consciencia de que existe otro modo de ver el tema.

En la Misa Solemne los fieles normalmente no pueden oír el Confiteor del sacerdote y de los ministros al comienzo, ya que estas oraciones preparatorias en el presbiterio se dicen en voz baja, y son cubiertas por el sonido del Introito. Así, cuando el diácono o los ministros dicen el Confiteor justo antes de la Comunión, todo el mundo puede oírlo y recitar el suyo propio, ya que no hay nada que se superponga a esta acción[30]. La Santa Madre Iglesia ofrece a todos los fieles una última oportunidad de inclinarse profundamente ante el altar, de expresar contrición por sus pecados, invocar a los santos y ángeles como intercesores, y recibir una absolución menor antes de recibir al *Sanctissimum*, al Santísimo, delante de quien aun los querubines y serafines velan sus rostros. Así, pues, vemos que el Confiteor es teológicamente apropiado y espiritualmente beneficioso.

Vale la pena mencionar, al pasar, que los tres lugares en que en el Ordo de la Misa brillaron los escalpelos de *Consilium* y cortaron lo que se consideró tejido adiposo repetitivo, el Confiteor, el Kyrie y el *Domine non sum dignus*, tienen que ver con el reconocimiento de nuestros pecados y con nuestra indignidad para recibir al Señor o incluso para ponernos en Su presencia. ¿Se trata de una coincidencia? No, como tampoco lo es la sistemática supresión de las oraciones que piden la gracia de "despreciar las cosas terrenales", ni la desaparición de versículos "difíciles" de la

---

Señor está representada por la consagración misma de este sacramento, en que el cuerpo no debe ser consagrado sin la sangre. Pero el pueblo puede recibir el cuerpo sin la sangre, y ello no afecta al sacramento, porque el sacerdote ofrece y consume la sangre por el pueblo, y Cristo se contiene entero en cada especie, como se demostró anteriormente [Q. 76, art. 2]".

[30] No hace falta añadir que, si el Confiteor ha de servir para un fin colectivo, necesita en este momento ser escuchado, y no susurrado en voz baja al oído del acólito. No hacen falta gritos; una voz bien articulada y a un ritmo razonable es suficiente para que la oración sea audible incluso en un templo grande. Ver Kwasniewski, "Two Modest Proposals for Improving the Prayerfulness of Low Mass," *New Liturgical Movement*, 12 de noviembre 2018.

Biblia, ni la cancelación del ayuno, y la aparición de la Comunión distribuída en la mano a quienes están de pie, en vez de darse en la lengua a los arrodillados. Se decía, hacia fines de los años 1960, que por fin los cristianos habían llegado a la "mayoría de edad"; ya era tiempo de erguirnos como amigos y hermanos de Jesús en vez de arrodillarnos humildemente, como esclavos sumisos. Ya habíamos madurado y dejado atrás medievalidades como el temor del Señor, el pecado, la penitencia, el desapego, la ascética; en realidad, para algunos parecía que habíamos madurado y superado la necesidad de autonegación, reverencia y adoración.

Otros ejemplos de "inútil repetición" podrían haber sido la recitación diaria del Gloria, por la costumbre de agregar este himno a la fiesta de cada santo (el antiguo rito de la Misa venera en su calendario anual a alrededor de 300 santos más que el nuevo rito[31]), o la recitación del Credo con mayor frecuencia; podría mencionarse también el *Asperges* dominical y la casi diaria repetición del salmo 42 al comienzo de la Misa y del Prólogo de San Juan al final de ella. Todos estos casos de repetición, sin embargo, pueden explicarse, justificarse y defenderse con argumentos parecidos a los dados más arriba en el caso del Confiteor, el Kyrie y el *Domine non sum dignus*. Lo mismo puede decirse de la práctica inmemorial de usar la conclusión *completa* para la oración Secreta y la de Postcomunión y para varias otras oraciones del Ordo de la Misa (es decir, la conclusión "Por Nuestro Señor Jesucristo, tu Hijo, que contigo vive y reina en unión del Espíritu Santo por los siglos de los siglos" o algo parecido, en vez de solamente "Por Cristo Nuestro Señor"). Obviamente se juzgó que la conclusión completa era otra "inútil repetición", pero su eliminación contribuyó a una general des-trinización, a una des-doxologización de la liturgia que es absolutamente ajena a la tradición litúrgica madura (post arriana)[32]. Desde un ángulo fenomenológico, esto último rebaja a oraciones de segunda clase la oración sobre las ofrendas y la oración después de la comunión.

Los argumentos que he dado en favor de las repeticiones en la Misa (contra la supresión ideológica de ellas) pueden servir

---

[31] Ver Kwasniewski, "The Sanctoral Killing Fields: On the Removal of Saints from the General Roman Calendar," *New Liturgical Movement*, 16 de noviembre 2020.

[32] Ver "Offspring of Arius in the Holy of Holies" en Kwasniewski, *Illusions of Reform*, 93–113.

también para otros ritos sacramentales, bendiciones y ceremonias pontificales, Oficio Divino, es decir, para todo el ámbito de la oración pública, formal, solemne. Un ejemplo formidable es la cantidad de repeticiones en la oración que recomienda San Benito de Nursia en su "Regla", que tuvo un papel tan fundamental en el surgimiento y florecimiento de la Cristiandad. Me refiero no sólo al canto de *todo* el salterio *cada semana* (¡esquema que San Benito consideraba un poco flojo en comparación con los padres del desierto que rezaban el salterio entero diariamente!), sino también a las muchas repeticiones de salmos específicos en el curso de la semana: en Laudes se repite diariamente los salmos 148 a 150, salmos "Laudate", de los que esa hora toma su nombre; Tercia, Sexta y Nona consisten de los mismos salmos "graduales" de martes a sábado; Completas tiene los mismos tres salmos cada noche. Nuestros antepasados en la fe no sólo no se preocupaban con lo excesivo de las repeticiones, sino que parecían *crecer* con ellas. Un monje benedictino moderno, formado en estas tradiciones, comenta:

"Muchas generaciones de monjes en los claustros, en los rincones y recovecos de sus monasterios y coros, solos o quizá en grupos (puesto que las copias de las Escrituras eran escasas), musitando las palabras de los salmos y de las lecturas, a menudo de modo laborioso y lento, se las aprendieron de memoria. La lentitud y la repetición del trabajo, la paciencia que requiere, es su punto. No fue un proceso de por sí misterioso o complicado. Fue simplemente aprender de memoria. Para [los monjes], igual que para los Padres del Desierto antes que ellos, la práctica produjo efectos seguramente no conscientes o deliberados. Fue algo más profundo que lo consciente. Leer se convirtió en meditación (en el sentido de murmurar, repetir, aprender, repasar), en oración y en contemplación: estas son las etapas tradicionales de la *lectio divina*: *lectio, meditatio, oratio, contemplatio*. Fue algo quizá demasiado sencillo y, en apariencia, poco dramático para las generaciones posteriores, que procuraron hacerlo más deliberado y consciente y sistematizarlo más; pero la práctica produjo su efecto, que fue dar forma a una cultura"[33].

---

[33] Everitt, "Let them learn some of the Psalter". Esta práctica cristiana tuvo notables precedentes paganos: "Existió, en las escuelas griegas de filosofía, además de estudios académicos abstractos, un curso de entrenamiento metódico en un modo de vida acorde con los principios de estas escuelas. Se

No fueron sólo los benedictinos quienes defendieron las repeticiones litúrgicas. El jesuíta Alfonso Salmerón (1515-1585) escribió, en su exégesis de la repetición de la oración de Cristo en el Getsemaní:

"No hay que tener aversión a la lectura del salterio cada semana, ni a la repetición de la misma oración, como hace la Iglesia en las Letanías y en algunos responsorios, y en el Rosario, que se recita en honor de la Santísima Virgen. Los judíos, sin una buena razón, no quisieron seguir comiendo el mismo maná (Números 11, 6), pero los cristianos deben buscar el espíritu y gustarlo cuando dicen las mismas oraciones en vez de textos o doctrinas nuevas"[34].

Como lo sabe cualquiera que hace lectura espiritual, esta actitud se inculca incesantemente a los clérigos y religiosos sobre los que recae el deber de cantar o recitar el Oficio Divino, y ha sobrevivido a todas las revueltas en la historia de la Iglesia hasta que se encontró con su tope en el impaciente racionalismo y el utilitarismo pastoral del pasado siglo.

¿MEJORAS AL RITO ANTIGUO?

Tengo que confesar algo: solía pensar ciertas cosas al modo como lo hacen los liturgistas modernos. He encontrado en mi archivo notas de hace ya décadas donde sostenía que los Confiteors y otros aspectos de la Misa tradicional debían ser simplificados. Afortunadamente, ¡nunca publiqué esas notas! Lo que me faltaba en aquella época era *experiencia larga y paciente*. Con el paso del tiempo, comencé a apreciar, y aun a disfrutar, cada detalle del antiguo rito romano; algunas cosas que antes me habían parecido

---

define "soliloquio" como un método de entrenarse a sí mismo mediante la palabra hablada o escrita. Incluye elementos de "meditación" en el sentido más restringido del término, pero consiste primordialmente en decir una y otra vez, en voz baja o más alta, ciertas frases que el estudiante quiere grabar en su memoria. En este proceso, los pensamientos se hunden no sólo en la memoria sino también en las profundidades de la psiquis, con el resultado de causar reacciones y reflejos que están de acuerdo con los principios de sabiduría enseñados por los maestros. Se descubrió así el poder pedagógico, o más bien "psicológico", de la verbalización repetida. Por ejemplo, Trasea, el estoico romano, repetía incesantemente las palabras "Nerón puede matarme, pero no puede dañarme", lo cual se funda en un dicho de Sócrates" (Irénée Hausherr, *The Name of Jesus* [Liturgical Press, 1978], 175).

[34] Salmerón, *De Passione et Morte D. N. I. C.* (1604), in *Comentarii in Evangelicam Historiam, et in Acta Apostolorum*, 16 vols. Cologne, 1602–1605, vol. 10, p. 125.

superfluas o "inútiles" comenzaron a revelar su significado a mis ojos: quizá un significado exclusivo para mí, pero ¿a quién le importa? La liturgia es como un vasto poema épico, una *Ilíada* o una *Odisea* en que cada época, cada generación, halla y engancha con personajes, escenas y modos de decir que significan mucho para ellas. Todos los elementos de la liturgia son como un andamio o escalera o manillas espirituales con las cuales podemos elevarnos hacia Dios o, más bien, ser atraídos por El. ¿Por qué habría que suprimir tales ocasiones de gracia? No necesitamos agregar a la liturgia cosas al azar sino que, más bien, debiéramos dudar seriamente de agregarle alguna; pero, de igual modo, no debiéramos quitar lo que *ya está allí*, aunque haya llegado allí "por accidente"[35]. Hay un maravilloso pasaje en las memmorias de Ratzinger en que describe su gradual aprendizaje del rito romano:

"Para mí fue una aventura fascinante entrar gradualmente en el misterioso mundo de la liturgia, que se realizaba ante nosotros y para nosotros en el altar. Se me hizo cada vez más claro que iba encontrando una realidad que nadie había simplemente inventado, una realidad que no había sido creada por ninguna autoridad oficial ni ningún gran individuo. No todo era lógico. Algunas veces era complicado, y lograr desenrredarse no siempre era fácil. Pero era precisamente eso lo que hacía maravilloso todo el edificio, como si fuera el propio hogar"[36].

Ahora bien, ¿significan estos comentarios míos que pienso que la antigua liturgia romana es "perfecta" desde todos los puntos de vista y no podría jamás ganar nada con algún cambio futuro? Para ser honesto, rechazo la validez de la pregunta por tres razones.

Primero, ninguna liturgia humana podría jamás ser "perfecta" en comparación con el culto de la Jerusalén celestial; pero cada uno de los ritos auténticos de la Cristiandad, sea el romano, el ambrosiano, el mozárabe, el griego, el eslávico, el georgiano, el copto, el sirio, el siro-malabar, o el que fuera, tiene su propia identidad, su integridad y su coherencia, su *relativa* perfección dentro de la tradición en que se ha desarrollado, y debiera por tanto ser atesorado como tal. No nos corresponde construír una liturgia según nuestras propias y brillantes ideas; nuestro privilegio consiste en recibir un rito de ascendencia apostólica, venerarlo

---

[35] Ver Kwasniewski, "The Chop-Chop Reform and the Mass of the Ages," *New Liturgical Movement*, 25 de julio 2022.
[36] Ratzinger, *Milestones*, 19–20.

como un dato, abrazarlo y dar frutos por medio de él. Ni siquiera el papa es el hacedor o administrador de la liturgia; él es solamente su servidor. Ya hemos tenido suficiente entrometimiento.

Segundo, la cuestión de las mejoras generalmente revela una mentalidad progresista, como si el cambio pudiera darse en una sola dirección, es decir, la de la "modernización", que por lo general significa acomodación a los estándares del mundo profano (o a su falta de estándares). Cuando la gente me pregunta qué pienso de los "futuros desarrollos" que tendrá el Misal de 1962 y si seguiré "congelado en el tiempo", como una mosca en ámbar, mi respuesta es sencilla: *ya* hemos avanzado más allá del Misal de 1962, pero en la dirección de reclamar las cosas que fueron neciamente abolidas en el período entre 1948 y 1962, como la antigua Semana Santa, abundantes octavas, múltiples oraciones, casullas dobladas, ultimos evangelios propios, y ayuno eucarístico de tres horas. Habrá desarrollos en el sentido de liberar el antiguo rito simultáneamente de sus redactores anticuarianistas y de los modernizantes que, luego de la Segunda Guerra Mundial, se dedicaban a reconfigurar su guardarropas y sus peinados como preparación para el radical cambio de imagen con que soñaban y que, al cabo, realizaron. Estoy de acuerdo con Catherine Pickstock en que toda buena reforma litúrgica tendría que ser *antimoderna*, no *moderna a ultranza*. Pickstock escribe: la reforma "no pudo desafiar aquellas estructuras del mundo profano moderno que son enteramente enemigas de la finalidad litúrgica"; por el contrario, se rindió a ellas[37]. En realidad, tenemos mucho más que aprender de la Edad Media y del Barroco que del siglo XX, porque seguimos vadeando en aguas superficiales, en vez de sumergirnos en los profundos mares de nuestros lejanos antepasados. En vez de ejercitar nuestros músculos ingenieriles, deberíamos cultivar la virtud de una atenta receptividad del gran don que se nos ha legado. Leer comentarios medievales de liturgia, tal como *Jewel of the Soul* [Joya del Alma] de Honorio de Autun, escritor del siglo XII, o *The Mysteries of the Mass* [Los Misterios de la Misa] del Papa Inocencio III, es una de las mejores formas en que podemos potenciar la renovación litúrgica de nuestra época.

---

[37] Ver Pickstock, *After Writing: On the Liturgical Consummation of Philosophy* (Blackwell Publishers, 1998), 169–273, en que sostiene que la reforma litúrgica fracasó porque no cuestionó los falsos supuestos filosóficos de la modernidad, sino que los adoptó como principios guías.

Tercero, la pregunta es sumamente ambigua. Hay cambios y cambios. El Padre de la Iglesia, San Vicente de Lérins, distinguía entre *profectus* y *permutatio*. *Profectus* significa crecer de acuerdo con el propio género, como cuando un niño crece en estatura y en peso al transformarse en hombre, pero sigue siendo la misma persona; *permutatio* significa un cambio que aleja de la primordial identidad de la cosa, como cuando un animal muere y, por tanto, deja de ser animal, o cuando una herejía toma determinada verdad, la despoja de su contexto más amplio, y erige sobre ella una nueva versión del cristianismo. Sí: la liturgia debe acoger y siempre ha acogido el *profectus*, crecimiento por aumento, aunque la velocidad del cambio disminuya con el tiempo y las adiciones son menores, como agregar nuevas fiestas. Pero una *permutatio* de la liturgia sería su muerte, como lo ha demostrado claramente la experiencia.

TENTACIONES ASOCIADAS A LAS REPETICIONES

Sería un error de mi parte no mencionar un problema que enfrentamos los seres humanos caídos: la repetición, a pesar de todas sus ventajas, hace también a la gente distraerse y perder el foco. No hace falta estar inmerso por mucho rato en una plegaria tradicional para sentir la tentación de apresurar el paso y terminar un texto litúrgico largo, especialmente cuando éste contiene frases repetitivas. La velocidad de la luz con que algunos sacerdotes dicen *Domine, non sum dignus ut intres sub tectum meum, sed tantum dic verbo et sanabitur anima mea*, antes de recibir el Santísimo Sacramento del Altar hace que uno se pregunte si se sienten realmente tan indignos y si están conscientes de que se están dirigiendo al Señor de cielos y tierra, presente ahí, a unos centímetros de distancia, o con cuánta sinceridad le piden que sane sus almas. Quisiera que nos aplicáramos a nosotros mismos, cuando estamos repitiendo palabras o acciones litúrgicas, la observación de Santo Tomás de Aquino sobre por qué la costumbre tiene fuerza de ley: "El movimiento interior de la voluntad y los conceptos de la razón son muy efectivamente expresados mediante acciones externas repetidas; porque cuando una cosa es hecha una y otra vez, parece que se lo hace por un juicio deliberado de la razón"[38].

---

[38] *Summa Theologiæ* I–II, Q. 97, art. 3.

Lo peor que ocurre con las repeticiones es que se las diga con tanta rapidez que pierden su densidad de significado, el beneficio de su insistencia, y el mérito de su humilde súplica. Las repeticiones reiterativas y no meditadas son más dignas de un papagallo que de un ser humano. Vale la pena decir tres veces *Domine, non sum dignus* porque vale la pena decirlo bien *una vez*, y pesará tres veces más cuando se lo repite. Un amigo mío decía: "El triple *Domine, non sum dignus* no es una vana repetición; representa la gracia de una triple compunción que golpea la puerta del corazón más duro"[39]. Pero si esta exclamación ha de dar la gracia de la compunción, debe ser hecha deliberada y atentamente. Si hemos de alegrarnos con la repetición, debemos luchar siempre por estar atentos todo lo que podamos al significado de nuestras palabras y gestos, para evitar así ser reprendidos con la advertencia de Nuestro Señor sobre las "vanas repeticiones". ¿No fue San Francisco de Sales quien dijo que la prisa es el gran enemigo de la devoción?[40].

---

[39] Decía además: "La recitación por una sola vez de la sincera oración del centurión suena patética cuando se la trunca artificialmente" (dicho esto en una comunicación privada). El sentimiento de extraña incompletitud se experimenta agudamente en aquellas escasas ocasiones -que sí ocurren, especialmente en la capellanía de un *college*- cuando una congregación acostumbrada a la antigua Misa tradicional asiste a una Misa *Novus Ordo* en latín. Todos dicen *"Domine, non sum dignus . . ."* y entonces, cuando quieren continuar, se los detiene bruscamente.

[40] *The Beauties of St. Francis de Sales* (London: Longman, Rees, Orme, Brown, and Green, 1829), 103.

6

¿Por qué usar un Leccionario de Lecturas de un año?

"Leemos mucho más la Biblia en el Novus Ordo, lo que es claramente mejor".

AUNQUE CASI TODOS LOS DEMÁS ASPEC-tos de la reforma litúrgica hecha luego del Vaticano II han sido objeto de graves y constantes críticas, el leccionario de un año, revisado, es el único elemento que de modo constante se presenta como un notable éxito, como un ejemplo de genuino progreso. Un popular autor católico decía:

"Creo… que el cambio más significativo [en la liturgia] tuvo lugar en 1969, con la introducción de un leccionario revisado. Los medios no se fijaron en él porque causó muy poca controversia. Casi todos estuvieron de acuerdo en que el resultado final fue un notable logro. Y, sin duda, fue un cambio mayor en la vida de la Iglesia. El leccionario fue diseñado específicamente para resaltar la esencial relación entre las Escrituras y la liturgia"[1].

Otro respetado teólogo concuerda con esto:

"Es probable que, cualesquiera sean los futuros desarrollo que ocurran en el rito romano, este mayor uso y énfasis de las Sagradas Escrituras en el culto católico puede terminar siendo la contribución más duradera del Papa Pablo VI y, posiblemente, el don más importante, a largo plazo, de su pontificado para la vida de la Iglesia"[2].

Nada menos que Benedicto XVI, aunque un franco crítico de muchos de los cambios postconciliares, alabó los adelantos del nuevo leccionario:

---

[1] Hahn, *Letter and Spirit: From Written Text to Living Word in the Liturgy* (Doubleday, 2005), 2–3. Posteriormente, Hahn se ha acercado con más simpatía al leccionario tradicional.
[2] Brian W. Harrison, "The Biblical Dimension of Paul VI's Liturgical Vision," *Living Tradition*, no. 154 (Septiembre de 2011): 6.

"En primer lugar quiero mencionar la importancia del Lecciona-rio. La reforma pedida por el Concilio Vaticano II[3] ha producido el fruto de un mayor acceso a las Sagradas Escrituras, que hoy se ofrecen en abundancia, especialmente en la Misa dominical. La actual estructura del Leccionario no sólo presenta los textos más importantes de las Escrituras con cierta frecuencia, sino que nos ayudan también a comprender la unidad del plan de Dios gracias a la interrelación de las lecturas del Antiguo testamento con las del Nuevo; interrelación "en que Cristo es la figura central, conmemorado en su misterio pascual""[4].

Sin embargo, no es ningún secreto que el conocimiento de la Biblia entre los católicos actuales ha alcanzado un nivel abisal, con encuestas que dicen que la mayoría no puede decir nada inteligente de ninguna de las figuras mayores de la historia de la salvación, especialmente en el Antiguo Testmento, en tanto que el conocimiento de las verdaderas enseñanzas de Cristo en los Evangelios ha alcanzado el nivel histórico más bajo de todos los tiempos. Lo primero que hay que hacer ver, por tanto, es que, sin adecuada catequesis y sermones bien preparados, no hay ninguna cantidad de lecturas bíblicas que puedan penetrar en la mente y el corazón de los fieles. Las Sagradas Escrituras son una antigua colección de muchos y muy diferentes tipos de escritos, muchos de los cuales nos parecen remotos, y otros son claramente impe-netrables sin ayuda. El simple oír las Escrituras leídas en alta voz, por sí solas, probablemente no va a hacer mucho por la mayoría de las personas. Podemos decir con certeza, por tanto, que el nuevo leccionario no ha rendido la cosecha de conocimiento bíblico que prometían, desde su torre de marfil, los intelectua-les que lo diseñaron, del mismo modo que la reforma litúrgica en general no ha estado a la altura de las profecías utópicas del Papa Pablo VI sobre templos repletos de católicos de todas las edades ávidos y gozosos, que habrían de participar más que nunca antes (¡o incluso por primera vez!). Lo que de esto queda claro es que la gran simplificación de la liturgia postconciliar, junto con el gran incremento de lecturas de la Biblia, no ha alcanzado la gran meta que se les dio como justificación, es decir, que los

---

[3] Ver la Constitución sobre la Sagrada Liturgia *Sacrosanctum Concilium*, nos. 107–8.

[4] Benedicto XVI, *Verbum Domini*, no. 57, citando el *Ordo Lectionum Missae*, no. 66.

católicos, gracias a esas medidas, se volvieran más litúrgicamente
conscientes y más comprometidos con la fe.

Al mismo tiempo, hemos visto un lento pero seguro aumento
del número de católicos que han descubierto el camino de la
Misa tradicional, que tiene en el misal su propio leccionario, más
compacto y, por cierto, también en los misales particulares de los
muchos fieles que los usan. Los tradicionalistas toman muy en
serio las Escrituras: son prácticamente los únicos, entre los católicos, que todavía creen que la Biblia es la Palabra misma de Dios,
inspirada e inerrante hasta en sus iotas y tildes[5]. Y porque creen
en catequizar a sus hijos (y lo hacen con los antiguos métodos),
a menudo hay en sus mentes una historia de la salvación razonablemente buena. Este renacimiento de la Misa tradicional, a pesar
de sus poderosos enemigos, nos impulsa a hacer una polémica
pregunta: ¿Hay razones para creer que el antiguo leccionario -y,
en general, la antigua forma de leer las Escrituras en la Misa- tiene
más elementos a su favor que lo que se nos ha hecho creer? ¿No
será el caso que también en este aspecto la Iglesia supo lo que
hacía, durante siglos y aun milenios? Es posible que una vez más
nos encontremos con que estamos "vueltos al revés" y vemos las
cosas de un modo diferente del que nos han hecho creer los *slogans*.

UN POCO DE HISTORIA

Necesitamos un poco de historia para entender este tema. El
rito romano de la Misa, como todos los demás ritos cristianos
tradicionales de Oriente y Occidente, siempre tuvo un ciclo de
lecturas que dura un año. Esto significa que las mismas Epístolas
y Evangelios se leen año tras año cada vez que una Misa tiene un
formulario fijo, ya sea en el ciclo temporal o en el ciclo santoral,
aunque, por cierto, los cambios que pueden ocurrir en el calendario pueden significar que cierta Epístola o Evangelio no se lea
en determinado día (por ejemplo, si la fiesta de un santo cae en
domingo). Hay otras lecturas propias de Misas votivas que se
puede elegir con ciertas condiciones.

Sin embargo, los leccionarios más antiguos del rito romano
(siglos VII y VIII) contenían más lecturas que el Misal tridentino de 1570: especialmente encontramos (aunque no de modo

---

[5] Ver Crean, *"Letters from that City . . . ": A Guide to Holy Scripture for Students
of Theology* (Os Justi Press, 2023).

coherente) que los lunes, miércoles y viernes fuera de Cuaresma tenían más lecturas feriales que podía usarse cuando no se producía un tope con alguna fiesta. Debido al creciente número de fiestas de santos y a la creciente popularidad de las Misas votivas, y debido al deseo de hacer el misal en un tomo lo más compacto posible -fueron los franciscanos itinerantes, más que nadie, los que popularizaron los usos litúrgicos de la corte papal, que se vinieron a codificar en 1570 como "Misa tridentina"-, estas lecturas feriales fueron abandonadas en la Edad Media tardía.

Así, pues, se puede decir abiertamente que, *si* hubiera alguna buena razón para introducir más lecturas o una mayor variedad de ellas, ya existen *precedentes* en nuestra propia tradición de acuerdo con los cuales se podría haber aumentado las lecturas de modo gradual e inteligente, sin hacer violencia a las muchas características positivas existentes en el leccionario de un año. Por ejemplo, se podría haber proporcionado algunas lecturas feriales para Adviento y Pascua.

En todo caso, ya hacia 1951 los liturgistas hablaban de crear un leccionario de tres o cuatro años, y en 1956, la comisión litúrgica del Papa Pío XII había preparado un borrador de ciclo de tres años. Siete años después, en 1963, la gran mayoría de los Padres del Concilio Vaticano II votaron a favor de una Constitución, *Sacrosanctum Concilium*, que contenía las siguientes disposiciones: "En las celebraciones sagradas debe restaurarse [*instauretur*] -este es el término clave, que no sugiere inventar alto totalmente nuevo- una cantidad de lecturas apropiadas de la Sagrada Escritura que sea más abundante y más variada" y "Los tesoros de la Biblia deben abrirse más pródigamente, de modo de proporcionar una alimentación más rica a los fieles que se acercan a la mesa de la Palabra de Dios. De este modo, una porción más representativa de las Sagradas Escrituras será leída a los fieles en el curso de un número prescrito de años"[6].

El Concilio optó por apoyar un leccionario de varios años, pero no dijo nada sobre hacer desaparecer el leccionario existente[7].

---

[6] *Sacrosanctum Concilium*, n° 35 § 1 y n° 51.

[7] *Sacrosanctum Concilium* en todo caso prohibió tal cosa al decir "no se introduzcan innovaciones si no lo exige una utilidad verdadera y cierta de la Iglesia, y sólo después de haber tenido la precaución de que las nuevas formas *se desarrollen, por decirlo así, orgánicamente a partir de las ya existentes* (n° 23); "restablézcanse, en cambio, de acuerdo con la primitiva norma

Tal como ocurrió con todos los demás aspectos de la reforma, hubo mucho debate entre los miembros del llamado "Consilium", encargado de poner en ejecución la reforma litúrgica. Al comienzo mismo de su trabajo, los miembros del *Coetus XI*, el subgrupo encargado del leccionario, decidieron deshacerse del leccionario existente, nacido en el primer milenio, en la edad de oro de los Padres de la Iglesia, que había alcanzado su forma clásica en el siglo VIII, cuando San Juan Damasceno escribía su "summa" para compendiar los logros de los Padres. En este sentido, el leccionario romano tradicional tiene una autoridad comparable a la del Canon romano, el calendario romano y el corpus de canto gregoriano. Los Padres del Concilio Vaticano II no debatieron jamás la cuestión de desechar *ninguna* de estas cosas porque habría sido inconcebible tratar de semejante modo nuestra liturgia heredada, como si fuera un experimento de laboratorio cuyas partes se pudieran sacar y reemplazar *ad libitum*.

El resultado del trabajo del *Coetus XI* fue el leccionario Novus Ordo en uso actualmente: un ciclo de tres años de lecturas dominicales, y una verdadera montaña de lecturas opcionales para las fiestas, los ritos sacramentales y otras ocasiones especiales. No es correcto, por tanto, llamarlo leccionario "revisado" o "reformado"; es sencillamente uno *nuevo*, que se traslapa muy poco con el ciclo que se usó, de una u otra forma, por más de 1.300 años.

En medio de las celebraciones con mucho descorche de botellas que rodearon la presentación del nuevo leccionario en 1969, comenzaron a oírse algunas voces solitarias que destacaban varios problemas en él, que iban desde la selección, la extensión y la mera cantidad de las lecturas hasta la estructuración de los ciclos, las preocupantes omisiones y los problemas ocasionales que surgían en la práctica.

---

de los Santos Padres algunas cosas que han desaparecido con el tiempo, según se estime conveniente o necesario" (n° 50); y, como se citó más arriba, "En las celebraciones sagradas restáurese [*instauretur*] lectura de la Sagrada Escritura más abundante, más variada y más apropiada" (n° 35, correctamente traducido del latín). Tomando en conjunto estas tres ideas, se ve claramente que los Padres conciliares aprobaron una restauración de anteriores prácticas romanas de acuerdo con el genio del rito (lo que, en este caso, significaba restaurar lecciones que, con anterioridad, ya habían pertenecido efectivamente al rito), *no* una completa reinvención. Pero en esto, como en otros casos, Pablo VI optó por ignorar a más de 2.000 Padres conciliares con un acto de absolutismo papal sin precedentes.

En lo que queda de este capítulo, trataré, en primer término, de definir el propósito de las Escrituras en la Misa. En segundo lugar, voy a re-examinar varios principios que guiaron la revisión del leccionario, a saber, el alargamiento de las lecturas, su distribución en un ciclo de varios años, la preferencia de la *lectio continua* o continuidad de las lecturas, y la decisión de omitir lecturas "difíciles". En tercer lugar, voy a analizar cómo se puso materialmente en ejecución el nuevo leccionario, es decir, el *ars celebrandi* a que dio origen. Finalmente, trataré de sacar algunas conclusiones.

EL PROPÓSITO DE LAS ESCRITURAS EN LA MISA

La primera y más importante pregunta que hay que formularse es la siguiente: ¿Cuál es el propósito de leer las Escrituras en la Misa? ¿Se trata de un momento de instrucción del pueblo, o es un elemento del culto que se ofrece por Cristo y su Cuerpo Místico a la Santísima Trinidad? Se puede decir, sobre fundamentos históricos, litúrgicos y teológicos que las lecturas en la Misa tienen *ambos* propósitos, pero en cierto orden.

Primero, las lecturas son, indudablemente, instrucción para los fieles. Esto es bastante obvio: se trata de palabras escogidas para darnos cierta "lección", para mostrarnos la vida, milagros, parábolas y enseñanzas del Señor y preparar de este modo nuestra mente y nuestro corazón para recibir a Cristo mismo cuando venga, tal como los profetas del Antiguo Testamento, que culminan con San Juan Bautista, prepararon el camino para la llegada del Mesías. Podríamos decir, en cierto modo, que la Misa de los Catecúmenos está en relación con la Misa de los Fieles como San Juan Bautista en relación con su primo, Jesús: la primera conduce a la segunda, diciendo: "He ahí el Cordero de Dios, que quita los pecados del mundo"[8]. Las lecturas en la Misa tradicional han sido escogidas por su contenido moral universal, dogmático y eucarístico, y por su conexión con los santos individuales o con clases de santos. Los santos mismos son presentados como íconos vivientes a los que apunta la letra de la Biblia, y que son el cumplimiento de su mensaje. Las lecturas contienen muchos ejemplos de virtud y preparan a la congregación para la comunión con el Señor, en adoración, en el banquete celestial.

---

[8] Juan 1, 29.

Segundo -y este punto resulta menos obvio para los católicos modernos, aunque sospecho que fue obvio en los siglos pasados- las lecturas son en sí mísmas una ofrenda de culto a Dios Todopoderoso: se las proclama para Su gloria y honor y para obtener Su bendición. El clero canta las palabras divinas en presencia de su Autor como parte de la *logike latreia*, o culto verbal/racional que debemos a nuestro Creador y Redentor. Estas palabras son un hacer presente la alianza con Dios, una representación de su significado en el contexto sacramental al que se las destinó, una recitación humilde y agradecida en presencia de Dios de las verdades que El ha hablado y de las cosas buenas que nos ha prometido. En las Escrituras mismas vemos a menudo este modo de orar a Dios ("Recuerda, Señor, la promesa que nos has hecho"), no porque El se pueda olvidar sino porque El quiere que *nosotros* no olvidemos sus promesas, quiere que nosotros le "pidamos que las cumpla", por decirlo así[9]. Un impactante pasaje del Libro de la Sabiduría nos presenta exactamente esta imagen de la función del ministro en la liturgia:

"También los justos estuvieron un tiempo en peligro de muerte; y la muchedumbre experimentó calamidades en el desierto, pero no duró mucho tu enojo. Porque acudió a toda prisa un varón irreprensible a interceder por el pueblo. Embrazó el escudo de su ministerio, y presentando la oración con el incienso de la expiación, se enfrentó a la ira y puso fin al azote, mostrando ser siervo tuyo. Calmó luego el desorden, y no con las fuerzas del cuerpo, ni con el poder de las armas, sino que con la sola palabra desarmó al que le afligía, haciendo presentes los juramentos y la alianza hecha con los patriarcas"[10].

El estilo solemne y formal de las lecturas en la Misa tradicional, que apuntan más lejos que el pueblo inmediatamente presente -la Epístola se lee mirando al este, y el Evangelio mirando al norte[11]- deja en claro que reconocemos que el Dios a quien estos textos mencionan está realmente allí, en medio de nosotros o, más bien,

---

[9] Así, se lee en la Epístola (2 Macabeos 1, 1-5) de la Misa votiva tradicional por la paz: "Que Dios te sea bondadoso y recuerde Su alianza que hizo con Abraham, Isaac y Jacob, fieles siervos suyos".

[10] Sabiduría 18, 20-22.

[11] Para una explicación de esto, ver mi conferencia "Escaping the Closed Circle: Why in the TLM the Epistle Is Read Eastwards and the Gospel Northwards," www.youtube.com/watch?v=xUfBFRJNUQE.

nosotros hemos venido a *Su* presencia con acción de gracias; así, las lecturas se convierten en dones que, habiendo sido puestos en nuestras manos por Dios, nosotros nos damos vuelta y se los ofrecemos a El, tal como hacemos con el pan y el vino. O, para usar otra metáfora, las lecturas son una forma de incienso verbal por el que levantamos nuestras manos hacia Sus mandamientos[12].

Cuando tomamos en serio el concepto tradicional de la inspiración divina de las Escrituras, podemos ver con qué amante cuidado se rinde un reverente homenaje a la Palabra de Dios en la primera parte de la Misa -la oración para merecer proclamarla, el acompañamiento del libro con los cirios, la señal de la cruz que se hace sobre él, su incensamiento, el beso que se le da, y el canto de las lecturas con un tono dignificado y penetrante-, lo cual es muy parecido al culto que se rinde a la cruz en Viernes Santo, o a la veneración de los íconos bizantinos; de un modo real entramos en contaco con Dios msmo. El es Aquel cuya verdad se hace presente cuando se proclama la lectura; no se trata de un recuerdo del pasado sino de un poder actual de conversión e iluminación. Por cierto, las Escrituras no son la Presencia Real de la Sagrada Eucaristía, pero son divinas de un modo que ninguna otra palabra humana es divina. Por esto es que el rico ceremonial con que el antiguo rito romano envuelve la lectura o entonación de la Palabra de Dios tiene mucho sentido: la liturgia quiere acentuar que, en *este* escenario, la palabra en el papel, la palabra que flota a través del aire, es superior a nuestra mente, es determinante de nuestra voluntad. En resumen: es Dios *en modo verbal*, y entramos en Su presencia verbal con señales de veneración. Lo glorificamos con la escenificación litúrgica de Su revelación.

Hoy, como era de esperarse, es creencia de una minoría el que el canto de las lecturas en la Misa es un acto de culto dirigido a Dios y, al mismo tiempo, un momento de instrucción para el pueblo. En realidad, hay algo contraintuitivo en esta idea. Después de todo, parece obvio que la razón para leer las Escrituras en la Misa es educar al pueblo. Pero esto no es tan sencillo como un binario "o esto o lo otro". La liturgia romana tradicional ha tendido, a lo largo de los siglos, a *hacer de todo* una oración dirigida a Dios, como si no debiera haber en la liturgia lugar para nada que sea

---

[12] Ver Salmo 118, 48, *et levavi manus meas ad mandata tua*, que se canta en el gran gregoriano del Ofertorio *Meditabor*, el segundo domingo de Cuaresma.

exclusivamente "para el pueblo". Un gran ejemplo de esto es el modo cómo el Credo se recita o se canta en el *usus antiquior*. Todos sabemos que el Credo es una confesión de fe, que es básicamente una lista de dogmas en que creen los cristianos. No tiene ninguna de las características obvias de una oración dirigida a Dios, sino que, más bien, parece como una insignia de ortodoxia que alzamos para que la vea la Iglesia. Sin embargo, en el *usus antiquior* el sacerdote reza el Credo *ad orientem* en el altar mayor, inclinando la cabeza cuando menciona a Dios Padre, el santo Nombre de Jesús y la divinidad del Espíritu Santo, haciendo una genuflexión al *Et incarnatus est*, y persignándose con la señal de la cruz al *Et vitam venturi saeculi*, concluyendo luego con un "Amen". De este modo, la profesión de ortodoxia se transforma en una oración al Dios Uno y Trino, una forma de comunicarse con Aquel que ha bondadosamente revelado Sus misterios el hombre. Con cuánta razón dice San Ambrosio: "Este Credo es el sello espiritual, la meditación de nuestro corazón y un guardián siempre presente; incuestionablemente es el tesoro de nuestra alma"[13].

Lo que vemos en el Credo es lo mismo que vemos en todos los elementos de la Misa, del Oficio y de los demás ritos sacramentales. *Toda la liturgia* es para Dios, y, de hecho, su más alto valor educacional consiste en comunicar al pueblo la primacía y ultimidad de Dios, el ser El el Alfa y la Omega de todos nuestros actos exteriores e interiores, incluído el acto de escuchar las lecturas y entenderlas. En cierto sentido, las lecturas se ofrecen a Dios para que nosotros podamos serle ofrecidos en nuestro entendimiento de la Palabra y en los afectos que ella causa. Por eso es que no importa tanto que cada palabra sea inteligible: lo que importa mucho más es que veamos que su Palabra es divina, y que en medio de ella pisamos tierra sagrada. La comprensión verbal puede darse luego en el momento apropiado, pero jamás captaremos correctamente la Palabra si no la veneramos primero como *divina* y adoramos al Dios que la profiere y en cuya presencia se hace viva. El rito romano tradicional no trata las "cartas apostólicas o el Santo Evangelio" como meros "libros", "documentos" o "instrucciones", sino como "momentos de acción litúrgica, que derivan de la liturgia, en la que no tienen un significado simplemente narrativo o puramente edificante, sino uno más importante

---

[13] *CCC* 197, que cita a San Ambroso, *Expl. Symb.* 1, PL 17, 1193.

todavía: precisamente un significado sacramental, activo"[14]. El propósito del culto divino no es, pues, familiarizarnos con las Escrituras, al modo como puede hacerlo un curso sobre la Biblia o una clase de catecismo (que, por cierto, debieran darse en una oportunidad diferente), sino darnos una correcta formación de la mente y del corazón en relación con las *realidades* de nuestra fe, para que podamos rendir culto a Dios en espíritu y en verdad. En los ritos tradicionales de Oriente y Occidente, las Escrituras sirven como *apoyo* a la acción litúrgica, ilustran o resaltan algo de aquello a que el culto se refiere de modo *principal*[15]. Una clarísima indicación de que así es exactamente cómo el rito antiguo entiende el papel de las Escrituras es la rúbrica que manda que el sacerdote haga una *genuflexión* (y todos los presentes deben también hacerla) durante la lectura de ciertos Evangelios. Esto ocurre en el versículo *"Et verbum caro factum est"* del Prólogo de San Juan, que se lee al término de casi todas las Misas; en Epifanía, versículo "Y entrando en la casa, encontraron al Niño con María, su Madre, y postrándose lo adoraron"[16]; en el Domingo de Ramos, versículo "Por lo cual Dios lo exaltó y le dio un nombre que está por sobre todo otro nombre, de modo que al nombre de Jesús toda rodilla se doble..."[17]; y en varias otras ocasiones durante el año litúrgico. En éstas, el Evangelio se hace vívido al realizar nosotros la acción de adoración descrita en el texto.

EXTENSIÓN DE LAS LECTURAS

Ahora, como hemos visto, los Padres conciliares querían que hubiera más Sagrada Escritura en las liturgias de la Iglesia. El primer modo de lograrlo es poner *más* Sagrada Escritura *en cada* liturgia individual. Esto se hizo añadiendo una lectura a las Misas dominiciales y festivas, y alargando las lecturas en las Misas corrientes. Sin embargo, si se tiene presente cuál es el propósito de leer las Escrituras en la Misa, se debería revisar la conveniencia de aumentar las lecturas *dentro* de la Misa. Ya se sabe que no siempre

---

[14] Cita tomada de Pavel Florensky, citado en Kwasniewski, "'Moments of Liturgical Action': Recovering the Sacramentality of Biblical Lections," *New Liturgical Movement*, 24 de enero 2022.

[15] Para un agudo tratamiento de este importante punto, junto con una incisiva crítica de la ecuación "más=mejor", ver Miller, "Bible by the Pound," en Kwasniewski, *Illusions of Reform*, 180–97.

[16] Mateo 2, 11.

[17] Filipenses 2, 9-10.

más es necesariamente *mejor*, pero hay además razones específicas que deben preocuparnos, relacionadas con lo que yo llamaría la ecología de la Misa, el equilibrio entre sus diversas partes.

Las lecturas del leccionario revisado, por lo general más largas, junto con el nuevo énfasis en la homilía como parte integral de la liturgia, han contribuído a lo que podría llamarse "imperialismo verbal", o sea, la tendencia de las palabras y de la palabrería a copar muchas Misas, sofocando el silencio y la meditación, y oscureciendo la centralidad del sacrificio eucarístico.

Debemos recordar que, en el Novus Ordo, casi todo es dicho en voz alta desde principio a fin. Desde el saludo inicial a la Colecta y luego a las lecturas y a la homilía y a la oración eucarística, etc., hasta el final, todo es puesto al mismo nivel fenomenológico; es como recitar, uno tras otro, los puntos de la agenda de una reunión, y ya se sabe cuán emocionante es tomar parte de una reunión extensa... Debido a esta monotonía, la extensión se convierte en énfasis. Y desde esta perspectiva, la plegaria eucarística tiende a salir perdiendo; sencillamente pierde su preeminencia en lo que le es propio. En el *usus antiquior*, el Canon romano en silencio proporciona un centro de gravedad que ningún otro texto o palabra puede afectar. El Canon fue y será siempre el gran contrapeso a los sermones largos o a la música menos que óptima -o incluso a una música fastuosa-.

La extensión total de la Liturgia de la Palabra dominical, si se cuenta dos lecturas, un salmo responsorial, el Evangelio, la homilía, el Credo y la oración de los fieles, cuando lo que sigue es una disminuída Liturgia de la Eucarístía, ha causado en demasiados católicos una falsa impresión de lo que la Misa fundamentalmente *es*. Parece que lo más importante que hacemos es leer juntos las Escrituras y hablar sobre ellas. Se añade luego una representación de la Ultima Cena, para que todos reciban algo antes de irse cada uno a su casa. Como se sabe, a los católicos les gusta que se les dé algo en la Misa, ya sean cenizas o palmas o boletines, y el lamentable, desde cierto punto de vista, hecho de que todos hacen la fila de la comunión, indendientemente de cuándo fue la última vez que entraron en un confesonario, calza muy bien con este esquema[18]. La Misa, como verdadero y auténtico sacrificio, ha sido

---

[18] Es solemne enseñanza de la Iglesia que se debe confesar los pecados mortales, en especie y número, para hacerse mínimamente digno de recibir la Sagrada Eucaristía; recibirla en estado de separación de Dios es, en sí

casi totalmente eclipsada por la Misa "como mesa de la Palabra y mesa de la Eucaristía que nos alimenta", para usar el lenguaje de los documentos oficiales[19]. Hay, por cierto, un punto de verdad en estas palabras, pero cuando se transforman en el modo principal de entender la Misa, representan la más profunda distorsión.

Si el propósito de las lecturas en la Misa es preparar al pueblo para el gran sacrificio eucarístico y conducirlo a él, resulta obvio el daño que causa el imperialismo verbal: prolongar indebidamente las lecturas hace que las palabras se independicen y se se centren en sí mismas, formando un centro de gravedad que *domina* la liturgia. En el instante en que ello ocurre, las lecturas dejan de estar en armonía con su propósito en la Misa y comienzan a militar en contra de él. Vemos aquí, por primera vez, la posibilidad de que las Escrituras estén *en tensión* con la Eucaristía en vez de ser servidoras de ella. El alargamiento de las lecturas y el excesivo énfasis en la homilía, sumados a otros cambios litúrgicos hechos después del Vaticano II (casi siempre, resúmenes y simplificaciones), han alterado el equilibrio de la Misa, tal como una explotación excesiva puede llevar a la erosión del suelo y a la destrucción del ecosistema.

CONVENIENCIA DE UN CICLO ANUAL

Hemos analizado los problemas de aumentar las lecturas *dentro* de la Misa. Una segunda forma de poner más Sagrada Escritura en la Misa sería extender las lecturas en *un mayor número de Misas*. Aunque esto se podría hacer en los límites de un año, parece que todos los que tuvieron parte en la reforma litúrgica rápidamente favorecieron la estrategia de un ciclo de varios años. Con muchos años a su disposición, el nuevo leccionario puede presentar todo el arco de la historia de la salvación y ofrecer un notable despliegue de importantes pasajes bíblicos. Si comparamos las estadísticas de domingos, vigilias y fiestas mayores, el nuevo leccionario incluye 58% de los Evangelios, 25% de las Epístolas, y 3,7% del Antiguo Testamento, en tanto que el antiguo misal incluye 22% de los Evangelios, 11% de las Epístolas y 0,8% del

---

mismo, un pecado mortal más. La Iglesia exige, además, que todo católico en edad de uso de la razón debe confesarse al menos una vez al año. Sobre estos temas y sobre el lamentable fenómeno de la recepción indigna de la Eucaristía, ver mi libro *The Holy Bread of Eternal Life*.

[19] Ver, e.g., *Catecismo de la Iglesia Católica*, no. 1346.

Antiguo Testamento (sin contar los salmos, que tienen un papel prominente en ambos misales)[20].

Sin embargo, aparte del hecho que incluso el nuevo leccionario, abultado como está, puede ofrecer sólo una pequeña parte del Antiguo Testamento y sólo menos de tres cuartos del Nuevo Testamento, lo que suma un 27,5% de la Biblia leída en todo el ciclo (12,7% para los que sólo asisten los domingos), no es muy verdadero decir que "se lee toda la Biblia en la Misa", como algunos excesivamente partidarios del nuevo lecionario dicen a veces. Quisiera recomendar prudencia en lo que se refiere al supuesto de base de todo esto, "más=mejor".

Se puede considerar un ciclo de un año de lecturas no sólo desde el punto de vista de la *cantidad* de Sagrada Escritura que contiene, sino también desde el del *modo* en que presenta la que contiene. Un año es una medida natural de tiempo, satisfactoriamente completo, al modo como lo es un círculo. Como decíamos antes, los ritos de Occidente y de Oriente han tenido siempre ciclos de lecturas de un año, tal como lo hace el culto de la sinagoga. De hecho, todas las culturas vinculan los ritmos de la vida humana con los del sol y la luna, uniendo lo humano con lo cósmico. *Sacrosanctum Concilium* misma proporciona una convincente explicación de por qué el año litúrgico dura justamente eso, un año:

"La santa madre Iglesia considera deber suyo celebrar con un sagrado recuerdo en días determinados a través del año la obra salvífica de su divino Esposo. Cada semana, en el día que llamó «del Señor», conmemora su Resurrección, que una vez al año celebra también, junto con su santa Pasión, en la máxima solemnidad de la Pascua. Además, en el círculo del año desarrolla todo el misterio de Cristo, desde la Encarnación y la Navidad hasta la Ascensión, Pentecostés y la expectativa de la dichosa esperanza y venida del Señor. En la celebración de este círculo anual de los misterios de Cristo, la santa Iglesia venera con amor especial a la bienaventurada Madre de Dios, la Virgen María, unida con lazo indisoluble a la obra salvífica del su Hijo. Además, la Iglesia introdujo en el círculo anual el recuerdo de los mártires y de los demás santos"[21].

---

[20] Ver *The Catholic Lectionary Website*, compilado por Felix Just, S.J., https://catholic-resources.org/Lectionary/.

[21] *Sacrosanctum Concilium* nos. 102–4.

Con la repetición del ciclo de un año se obtiene como fruto la familiaridad, que conduce a internalizar, a plantar la semilla de la palabra profundamente en el terreno del alma. El que se sumerge en la liturgia tradicional se da cuenta de que las lecturas anuales se hacen, con el paso del tiempo, carne de su carne y hueso de sus huesos. Se comienza a pensar en ciertos días, meses y estaciones del año, o en categorías de santos que con llevan sus lecturas especiales, lo cual ilumina su significado cada vez más, a medida que se las encuentra una y otra vez. Si la Palabra de Dios es infinitamente profunda, la liturgia tradicional nos hace estar junto al mismo pozo año tras año, hundiendo en él nuestro cubo, y haciéndonos conscientes, de este modo, de unas profundidades inextinguibles, que pueden no ser tan claras para el que hunde su cubo en diferentes lugares de un torrente en el curso de dos o tres años. Joseph Shaw escribe:

"El tamaño más breve del leccionario [tradicional] permite a los fieles una total familiaridad con el ciclo, explicando los pasajes en conexión con el tiempo [litúrgico] y con las oraciones y cantos del día. La asociación de fiestas y domingos especiales con un pasaje especial del Evangelio o de la Epístola recuerda la práctica de las iglesias de Oriente, en que los domingos llevan a menudo el nombre del Evangelio del día"[22].

Es necesario inculcar semana a semana, día a día, los elementos fundamentales de la fe y los hábitos de oración, y por eso es que es muy conveniente tener una selección de lecturas muy bien elegidas que se repiten todos los años: textos antiquísimos de la Epístola y del Evangelio asignados a los varios domingos después de Pentecostés, lecturas de la Octava de Pascua, lecturas para ciertas categorías de santos -mártires, apóstoles, doctores de la Iglesia, obispos, confesores, vírgenes-. De este modo, el pueblo cristiano *se forma* sólidamente con un conjunto de "textos base" durante el ciclo de un año en vez de ser desviado cada día a nuevas regiones de textos -especialmente algunos de narraciones históricas más largas y pasajes de los profetas, de los cuales difícilmente se puede obtener beneficios, excepto si hay un estudio extra litúrgico de los mismos-. Dice Gregory DiPippo:

"Por lo general, el pueblo necesita más que se le *recuerde* que se le *enseñe*. Esta es la sabiduría del leccionario de un año (costumbre

---

[22] Shaw, *The Case for Liturgical Restoration: Una Voce Studies on the Traditional Latin Mass* (Angelico Press, 2019), 103.

universal de todos los ritos critianos históricos antes de 1969), y de la repetición anual del mismo Tracto en el primer domingo de Cuaresma, de la misma Epístola en la fiesta de Santo Tomás, etc.: una tradición litúrgica en que podemos vivir, más que una sala de clases que visitamos. El rito post-conciliar es extremadamente didáctico, pero no muy pedagógico"[23].

Los fieles necesitan más Sagrada Escritura en su vida: nadie lo discute. Pero no se sigue de ahí que debamos incluír tanta Escritura somo sea posible *en la Misa*. Véase el asunto desde un punto de vista psicológico: la lectura en la Misa es un "rasgo de este evento de hoy"; la mente no conecta fácilmente las lecturas de ayer con las de hoy ni con las de mañana. Sucede una cantidad de cosas en el curso de la liturgia y en el resto de nuestro día, y a menos que el sacerdote conecte deliberadamente las lecturas, cada día es un todo en sí mismo. La Misa diaria es una unidad discreta, por lo que las lecturas deben ser adecuadas *a ella*, no a una secuencia temporal más larga (aparte de que el carácter general del año litúrgico y de sus tiempos cambia). El resultado es que, con un leccionario aumentado, el pueblo oirá más y *olvidará* más Sagrada Escritura que antes; en cambio, en el antiguo ciclo de un año, el pueblo oye repetir las cosas y tiene la oportunidad de familiarizarse con ellas. Eso nos hace ganar más, espiritualmente, de un solo pasaje que se nos hace familiar, que de un ciclo largo que procura "comunicar" una gran cantidad de Sagrada Escritura. El dicho "aprender de memoria" tiene razón. Lo que se tiene en la memoria es parte de uno. Lo que existe sólo en un libro o en internet no es realmente parte de uno. Por eso es una necedad aquello de: "Nosotros los modernos estamos mucho mejor que los medievales, porque podemos acceder a millones de textos *online* instantáneamente en cualquier momento". Los medievales memorizaban enormes porciones de las Escrituras, lo que moldeaba su ser más íntimo. El hombre moderno necesita muy poco memorizar, salvo su número de seguridad social, algunos números de teléfono y, quizá, un par de mal entendidas leyes científicas, por lo que tener todas las bibliotecas del mundo al alcance no significa casi nada; ignora qué cosa buscar, ignora a qué sabe la sabiduría, y no acarrea consigo una biblioteca de verdades. Como

---

[23] DiPippo, "The Unfunded Mandate," *New Liturgical Movement*, 6 de marzo 2022.

dice el P. Thomas Dubay: "La información meramente verbal no es sustituto de lo que podríamos llamar *visión saboreada*"[24].

La práctica de la *lectio divina*, o de orar con la Escritura, en que todos los días uno se concentra exclusivamente en la Biblia, hace más fácil conectar un día con otro. Por eso es que el modo más sensato de aumentar el conocimiento católico de las Escrituras es enseñarlas en las clases de religión/catecismo y alentar la *lectio divina*. El renacimiento bíblico católico en los últimos años debe mucho a los protestantes conocedores de la Escritura que se han convertido, quienes han movido montañas en su esfuerzo por introducir la historia de la salvación ("La Gran Aventura") y la *lectio divina* en los programas de parroquias y de escuelas. Lo cual sugiere que el trabajo que hay que hacer está más en la casa, *fuera* de la Misa, que *en ella*[25].

Así, aunque es común alabar el nuevo leccionario por contener mucha más Sagrada Escritura que su predecesor, la experiencia con ambos puede conducir a una conclusión totalmente opuesta, a saber, que el leccionario de varios años es inmanejable y difícil de absorber, en tanto que el antiguo ciclo de lecturas está bellamente proporcionado al ritmo del ciclo natural del tiempo y a la plenitud del año de gracia eclesiástico, que se levanta a partir de la naturaleza. Y, en general, se puede decir que un ciclo anual de lecturas bien elegidas es más adecuado al propósito moral propedéutico, icónico y cultual de las Escrituras en la Misa.

PRIMACÍA DEL CICLO SANTORAL

Después de examinar la extensión de las lecturas tanto en una Misa determinada como en un conjunto de ellas, quisiera abordar ahora el tercer principio que guía al nuevo leccionario, la preferencia por la lectura continua o *lectio semicontinua*; en otras palabras, la lectura en forma secuencial de algún libro o carta o Evangelio durante un cierto tiempo, lo cual en la mayoría de los

---

[24] Dubay, *Fire Within: Teresa of Avila, John of the Cross and the Gospel on Prayer* (Ignatius Press, 1989), 300.

[25] Pienso, personalmente, que encontramos los entusiastas del nuevo leccionario especialmente entre los clérigos porque, si éstos toman en serio su trabajo, terminan usando el leccionario como una especie de *lectio divina* en la preparación de sus homilías, con lo que acaban recibiendo de él muchos más beneficios que quienes solamente asisten a la Misa, ya que la congregación que asiste a la Misa diaria no es la misma cada día, aunque haya en ella algunos "regulares".

casos perjudica al ciclo santoral. Este es un principio bien claro
e importante.

Todo lo que he dicho sobre la dificultad de conectar las lecturas
de un día con las del siguiente podría repetirse en este lugar; pero
quiero llamar la atención hacia la especial relación que los santos
tienen con las Escrituras y con la Misa. Ya que el propósito de la
fe cristiana no es el conocimiento *material* de las Escrituras sino
la conversión y santificación personal -después de todo, tal cosa
es el contenido *formal* y la finalidad de la Sagrada Escritura-, los
santos son puestos en la liturgia justamente como ejemplos de
cómo vivir, cómo creer y cómo amar. La Misa tradicional hace
bien en poner la Sagrada Escritura al servicio de este fin, correla-
cionando determinadas lecturas con determinados santos o clases
de santos. Debido a su número reducido y a su relación fácilmente
memorizable (y prescrita en las rúbricas) con el santo específico,
las Epístolas y Evangelios del santoral facilitan la *familiaridad* con
la Palabra de Dios, a medida que enseñan el triunfo de los amados
por Dios y lo ilustran.

Los santos son, se podría decir, el mensaje de las Escrituras
hecho carne y sangre, y por eso es que es apropiado que la palabra
escrita los *sirva* y refleje su primacía existencial. Hay que mencionar que la investigación en historia y en liturgia ha establecido que,
aparte de Pascua, las más antiguas conmemoraciones litúrgicas
no fueron de los grandes misterios de Nuestro Señor y de su
Madre, sino de los mártires, como San Esteban y San Lorenzo. Por
ejemplo, la fiesta de San Esteban es tan antigua y venerable que
su celebración el 26 de diciembre es anterior a la de la Navidad el
25 de diciembre. Los especiales días festivos que adornaron a las
primeras liturgias eucarísticas con lecturas, oraciones y antífonas
propias fueron, casi siempre, las de los santos; el ciclo santoral
gozó de un lugar preeminente, *de facto*, durante muchos siglos.
Considerando el respeto que se debe a la tradición, por tanto, este
ciclo merece que se le dé, al menos, un lugar de honor propio en
el marco del énfasis posterior que se dio a los domingos y días
santos que honran los misterios de Cristo. El calendario y rúbricas
del Novus Ordo no se lo dan, lamentablemente[26].

---

[26] El Misal de 1962 tampoco lo hace, en alguna medida, al omitir la con-
memoración de los santos cuando su día cae en domingo, lo que es un
paso hacia el concepto del Novus Ordo de que cada Misa debe tener sólo
un "tema". Para leer sobre un egregio ejemplo de lo que puede resultar

La Escritura, en sí misma, es letra muerta. Son los santos quienes constituyen la máxima prueba y la más gloriosa manifestación de la verdad de la fe cristiana. Los santos demuestran que la Escritura no es un libro sin vida, sino un vivo paradigma. Tenemos que comprender el papel de las Escrituras en la Misa en referencia a su materialización en la vida de los santos y a la continua guía que ellos dan a nuestra mirada hacia la suprema realidad de Jesucristo, Sabiduría Eterna y Encarnada. El P. Roberto Spataro se regocija con esta cualidad del antiguo rito:

"¡La *communio sanctorum* puede palparse sensiblemente en la Misa Tridentina! Los santos, miembros más eminentes del Cuerpo Místico, se unen alrededor de ese acto santificador *par excellence* que es el Sacrificio del Calvario ritualizado sobre el altar, compartiendo con nosotros las sagradas realidades de la fe. La fe que profesamos hoy en nuestra liturgia está entretejida con la de los mártires, los confesores, las vírgenes, y la innumerable multitud de los santos, que se proyecta hacia la visión beatífica de la futura eternidad del cielo"[27].

Veamos un ejemplo concreto. El 4 de mayo, fiesta tradicional de Santa Mónica[28], en la Epístola de la Misa vemos a San Pablo hablando del honor debido a las viudas piadosas, lectura que Santa Mónica comparte con varias otras santas mujeres, pero el Evangelio, especialmente elegido, narra cuando Jesús resucitó al hijo de la madre viuda y se lo devolvió a su madre. ¿Qué Evangelio más adecuado podría haber para la madre de San Agustín? Cada año, durante su peregrinaje en la tierra, aunque dure miles de años, la Santa Madre Iglesia conmemorará así a la madre que nunca perdió la fe en Dios y, al cabo, recuperó a su hijo, muerto por el pecado y el error, y resucitado a la vida de la gracia. Con la preferencia del nuevo leccionario por la *lectio continua*, es muy probable que no haya lecturas especiales para la fiesta de Santa Mónica y, en cambio, oiremos cualesquiera de las otras lecturas que están en el leccionario para ese día. En tensión con el propósito propio de las Escrituras, las lecturas

---

de este axioma racionalista, ver Kwasniewski, "Why 1962 Must Eventually Perish: The Case of St. John," *New Liturgical Movement*, 26 de diciembre 2022.

[27] Spataro, *In Praise of the Tridentine Mass and of Latin, Language of the Church* (Angelico Press, 2019), 103-4.

[28] Ver Michael Foley, "The Feasts of Saint Monica and a New Conjecture about Her *Dies Obitus*," *New Liturgical Movement*, 3 de mayo 2024.

resultan así extrínsecas y accidentales al santo que se conmemora.

La Misa tradicional trata cada día como un todo coherente. Cuando celebramos la fiesta de un santo, todas las partes variables de la Misa -los Propios (Introito, Gradual, Tracto, Alleluia, Ofertorio, Comunión), las Lecturas (Epístola y Evangelio), las Oraciones (Colecta, Secreta, Postcomunión), algunas veces el Prefacio y la Secuencia- todas ellas se centran en el santo del día. Esto produce el efecto de tejer la liturgia entera como una túnica sin costura: las oraciones veneran e invocan al santo, las lecturas y antífonas exaltan las virtudes del santo, quien es propuesto como ejemplo para nosotros y maestro; el sacrificio Eucarístico vincula a la Iglesia Triunfante, representada por las listas de los santos del Canon romano, con todos nosotros, peregrinos de la Iglesia Militante. Toda la liturgia adquiere una unidad de santificación, mostrándonos la Vía primordial de la santidad -Jesús, en el Santísimo Sacramento- y los modelos de santidad que se ha alcanzado. Los elementos de la Misa se conectan unos con otros como los eslabones de una cadena, proporcionando al fiel que da culto una formación espiritual bien enfocada y un poderoso incentivo para la oración (ver Diagrama A, p...). Puede que se deba a mis limitaciones, pero el mismo número de años inmerso en el nuevo leccionario y la nueva Misa -en una época de mi vida en que tomaba la fe en serio- nunca produjo en mí la misma profundidad de recuerdos, asociaciones, resonancias y penetración de los textos de la liturgia que la que ha producido en mí la inmersión en la antigua Misa.

Si retrocedemos un poco y miramos las antífonas, oraciones y lecturas variables contra el fondo constante de citas y alusiones a las Escrituras que permean el Ordo de la Misa, podemos ver cuán impresionante es el resultado (Diagrama B, p....). Este empaparse en la Biblia o gradual entrar en las Escrituras se apoya en la invariabilidad del Ordo de la Misa; debido a que el rito no está sometido a una plétora de opciones, es mucho más fácil conectar las partes variables con las invariables. Por ejemplo, el uso característico del Antiguo Testamento en las antífonas armoniza con la expresa mención que hace el Canon romano de Abel, Abraham y Melquisedec y con el lenguaje hierático del sacrificio, tan reminiscente de la Ley Mosaica. La solidez y estabilidad del Canon es como una sólida fundación sobre roca sobre la que se elevan los Propios, como con piedras cuidadosamente ensambladas, dando origen a un espacioso edificio de oración. Como muestra el diagrama, las Escrituras empapan el *usus antiquior* en todos los niveles. Aunque muchas de las oraciones se dicen en silencio, los católicos que asisten al rito antiguo a menudo siguen en sus misales y hacen suyas las ricas oraciones. Así ha sido mi experiencia: he llegado a querer no sólo los Propios que cambian sino también los versículos fijos del salmo 42, de salmo 25, del salmo 115 y el Prólogo del Evangelio de San Juan.

En cambio, en la nueva liturgia, las oraciones, lecturas y la Eucaristía están extrañamente puestas unas al frente de las otras: no se ensamblan en un solo flujo de acción, sino que se suceden como bloques independientes. Ello tiene una explicación: cada parte de la Nueva Misa ha sido diseñada por subcomités separados, y éstos rara vez se comunicaban entre sí. Al final, todas las partes separadas fueron pegadas unas con otras por decreto papal, de modo que lo que se tiene es una compilación de proyectos independientes. El resultado final es una liturgia en que los Propios, las Oraciones, las lecturas bíblicas y el Ordo de la Misa sencillamente no forman un todo coherente; a veces un componente puede incluso *no existir*, si su uso es opcional. Aquí el problema general es la *integridad* general de la ceremonia litúrgica. Para evaluar las Escrituras en la Misa, tenemos que ir más allá de las lecturas "formales" y ver cómo la Palabra de Dios está presente a través *del resto* de la liturgia. ¿Cuán "saturada de Escrituras" está la liturgia, considerada como un todo? ¿Concuerdan las antífonas, oraciones y lecturas propias unas con otras, y con el Ordo de la Misa? Del mismo modo, aunque hay claramente una mayor *extensión* de Sagrada Escritura en la Liturgia de la Palabra del nuevo rito, se puede cuestionar la *intensidad* de su presencia a través de la Misa entera. ¿Está el misal del Papa Pablo VI tan empapado del lenguaje, de la imaginería y del espíritu de las Escrituas como el antiguo *Missale Romanum*?

OMISIÓN O DILUCIÓN DE LOS PASAJES "DIFÍCILES"

Hasta aquí he cuestionado los principios guías de la reforma del leccionario en lo que se refiere a la cantidad de Sagrada Escritura en la Misa. Quisiera ahora referirme a uno de los aspectos *no cuantitativos* de la reforma, es decir, a la decisión de omitir o marginalizar los pasajes "difíciles".

Podría suponerse que los reformadores, que ya se habían permitido crear tres años de domingos y dos años de días feriales, incluirían en el nuevo leccionario *todas* las lecturas que se encuentran en la liturgia romana tradicional, y que en su recorrido por varios libros de la Biblia no omitirían ningún pasaje clave. Pero, al contrario, tomaron la decisión programática de evitar lo que consideraron textos bíblicos "difíciles". ¿En qué textos pensaban? Aquí daré un par de ejemplos.

En el vasto nuevo Leccionario, *no aparecen jamás* los siguientes tres versículos de 1 Corintios 11, ni siquiera una vez: "De modo que quien comiere el pan o bebiere el cáliz del Señor indignamente, será reo del cuerpo y de la sangre del Señor. Por eso pruébese cada uno a sí mismo, y así coma del pan y beba del cáliz; porque el que come y bebe, no haciendo distinción del Cuerpo del Señor, come y bebe su propia condenación"[29]. Lo que advierte San Pablo a quienes reciben indignamente el Cuerpo y la Sangre del Señor, es decir, la propia condenación, no ha sido leído *en ninguna* Misa Novus Ordo por más de medio siglo. Pero en la Misa tradicional estos versículos se leen al menos *tres veces al año*: una vez el Jueves Santo (cuya Epístola es 1 Corintios 11, 20-32), y dos veces en Corpus Christi (en que tanto la Epístola como la antífona de Comunión los repiten). Si, además, los fieles asisten a la Misa votiva del Santísimo Sacramento -popular entre las Misas votivas- se los encontrarán también allí. Los católicos que asisten al *usus antiquior* nunca dejarán de tener estas graves palabras presentes en su conciencia. Permítaseme ser franco: el concepto de una Comunión indigna ha sencillamente desaparecido de la conciencia católica general, y el nuevo leccionario tiene parte de la culpa.

Es cosa bien sabida que los salmos imprecatorios fueron suprimidos de la Liturgia de las Horas[30], pero lo es menos que la supresión selectiva de salmos afectó también a la Misa. Hay una sorprendente cantidad de versículos de salmos, prominentes en el antiguo Misal, que o no están en el nuevo leccionario o se los encuentra rara vez. Por ejemplo, las conmovedoras líneas del salmo 42 usadas en cada celebración del *usus antiquior*, que comienzan con "Entraré al altar de Dios, al Dios que alegra mi juventud", etc., fueron relegadas en el nuevo leccionrio a un solitario viernes de la semana 25 del Tiempo Ordinario en el Año 1, y se conserva un par de versículos en la Vigilia Pascual. Y eso es todo. El salmo 34, tan amado por nuestros antepasados por su lenguaje de tiempo de Pasión y por sus imágenes ascéticas, fue reducido de 8 apariciones en la

---

[29] 1 Corintios 11, 27-29.
[30] Ver Kwasniewski, "The Omission of 'Difficult' Psalms and the Spreading-Thin of the Psalter," *Rorate Caeli*, 15 de noviembre 2016.

Misa tradicional a una sola en el Novus Ordo, y sólo si el Introito se lee o se canta, cosa que es opcional (ver Diagrama C, p. . . .).

Lo que ocurre en ejemplos como éstos (de los cuales hay muchos) parece ser, lamentablemente, lo siguiente: avergonzados por doctrinas o actitudes espirituales reveladas por Dios, ciertos miembros de la Iglesia hacen todo lo que pueden para asegurarse de que no sean jamás mencionadas, o que lo sean sólo muy escasamente[31]. Los miembros del *Coetus XI* sabían cuáles eran las lecturas tradicionales, y según parece suprimieron deliberadamente algunas de ellas. La novedad de los ciclos de varios años y el hecho monumental de "más Escritura" distrajeron la atención del problema más sutil de qué *se pierde* en la transición. Un proceso parecido de atenuación doctrinal puede verse en la intervención de *Consilium* en las Colectas, cuya versión posconciliar frecuentemente omite o escamotea la mención de cosas consideradas incompatibles con las ideas modernas u ofensivas a los oídos modernos[32]. Por esto es que no hay que dudar en decir abiertamente que el arzobispo Arthur Roche miente (lo que es un modo suave de decirlo) cuando declara que "el *Missale Romanum* del Papa San Pablo VI es el Misal más rico que la Iglesia ha producido jamás" y que "conserva... noventa por ciento de los textos de ese Misal [el Tridentino]"[33]. No: en realidad, el nuevo misal suprime muchas de las riquezas del antiguo misal, y llena el vacío con contenidos aguados, en sordina, "no sea que alguien" (para usar los términos de Bugnini) "encuentre causas de incomodidad espiritual en la oración de la Iglesia"[34]. Pero ¿por qué habría que desear que los cristianos no experimenten *alguna* incomodidad espiritual durante la liturgia? Es luchando con estos

---

[31] Hay abundantes ejemplos en Lauren Pristas, *The Collects of the Roman Missals: A Comparative Study of the Sundays in Proper Seasons Before and After the Second Vatican Council* (Bloomsbury T&T Clark, 2013).

[32] Kwasniewski proporciona muchos ejemplos, "Christian Militancy in the Prayer of the Church," *OnePeterFive*, 16 de marzo 2022.

[33] Roche, "'In the earthly liturgy we take part in a foretaste of that heavenly liturgy' (*Sacrosanctum Concilium* n. 8): The study of the liturgy as an ecclesial service for a renewed spirituality," Inaugural Address at the Athenaeum Sant'Anselmo, 2021–22, 4 de octubre 2021, p. 3, https://praytellblog.com/index.php/2021/10/07/thestudy-of-the-liturgy-as-an-ecclesial-service-for-a-renewed-spirituality/; idem, "The Roman Missal of Saint Paul VI: A witness to unchanging faith and uninterrupted tradition," *Notitiae* 597 (2020), 251.

[34] Bugnini hizo estos comentarios sobre las revisiones de 1965 a las solemnes oraciones de la ceremonia del Viernes Santo de Pío XII. Ver Shaw, *The Case for Liturgical Restoration*, 285–86.

pasajes "difíciles" y llegando a comprenderlos que los fieles avanzan en la vida espiritual. Por la misma razón debiéramos adherir a algúna práctica ascética, tal como ayunar un período más largo antes de la Comunión y arrodillarse durante la Misa, en vez de evitar toda incomodidad física comiendo hasta una hora antes, y luego sentándose sobre cojines en los bancos de un templo con aire acondicionado.

EL *ARS CELEBRANDI*

Todo lo que he dicho hasta aquí se refiere al leccionario: qué condujo a su creación, qué principios guiaron su formación, y cómo se seleccionó o excluyó las lecturas. Pero *cómo se trata* a la Sagrada Escritura, cómo la reverencian los ministros, cómo se integra en el todo de la liturgia, es cosa no menos importante que la selección y cantidad de lecturas. Se podría comparar el libro impreso moderno con el manuscrito medieval iluminado. Una Biblia que ha sido escrita sólo a mano con bella caligrafía, ennoblecida con elaboradas letras mayúsculas y rodeada de suntuosa ornamentación, es un cierto modo de *considerar y tratar* la Palabra de Dios, igual que lo es un libro de tapa blanda de edición barata que amontona palabras en hojas delgadísimas con un diseño monótono, uniforme, y sin imágenes. En esta sección final, voy a retomar el tema que se denomina *ars celebrandi*.

Una medida de si estamos debidamente captando la nobleza eucarística y la finalidad de las lecturas es la solemnidad con que las proclamamos. Estas debieran estar rodeadas de un rico ceremonial, que incluya el canto de los textos sagrados, cirios e incienso. En una Misa mayor o en una *Missa cantata*, el cantar el sacerdote las lecturas las eleva de modo apropiado a la profundidad y belleza de las palabras del mismo Dios, y de modo apropiado también al acto público de transmitir la revelación divina. El canto es como incienso musical. En una Misa solemne, el canto jerarquizado, hecho primero por el subdiácono, luego por el diácono, expresa maravillosamente la relación entre los elementos: el menor de los ministros mayores canta la Epístola, el mediano de los ministros mayores canta el Evangelio, y el más alto de los ministros mayores, el que representa directamente a Cristo Sumo Sacerdote, susurra las palabras de la consagración que exceden infinitamente a toda música en la tierra. De esta forma el rito romano clásico expresa, con gran fuerza, el hecho de que cuando tratamos a las Sagradas Escrituras, no tratamos palabras meramente humanas sino preciosos secretos que proceden de la boca de Dios. La Misa tradicional trata la Palabra de Dios con inmensa veneración y, no obstante, subordina la Palabra escrita al *Mysterium Fidei*, la Palabra hecha carne.

En una Misa mayor, el canto de la Epístola y del Evangelio, con la belleza lenta y elaborada de los cantos entre lecturas -el Gradual y el Alleluia a través de todo el año, el Gradual y el Tracto en Septuagésima y Cuaresma, o los dos Alleluias del Tiempo Pascual- nos preparan para recibir la Palabra como *Palabra de Dios* y para meditar en ella. Aunque, en teoría, las lecturas cantadas y los cantos entre lecturas son posibles en el Novus Ordo, se los encuentra muy raramente. En cambio, las lecturas de los domingos -de las que puede haber hasta cuatro en sucesión, si se cuenta el salmo responsorial, leído desde exactamente el mismo lugar que las demás, y a menudo con un tono monótono- tratan estas palabras como meramente humanas, no como divinas, y desalientan la meditación[35]. En la Misa tradicional rezada, en que las lecturas son recitadas más que cantadas, se evita estos problemas por varias razones: brevedad y exigüidad de las lecturas mismas (con raras excepciones); lectura *desde el altar* y *sólo por el sacerdote*, lo que subraya su vínculo con el sacrifico y con el ministerio ordenado que distribuye a los hombres los dones de Dios; entorno bien controlado de un reverente ritual, que abre un espacio para una relación meditativa con los textos de la liturgia por parte de los fieles, incluídas las oraciones y antífonas que complementan tan bien a las lecturas; devoto silencio, en que muchas otras partes de la Misa están envueltas, con una atmósfera que facilita la recepción de la palabra.

Vimos anteriormente que el Concilio había dispuesto, con términos que reconfortaron el corazón del P. Louis Bouyer y de otros de su generación, lo siguiente: "Por tanto, para procurar la reforma, el progreso y la adaptación de la sagrada Liturgia, hay que fomentar aquel amor suave y vivo hacia la Sagrada Escritura que atestigua la venerable tradición de los ritos, tanto orientales como occidentales"[36]. ¿Cómo podemos promover de la mejor forma *aquel amor suave y vivo hacia la Sagrada Escritura*, de un modo

---

[35] Casi toda la música para el salmo responsorial deja mucho que desear; por cierto, carece de las notables cualidades de los graduales gregorianos.

[36] *Sacrosanctum Concilium*, no. 24.

apropiado a la liturgia? No es difícil dar con la respuesta: tratando las Sagradas Escritura de un modo especialmente ceremonioso, empastando el libro en plata o en oro (lo cual es más común en Oriente), cantando las lecturas, incensando el Evangelio, llevándolo entre cirios y devolviéndolo al altar para ser besado por el sacerdote. Con la introducción simultánea, en el Novus Ordo, de una inmensa cantidad de lecturas y de laicos lectores, se ha hecho paradojalmente más rara una lectura cantada y solemne de la Liturgia de la Palabra, que es cada vez más aburrida y fácil de ignorar en su versión hablada, cuando no positivamente irritante por algunas bien intencionadas pretensiones de declamar las lecturas con aire dramático. Aunque se dan ahora muchos más versículos de la Biblia, parecen ser mucho menos la perla de gran valor que se nos entrega desde lo alto.

Podemos, finalmente, preguntarnos: ¿Es realmente *necesario* que haya una homilía en la Misa de semana? ¿No podría dejarse a la Palabra de Dios o, mejor todavía, a la liturgia como un todo, "hablar por sí misma" en algunas ocasiones? Tenemos que encontrar formas de hacer nuestras liturgias menos centradas en opiniones humanas y en personalidades, y más centradas en Jesucristo, en su Palabra y en su Sacrificio. De hecho, fue práctica normal durante mucho tiempo no predicar en la Misa cotidiana, costumbre que todavía se sigue en muchas parroquias que celebran la Misa tradicional, y ocurría incluso que la prédica dominical no era parte de la Misa sino que se hacía entre dos Misas (con lo que quienes se iban de una Misa más temprana y quienes llegaban a la que venía a continuación podían oír el mismo sermón), o se la incorporaba a las Vísperas y Bendiciones de la tarde, a las que asistía mucho público.

CONCLUSIONES

El P. Spataro resume elegantemente muchos de los puntos que he tratado en este capítulo cuando escribe:

"La primera parte [de la Misa tradicional, o sea, la Misa de los Catecúmenos] tiene su propia coherencia interior: nos conduce humildemente a la presencia de Dios mediante las oraciones al pie del altar, con su sublime orientación penitencial. De esta humildad, que es el fundamento adecuado de la relación entre creatura y Creador, pecador y Redentor, surge la súplica del Kyrie y la oración Colecta. En este momento, ya estamos preparados para ser instruidos por la Sabiduría de Dios que se ha revelado en la historia de la salvación y desarrolla la verdad que nos lleva al cielo, porque sólo el humilde "oirá" y se alegrará, como dice el salmo (Salmo 33, 3). Encontramos esparcidas numerosas citas de pasajes de las Escrituras y versículos de salmos -¡una Biblia *orada*!- que componen el texto del Introito, el Gradual, el Tracto, el Alleluia y luego las perícopas de la Epístola y del Santo Evangelio. En todas partes encontramos esa proporción que es una propiedad intrínseca de la belleza: textos que, con pocas excepciones en ocasiones especiales, no son ni muy largos ni demasiados en número, como es el caso en el ciclo de dos o de tres años en el *Novus Ordo*"[37].

Los criterios que hemos considerado -función de las Escrituras en el sacrificio Eucarístico, interna cohesión de la Misa como un ecosistema, psicología de la memoria, unidad natural del año, debido lugar para el ciclo santoral, papel espiritual que desempeñan los pasajes difíciles, tratamiento estético y ceremonial dado a la Palabra divina y, no menos importante, autoridad propia de la práctica tradicional- nos permiten sacar algunas conclusiones generales.

Primero, como muchas otras cosas en la reforma litúrgica del Papa Pablo VI, el nuevo leccionario muestra señas de inconveniente prisa, de excesiva ambición, y de falta de respeto por los principios aprobados por los Padres conciliares[38]. La petición del Concilio de más Sagrada Escritura quedó expuesta a diferentes y aún contradictorias respuestas. El leccionario revisado, aunque es una posible implementación de los nos 35 y 51 de *Sacrosanctum Concilium*, termina contradiciendo derechamente los nos. 25 y 30 de la misma Constitución, que detalla los principios controladores de continuidad con la tradición y que pide que los elementos ya presentes en nuestra tradición sean *restaurados*. Merece mencionarse el hecho que la mayor parte de las lecturas en el *Missale Romanum* preconciliar constituyen una venerable herencia de los primeros siglos del culto católico, un cuerpo de lecciones estable con que se han alimentado muchas generaciones de pastores, de predicadores, de teólogos y de laicos; una tradición que merece inmenso respeto por su venerable antigüedad. Para decirlo con franqueza, es un ultraje el que esta ininterrumpida tradición, que ha resistido

---

[37] Spataro, *In Praise of the Tridentine Mass*, 113–14.
[38] Ver Kwasniewski, "Who Was Captain of the Ship in the Liturgical Reform? The 50th Anniversary of an Embarrassing Letter," *New Liturgical Movement*, 24 de junio 2019.

todos los embates del tiempo, caiga víctima de los escalpelos de algunos especialistas académicos. El resultado ha sido una clara ruptura y discontinuidad en el corazón mismo del rito romano.

Segundo, independientemente de si se puede considerar que se ha sido o no fiel a los *desiderata* del Concilio, el leccionario Novus Ordo está gravemente herido por su concepción general, por su inmanejable extensión, por su omisión de textos "difíciles" y por aguarlos, despojándolos de los bienes espirituales claves que se enfatizaban en las antiguas lecturas[39]. No hay mente humana que pueda relacionarse con tan grande cantidad de textos bíblicos repartidos a lo largo de varios años; resulta desproporcionado con el ciclo natural de un año y sus estaciones; y está desproporcionado con el ciclo sobrenatural del año litúrgico[40]. El leccionario revisado no engancha con facilidad a la finalidad sacrificial de la Misa sino que, en la medida en que sirve a una función didáctica, propone una finalidad diferente, cuasi-independiente del ofrecimiento del Sacrificio. El uso de denominaciones como "Liturgia de la Palabra" y "Liturgia de la Eucaristía" subraya el problema existente: es como si hubiera dos liturgias pegadas una con otra[41]. Rara vez se las une con la obvia conexión de estar ambas relacionadas con la misma *fiesta*, ya que el nuevo leccionario prefiere ignorar a los

---

[39] Buscar ejemplos y comentarios en Miller, "Bible by the Pound."

[40] El P. Spataro observa: "Aunque tenía la laudable intención de ofrecer una lectura semi-continua de la Sagrada Escritura en su totalidad [sic], este ciclo termina "desaprovechando" una gran cantidad de textos que el laico común no puede recordar y, a veces, no puede ni oír, no sólo por la longitud y dificultad de algunos pasajes, sino también porque son leídos por lectores insuficientemente preparados para su tarea, escogidos por obediencia a la igualdad exigida por una defectuosa interpretación de *actuosa participatio*. Longitud y mala dicción son signos de vulgaridad no de belleza" (*In Praise of the Tridentine Mass*, 114).

[41] En realidad, la orientación Eucarística de la proclamación de las Escrituras, lejos de haberse "renovado", se ha invertido por la reforma litúrgica; a menudo la Eucaristía misma es considerada un mero signo, un símbolo colectivo de "reunirse en nombre de Dios". Es como si la Liturgia de la Eucaristía hubiera caído al campo gravitacional de la Liturgia de la Palabra, con la realidad de la carne y sangre de Cristo reducida al estatuto conceptual de signo de identidad y de pertenencia. La proliferación de las "celebraciones de la Palabra de Dios", ie., de liturgias en ausencia de un sacerdote que terminan *pareciendo* una Misa a los fieles no bien instruídos (debido a que hay lectura de las Escrituras seguidas de la Comunión) no hace más que favorecer este proceso de gravitación al revés. Si ha de haber una celebración sin sacerdote, se debiera tomar más bien la forma del Oficio Divino, la original y auténtica "Liturgia de la Palabra".

santos en su avance por los libros de las Escrituras. No ha sido tampoco común juntar las dos liturgias mediante ciertas prácticas ceremoniales que muestran que el canto de las Escrituras es una fase en el camino hacia Jerusalén y la colina del Calvario[42].

Tercero, a la luz de esta crítica estamos en mejores condiciones para reconocer que la Misa tradicional tiene, desde muchos puntos de vista, un leccionario superior. Los católicos que aman el rito romano no debieran tener temor de defender esta ventaja. Tenemos un magnífico tesoro que preservar y que compartir generosamente con los demás católicos, a pesar del escándalo de algunos de los que nos persiguen.

Cuarto, las lecturas de la actual Misa tradicional son menos variadas y menos numerosas que lo que han sido en diversos momentos en la historia del rito romano, y no hay ninguna razón porqué el ciclo anual no pudiera ser razonablemente enriquecido con lecturas diarias para ciertos tiempos y con apropiadas nuevas lecturas para las fiestas de ciertos santos y para algunos Comunes, siempre que se respete escrupulosamente y se mantenga las lecturas ya existentes[43]. De este modo se mantendría la primacía del año litúrgico y la coherencia del ciclo santoral, y no quedaría comprometida ninguna sana tradición ni ningún bien espiritual. Pero *hoy* no parece en absoluto ser el momento de emprender esta tarea. Quienes aman la liturgia romana clásica aprecian la estabilidad y serenidad del antiguo misal y con toda razón quieren evitar nuevas convulsiones, mientras los que tienen a su cargo las cuestiones litúrgicas en la Iglesia se obstinan en la defensa, a toda costa, de las novedades de las décadas de 1960 y 1970. En resumen: nuestra situación no es favorable ni para la preservación de la tradición ni para su legítimo y prudente desarrollo. Simpatizo con quienes dicen que necesitamos tranquilidad, un tiempo de

---

[42] Ver Lucas 9, 51.

[43] Es justo reconocer que hay ganancias en el nuevo leccionario: la espléndida selección de lecturas de los profetas para las ferias de Adviento, la selección de lecturas para las ferias del Tiempo Pascual, y la feliz conexión entre perícopas del Antiguo Testamento y del Nuevo. Pero estas ganancias se han obscurecido por todos los demás problemas que hemos visto en este capítulo, por lo que no se puede decir que el nuevo leccionario "sale victorioso". En verdad, la oportunidad para un razonable enriquecimiento del antiguo misal fue desperdiciada por la destructiva mentalidad del *Consilium*, y puede que pase mucho tiempo antes de que haya suficiente paz en la Iglesia como para abordar de nuevo esta cuestión.

descanso en que podamos redescubrir la liturgia tradicional de la
Iglesia y regocijarnos con ella, alejando de nuestra mente la idea
de cambios. Una especie de alternativa transitoria es *Benedictus*,
de Sophia Institute Press, apoyo litúrgico que incluye no sólo los
textos de todas las Misas necesarios para un mes, sino también
meditaciones saturadas de Escritura sobre las fiestas y la liturgia.
De esta forma se puede extender de a poco su conocimiento de
la Biblia, junto con el misal tal como está[44].

Quinto, los pastores que tienen a su cargo comunidades de *usus
antiquior*, deben promover la *lectio divina* y los estudios bíblicos,
y no temer fundamentar su predicación en la Sagrada Escritura,
sin descuidar los textos del misal, los catecismos aprobados y
otras clásicas fuentes homiléticas. La firme integración de los
Propios de la Misa a menudo facilita cumplir lo dispuesto por el
Concilio en orden a que "las fuentes principales de la predicación
serán la Sagrada Escritura y la *Liturgia*"[45]. ¡Qué pocas veces se
oye homilías o sermones que comenten algo de los textos de la
Misa, ya sea del Propio del día, ya sea del *Ordo Missae*! Es raro
que, fuera de Bautismos, Primeras Comuniones y otras ocasiones
especiales, los sacerdotes se inspiren en temas contenidos en el
inmenso tesoro de la propia liturgia.

Por último, la parroquia católica, como la vida de todo católico, debiera contemplar una variedad de formas de oración y un
espacio para la educación. El gran aumento en cantidad de las
Escrituras en la Misa refleja una mentalidad que ve la Misa como
el único tiempo en que los católicos se acercan a la iglesia o la
Biblia, por lo que se es compelido a hacer entrar apretadamente
en ese tiempo lo más posible. Esta mentalidad obviamente des-
cuida el papel del Oficio Divino, que ha sido siempre una liturgia
dedicada a la Palabra de Dios y merece un lugar importante, por
ejemplo, en las Vísperas públicas. Además, nada puede sustituír
a la formación extra-litúrgica en las clases de catecismo, en los
grupos de oración, en los estudios bíblicos, mediante panfletos,
libros, y DVD distribuídos a los fieles e incluso mediante boletines

---

[44] Si alguna vez se nombrara una comisión para recomendar y aumentar
la selección de lecturas para las ferias y fiestas, debería estar compuesta por
monjes contemplativos tradicionalistas, que viven, respiran, comen y duer-
men con las Escrituras, quienes se tomarían un largo tiempo antes de hacer
sus recomendaciones, en vez de agredir con enormes innovaciones en unos
pocos años de vértigo, que es lo que ocurrió a fines de la década de 1960.
[45] *Sacrosanctum Concilium*, n° 35.2.

que estén bien escritos. La educación y la piedad bíblica de los fieles no es un peso con que la Misa, como tal, deba cargar, aparte de no estar bien preparada para ello. Su finalidad es mucho más grande: la glorificación de Dios en el supremo sacrificio de Cristo y la santificación del pueblo en comunión con Aquel que es la Palabra hecha carne.

MUESTRA A

Propios de la Misa para la fiesta de Santa Teresa de Lisieux (MR 1962, octubre 3)

Introito Cantar 4, 8-9; Salmo 112, 1	*Veni de Líbano, sponsa mea, veni de Líbano, veni: vulnerásti cor meum, soror mea sponsa, vulnerásti cor meum. Laudáte, púeri, Dóminum: laudáte nomen Dómini. Gloria Patri, et Filio, et Spiritui Sancto... Veni de Líbano...*	Ven del Líbano, esposa mía, ven conmigo del Líbano, me has arrebatado el corazón. Alabad, siervos del Señor, alabad el nombre del Señor. Gloria al Padre y al Hijo y al Espíritu Santo... Ven del Líbano...
Colecta	*Oremus. Dómine, qui dixísti: Nisi efficiámini sicut párvuli, non intrábitis in regnum cælórum: da nobis, quæsumus; ita sanctæ Terésiæ vírginis in humilitáte et simplicitáte cordis vestígia sectári, ut præmia consequámur ætérna. Qui vivis et regnas...*	Oh, Señor, que dijiste: Si no os volvéis como niños, no entraréis al reino de los cielos: danos, te pedimos, seguir de tal modo las huellas de la virgen Santa Teresa por la humildad y sencillez de corazón que consigamos los premios eternos. Tú que vives...
Epístola Isaías 66, 12-14	*Léctio Isaíæ Prophétæ. Hæc dicit Dóminus: Ecce ego declinábo super eam quasi flúvium pacis, et quasi torréntem inundántem glóriam géntium, quam sugétis: ad úbera portabímini, et super génua blandiéntur vobis. Quómodo si cui mater blandiátur, ita ego consolábor vos, et in Jerusalem consolabímini. Vidébitis, et gaudébit cor vestrum, et ossa vestra quasi herba germinábunt, et cognoscétur manus Dómini servi ejus.*	Lección del Profeta Isaías. He aquí que voy a derramar sobre ella la paz como un río, y como un torrente desbordado la gloria de los gentiles. Vosotros mamaréis su leche, seréis llevados en brazos y acariciados sobre sus rodillas. Como aquél a quien consuela su madre, así os consolaré Yo a vosotros, seréis consolados en Jerusalén. Al verlo realizado, se alborozará vuestro corazón y vuestros huesos florecerán como la hierba; se hará manifiesta la mano del Señor en favor de sus siervos.
Gradual Mateo 11, 25; Salmo 50, 5	*Confíteor tibi, Pater, Dómine cæli et terra: quia abscondísti hæc a sapiéntibus, et prudéntibus, et revelasti ea párvulis. Dómine, spes mea a juventúte mea.*	Te alabo, Padre, Señor de cielos y tierra, porque escondiste estas cosas a los sabios y prudentes y las revelaste a los pequeñuelos. Señor, Tú eres mi esperanza desde mi juventud.

Alleluia Ecles. 39, 17-19	*Allelúia, allelúia. Quasi rosa plan-* *táta super rivos aquárum fructifi-* *cáte: quasi Líbanus odórem suavitátis* *habéte: floréte flores, quasi lílium, et* *date odórem, et frondéte in gratiam,* *et collaudáte cánticum, et benedícite* *Dóminum in opéribus suis. Allelúia.*	Aleluya, aleluya. Fructificad como rosa plantada junto a las corrientes de aguas: como el Líbano derramad suaves fragan- cias; floreced flores, como el lirio, y dad olor; dilataos en gracia; cantad cánticos, y bendecid al Señor en sus obras. Aleluya.
Evangelio Mateo 18, 1-5	*In illo témpore: Accessérunt dis-* *cípuli ad Jesum, dicéntes: "Quis,* *putas, major est in regno cælórum?"* *Et ádvocans Jesus párvulum, stá-* *tuit eum in médio eórum, et dixit:* *"Amen dico vobis, nisi convérsi fué-* *ritis, et efficiámini sicut párvuli, non* *intrábitis in regnum cælórum. Qui-* *cúmque ergo humiliáverit se sicut* *párvulus iste, hic est major in regno* *cælórum."*	En aquel tiempo: Se acercaron a Jesús los discípulos, diciéndole: ¿Quién será el mayor en el reino de los cielos? Y llamando Jesús a un niño, lo puso en medio de ellos y dijo: Yo os aseguro que, si no os volvéis y hacéis semejantes a los niños, no entraréis en el reino de los cielos. Cualquiera, pues, que se humille como este parvulito, ése será el mayor en el reino de los cielos.
Ofertorio Lucas 1, 46-49	*Magníficat ánima mea Dóminum:* *et exsultávit spíritus meus in Deo* *salutári meo: quia respéxit humili-* *tátem ancíllæ suæ: fecit mihi magna* *qui potens est.*	Mi alma engrandece al Señor, y mi espíritu se regocija en Dios, mi Salvador; porque se dignó mirar la humildad de su esclava: ha hecho en mí cosas grandes el que es poderoso.
Secreta	*Sacrifícium nostrum tibi, Dómine,* *quæsumus, sanctæ Terésiæ vírginis* *tuæ precátio sancta concíliet: ut in* *cujus honóre solémniter exhibétur,* *ejus méritis efficiátur accéptum. Per* *Dóminum...*	Te rogamos, Señor, que reco- miende nuestro sacrificio la ora- ción de la santa Virgen Teresa, y que al ofrecerlo solemnemente en su honor, por sus méritos sea acepto. Por Nuestro Señor...
Comu- *nión* Deute- ronomio 32, 10-12	*Circumdúxit eam, et dócuit: et* *custodívit quasi pupíllam óculi sui.* *Sicut áquila expándit alas suas, et* *assúmpsit eam, atque portávit in* *húmeris suis. Dóminus solus dux* *ejus fuit.*	La guió y le enseñó, y la guardó como la pupila de sus ojos. Cual águila expandió sobre ella sus alas, la tomó y la llevó en sus hombros. El Señor fue su único guía.
Postco- *munión*	*Illo nos, Dómine, amóris igne cæléste* *mystérium inflámmet quo sancta* *Terésia virgo tua se tibi pro homíni-* *bus caritátis víctimam devóvit. Per* *Dóminum...*	Señor, que el celestial misterio nos inflame con aquel fuego de amor con el que tu santa Virgen Teresa se te ofreció como víctima de caridad por los hombres. Por Nuestro Señor...

MUESTRA B

Permeación de la Misa por la Biblia (MR 1962, Domingo Laetare, Misa solemne)

Asperges	Salmo 50, 9,1 (Asperges me); Salmo 84, 8 (Ostende nobis); Salmo 101, 2 (Domine, exaudi)
Oraciones al pie del altar	**Salmo 42** (Iudica me) Salmo 123, 8 (Adiutorium nostrum) Salmo 84, 7 (Deus tu conversus) Salmo 84, 8 (Ostende nobis) Salmo 101, 2 (Domine, exaudi)
Antífona de entrada	Isaías 66, 10-11 (Laetare, Jerusalem); Salmo 121, 1 (Laetatus sum)
Kyrie	Salmo 122, 3; Isaías 33, 2; Mateo 20, 30-31; Lucas 17, 13; Judit 7, 20; Ester 13, 15; Tobías 8, 10
Epístola	Gálatas 4, 22-31 (Scriptum est)
Gradual	Salmo 121, 1, 7 (Laetatus sum)
Tracto	Salmo 124, 1-2 (Qui confidunt)
Oración antes del Evangelio	Isaías 6, 6-7 [tetigit os meum]
Evangelio	Juan 6, 1-15 (Abiit Jesus trans mare)
Antífona del Ofertorio	Salmo 134, 3,6 (Laudate Dominum)
Ofertorio de la Misa	Salmo 115, 4 [calicem salutaris] **Exodus 29, 41**; Leviticus 2, 9; 8, 28; 17, 16; Números 15, 7; Efesios 5, 2; Filipenses 4, 18 [odorem suavitatis] **Daniel 3, 39-40** (In spiritu humilitatis) Lucas 1, 11 (a dextris altaris incensi) Apocalipsis 8, 3-4 [ángelus venit] Salmo 32, 22 (misericordia tua super nos) **Salmo 140, 2-4** (Dirigatur, Domine, oratio mea) **Salmo 25, 6-12** (Lavabo inter inocentes)
Sanctus	Isaías 6, 3 (Sanctus); Marcos 11, 10 (Hosanna in excelsis); Salmo 117, 26, Juan 12, 13 (Benedictus qui venit)
Canon romano	{Del complejo tapiz de alusiones bíblicas, he aquí sólo unos pocos hilos} Tobías 8,9, Salmo 49, 14; 49, 23; 106, 22 (sacrifium laudis) Salmo 49, 14; 55, 12; 60, 9; 65, 13; 115, 5 [*redde vota/reddam vota*] Lucas 6, 20; Juan 11,41 (elevatis oculis) Mateo 26, 26; 1 Corintios 11, 25, etc {institución/consagración} Genesis 4, 4; 22, 7-13; 14, 18 {Abel, Abraham, Melquisedec} Efesios 1, 3 [omni benedictione spiritali in caelestibus in Christo] Salmo 50, 3; 68, 16 (multitudinem miserationum tuarum)
Oración del Señor	Mateo 6, 9-13

Agnus Dei	Juan 1, 29 (Agnus Dei, qui tollit)
Oraciones antes de la comunión	Juan 14, 27 (Pacem relinquo vobis) Mateo 16, 16 (Filius Dei vivi) Gálatas 1, 4 (secundum voluntatem... Patris) 1 Corintios 11, 29 [indigne... iudicium]
Oraciones a la comunión	Salmo 77, 4; Juan 6, 31, etc. [panem de coelo] Salmo 115, 4 (nomen Domini invocabo) Mateo 8, 8 (Domine, non sum dignus) Salmo 115, 3-4 (Quid retribuam... Calicem salutaris accipiam) Salmo 17, 4 (Laudans invocabo)
Comunión del pueblo	Juan 1, 29 (Ecce, Agnus Dei) Mateo 8:8 (Domine, non sum dignus)
Antífona de comunión	Salmo 121, 3-4 (Jerusalem, quae edificatur ut civitas)
Placeat tibi	Daniel 3, 40 (Placeat tibi)
Bendición	Genesis 28, 3 [Deus omnipotens benedicat tibi]
Ultimo Evangelio	Juan 1, 1-14 (In principio erat Verbum)

En los días en que hay Gloria, se puede advertir las siguientes referencias bíblicas:

| *Gloria* | Lucas 2, 14 (cp. 19, 38); 2 Crónicas 29, 13; Tobías 8, 17;
Juan 4, 22; Apocalipsis 11, 17; Romanos 8, 34; Efesios 1, 20;
Hebreos 1, 3; Salmo 82, 19; Filipenses 2, 11 |

MUESTRA C

Salmo 34 [35] en la Misa del rito romano

En el usus antiquior (MR 1962)

Viernes de la Semana de Pasión	Gradual (Salmo 34, 20, 22)	Me hablaban de paz mis enemigos; pero encendidos en ira, me causaban problemas. Tú lo viste, Señor, no te calles.
Sábado de la Semana de Pasión	Gradual (Salmo 34, 20, 22)	Me hablaban de paz mis enemigos; pero encendidos en ira, me causaban problemas. Tú lo viste, Señor, no te calles.
Lunes Santo	Introito (Salmo 34, 1-3)	Juzga, Señor, a los que me persiguen, rinde a los que me combaten; toma las armas y el escudo, y levántate a defenderme, fortaleza y salvación mía. Desenvaina la espada y acaba con los que me persiguen; di a mi alma: Yo soy tu Salvación.
	Gradual (Salmo 34, 3, 23)	Levántate, Señor, y hazme justicia; Dios mío y Señor mío, defiende mi causa. Desenvaina la espada y acaba con los que me persiguen.
	Comunión (Salmo 34, 26)	Sean avergonzados y confundidos juntamente los que se gozan en mis males; véanse confusos y avergonzados los que me calumnian.
Martes Santo	Gradual (Salmo 34, 13, 1-2)	Cuando me molestaban mis enemigos, me vestía de cilicio, y afligía mi alma con el ayuno; y mi oración volverá de nuevo a mi seno. Juzga, Señor, a los que me dañan, rinde a los que me combaten, toma las armas y el escudo, y levántate en mi defensa.
Septiembre 15 (Siete Dolores de BVM)	Gradual (Salmo 34, 20, 22)	Me hablaban de paz mis enemigos; pero encendidos en ira, me causaban problemas. Tú lo viste, Señor, no te calles.
Septiembre 18 (San José de Cupertino)	Ofertorio (Salmo 34, 13)	Cuando me molestaban mis enemigos, me vestía de cilicio, y afligía mi alma con el ayuno; y mi oración volverá de nuevo a mi seno.

En el usus recentior (MR 1970/2008)

Lunes Santo	Introito (Salmo 34, 1-2)	Juzga, Señor, a los que me dañan, rinde a los que me combaten, toma las armas y el escudo, y levántate en mi defensa.

7

Por qué rezamos en latín

*"La Misa se dice en una lengua
extranjera. No puedo seguirla".*

EL TEMA DE LA LENGUA EN QUE DEBE REA-
lizarse una liturgia cristiana es una cuestión más complicada que lo que mucha gente cree a primera vista. A
medida que el racionalismo nos lava el cerebro, tendemos a
suponer que el único propósito del habla, de usar palabras, es
comunicar ideas entre los seres humanos. El lenguaje tiene una
función utilitarista; esto sería lo único que lo justifica.

Por cierto, es verdad que usamos palabras para transmitir ideas
e informaciones. Pero el lenguaje tiene funciones más excelsas.
La poesía, para tomar un excelente ejemplo, presta atención
a la belleza, al sonido, a las asociaciones, y a los intrincados
significados internos del lenguaje; se la entiende como un testimonio y una revelación de algo del misterio del ser. Por eso es
que, a menudo, es más difícil de captar, pero es más gratificante
a medida que se la entiende, y por eso es que la poesía, en sus
mejores momentos, alcanza lo inefable o no expresable, o sea,
un pensamiento o una visión o una experiencia que no puede
ser capturada en palabras. O piénsese en las rimas infantiles, las
canciones de cuna y las canciones sin sentido que cantamos a
los niños pequeños para entretenerlos o hacerlos dormir. Aquí
no se trata de la comunicación de un significado bien definido,
sino de unión, confort, seguridad, simple delicia. El lenguaje se
hace aquí un vehículo de sentimientos y sensaciones. La oración,
al menos la oración pública formal, comparte algunas de estas
propiedades trans-comunicativas, especialmente en el ámbito de
las llamadas lenguas sagradas, que voy a explorar en este capítulo.
Como dice Michael Fiedrowicz:

"A fin de comprender la esencia y significado de una lengua
sagrada, es importante tener presente que el lenguaje posee
múltiples funciones. Primero, es un medio de comunicación
que permite la transmisión de pensamientos o de información.
Aquí la inteligibilidad es vital. Además de esto, sin embargo, el

lenguaje es una forma de expresión. Por medio del lengauje el hombre puede expresar sus sensaciones y experiencias, y aun su ser entero. Así, por ejemplo, cantar una canción no transmite información, sino que expresa sentimientos, crea una atmósfera y produce compañerismo. Considerada desde la lingüística, la oración pertenece más al ámbito de la expresión que al de la comunicación. Esto se aplica no sólo a la oración personal sino también a la colectiva. En la medida en que el lenguaje sagrado en la liturgia está dirigido en primer lugar a Dios, no apunta especialmente a impartir información, en el sentido de la comunicación humana. Aquí el lenguaje sirve, más bien, como un puente entre el mundo profano y Dios trascendente. El lenguaje sagrado, como habla simultáneamente humana y habla estilizada, busca crear una atmósfera que refleje y evoque una cierta actitud religiosa en aquéllos que oran"[1].

Es, naturalmente, bueno que el ministro que eleva una oración litúrgica comprenda lo que está diciendo. Sin embargo, cuando lo consideramos como una oración *de la Iglesia* que se presenta a *Dios Altísimo*, podemos decir con confianza que su propósito principal no es ser comprendida por los hombres -como si la finalidad de pronunciar una oración fuera ser captada por quien la recita o por quienes la oyen- sino, más bien, la humilde y eficaz súplica hecha a Dios: *El*, o su gracia y bendición, es el propósito de la oración. Desde esta perspectiva, lo que más importa es, evidentemente, el contenido objetivo, la bondad, la ortodoxia, las credenciales tradicionales (por decirlo así) de la oración misma, y no importa tanto si el que la dice o los que la oyen captan el contenido en plenitud. Esta concepción radicalmente teocéntrica de la oración concuerda con la posición hacia el oriente, la separación del sacerdote del pueblo en cuanto su mediador, el ceremonial regio y protocolar con su ritual fijo, y la insistencia en la repetición. En otras palabras, supuesto todo lo que hemos visto hasta aquí, debe sin duda alguna esperarse que la liturgia tenga también un lenguaje especial y elevado, que le sea propio.

Además, si existe un contenido específico que comunicar, el uso del latín para hacerlo no es, absoluto, un obstáculo insuperable para su comprensión. Como lo explica el Dr. Joseph Shaw:

---

[1] Fiedrowicz, *The Traditional Mass: History, Form, and Theology of the Classical Roman Rite* (Angelico Press, 2020), 155.

"Ni la inaudibilidad ni el uso del latín crean obstáculos, en la práctica, entre el fiel y la liturgia para la comprensión, ya que los miembros de la congregación pueden consultar su misal personal, o algún folleto o su teléfono "smartphone" para saber exactamente lo que se está diciendo, traducido a una gran variedad de lenguas. Lo que sí hace el latín es señalar que la liturgia es algo especial y diferente de la vida ordinaria. Cuando entramos en la, diremos, "zona latín", entramos en un espacio espiritual. De este modo, el latín refuerza poderosamente la atmósfera creada por la arquitectura y los accesorios de un edificio eclesiástico, por las vestiduras especiales usadas por el clero, el tipo diferente de música apropiado para la Misa, etc. El latín de la Misa no fue nunca, en realidad, la lengua de la calle o de quien habla en público. No sólo es, a menudo, florido y poético, sino que está fuertemente influído por el griego y el hebreo, y recurre extensamente a las repeticiones y a los arcaísmos. Siempre se quiso que fuera como lo que es: una lengua diferente, sagrada, para ser usada sólo en la liturgia.

"No hace falta entender el texto latino palabra por palabra, tal como es dicho, para darse cuenta del carácter solemne con que reviste a la liturgia, y para conmoverse con ello. El significado del texto puede estar puesto inmediatamente a disposición del fiel en un libro o folleto, pero lo que tiene gran valor es *la forma* en que se da el texto, el hecho de ser proclamado en una lengua antigua y sagrada, de grandeza y gravedad únicas"[2].

Todo esto no debiera ser sino cosa de sentido común. Hay mucho en una liturgia solemne que eleva el alma y atrae el corazón, en situaciones en que la comprensión verbal y racional es limitada. Como escribe Robert Shaw en otro lugar: "Una onza de devoción vale lo que una tonelada de comprensión intelectual. Y esta afirmación resume la posición tradicionalista en pro de la preservación de la antigua liturgia"[3]. La historia de las misiones

---

[2] Shaw, *Sacred and Great*, 29–30, 32. Sobre la interconexión entre lo incomprensible del misterio, el uso de una lengua antigua, la excepcionalidad de antiguos ritos y el involucramiento del subsconciente, ver los agudos comentarios de Rudolf Otto, *The Idea of the Holy* (Oxford University Press, 1958), 64–65. Para más argumentos contra la idea de que el latín cristiano no era más que "el vernáculo de la época" (y, por tanto, que la liturgia debiera hablar el vernáculo de lugar y tiempo determinado), ver "Was Liturgical Latin Introduced As — and Because It Was — the Vernacular?," in Kwasniewski, *Illusions of Reform*, 114–22.

[3] Shaw, *Latin Mass and the Intellectuals*, 47

proporciona muchos ejemplos de cómo ciertos pueblos que no hablaban latín han sido atraídos al cristianismo, en parte gracias a las impresionantes ceremonias litúrgicas que han contemplado. Volveré en un momento a esta idea.

PREDICAR CON PALABRAS Y CON SIGNOS

La Fiesta de Pentecostés es tan grande para la Iglesia que se celebró con una octava (ocho días consecutivos) en el rito latino a partir del siglo VI, costumbre que continúa hoy donde quiera que se usa el rito romano y, lo que es más, dio su nombre al tiempo más largo del año, el de los "domingos después de Pentecostés", que pueden llegar a ser veintiocho y se distinguen por los paramentos verdes, símbolo de abundancia de vida y de fecundidad.

Cierto amigo me dijo lo que ocurrió cuando alguna vez expresó su amor por la Misa tradicional a un diácono de determinada generación, quien le respondió airadamente: "Pentecostés prueba que los apóstoles hablaron a cada cual en *su lengua propia y particular*, que no era latín". Esta afirmación corresponde a una elemental incomprensión de lo que es Pentecostés y el don de lenguas. Lo que los Hechos de los Apóstoles prueban es que los Apóstoles *predicaron* al pueblo en muchas lenguas. No hay nada en la narración de Pentecostés respecto al culto en el templo o en la sinagoga, o a la liturgia Eucarística y al Oficio Divino, que se desarrollaron a partir de los dos primeros y los reemplazaron. Y hasta donde se sabe, la costumbre ha sido siempre predicar en vernáculo en la Misas tradicionales, excepto en medios altamente cultos. El don de lenguas es un don en pro de la evangelización, de la apologética y de la catequesis, no del culto litúrgico.

Además, conviene señalar que con ser la predicación todo lo útil que es, la Iglesia desarrolló, a lo largo del tiempo, otras formas de expresión, que demostraron ser tan efectivas, o más, que la predicación en la evangelización. El historiador Daniel Wasserman-Soler, habiendo explicado cómo los misioneros usaron las lenguas vernáculas en el Imperio español del siglo XVI, dice:

"Debemos abandonar la difundida suposición moderna… que se hizo famosa por la Reforma Protestante… de que la palabra escrita y hablada constituye el modo fundamental y mejor para que los pueblos aprendan una religión. Los primeros obispos de Ciudad de México, Guatemala y Oaxaca indicaron al rey Carlos I que los sermones no parecían ser la clave de la conversión de los nativos americanos: "Confirmamos a Su Majestad que los nativos se edifican muchísimo más por el culto devoto, las ceremonias y las grandes obras de arte, que por los sermones". Así, para muchos clérigos la combinación de vívidas obras de arte, de fragante incienso, de sentido de inclusión en una comunidad, y de ejemplos de clérigos de vida piadosa, imitadora de Cristo, demostraron ser una fuerza más poderosa en la conversión religiosa que la sola predicación"[4].

Todo esto es, de algún modo, perfectamente obvio una vez que se lo expresa, pero hoy hay tanta gente, atrapada sin saberlo por el racionalismo, que no reconoce cuánto se comunica mediante el lenguaje no-verbal, como también mediante los elementos emocionales y supra-racionales del propio lenguaje.

El lenguaje no es jamás "sólo" lenguaje; su historia cultural, los rasgos y asociaciones que despierta, su mero *sonido* en el oído, todo ello es transmitido y a menudo produce un impacto tan grande o aún mayor, que su contenido conceptual. Desde el instante en que oímos *"In nomine Patris, et Filii, et Spiritus Sancti, Amen. Intoibo ad altare Dei"* se nos traslada a un lugar diferente; es casi como cuando los ángeles toman al profeta Habacuc por el pelo y lo trasladan a Babilonia, salvo que aquí el traslado es en la dirección contraria: el fiel es acarreado desde Babilonia a la Tierra Prometida, desde el valle de lágrimas al santo de los santos[5].

---

[4] Wasserman-Soler, *Truth in Many Tongues: Religious Conversion and the Languages of the Early Spanish Empire* (Penn State University Press, 2020), 166–67. Carolina Arminteros, experta en el pensamiento de Joseph de Maistre, observa que para éste "la evangelizacion es menos una actividad informativa que una misión que se realiza "predicando con acompañamiento de música, de pinturas, de ritos solemnes y de toda la demostración de la fe sin argumentación". Como mejor se alimenta el espíritu cristiano es con valores y tradiciones materializadas en las instituciones eclesiásticas y transmitidas por el latín. Que el *vulgus* no las entienda plenamente no importa mucho, ya que el desarrollo moral y el espiritual proceden no tanto de la comprensión intelectiva de las cosas espirituales como de vivir, sentir y poner en práctica las verdades espirituales" (citado por Shaw, *Latin Mass and the Intellectuals*, 26n20); y, en términos de Sebastián Morelo: "Frente al supuesto racionalista de que la evangelización se realiza cuando todo está entendido, formulado, explícitamente comprendido y vernacularizado, Maistre entiende la evangelización como algo que nace del hábito, de la devoción, de los sentimientos piadosos, de la cultura sacra, del misterio y del maravillamiento" (Shaw, 27).
[5] En cuanto a la "atmósfera sagrada", se puede agregar que la concentración, la disciplina y la seriedad de la congregación en una Misa tradicional es apoyada y apoya, a su vez, el ambiente creado por la liturgia al interior de

Fiedrowicz escribe: "Aquí la Iglesia demuestra también tener una total comprensión de la naturaleza humana, porque de este modo ayuda a las fieles a alejarse de su habla cotidiana, en que cada palabra se refiere a realidades profanas, y a sentir, incluso sensiblemente, al "totalmente Otro", que es lo que busca toda piedad. La lengua sagrada extiende un delicado velo sobre las verdades de la fe, que protege el misterio sagrado y evita la apresurada comprensión. Una lengua que no se entiende normalmente sugiere a los fieles que están ante un misterio que escapa a una total transparencia. En contraste con ello, el lenguaje vernáculo fabrica malamente una comprensión que es absolutamente irreal"[6].

En los últimos sesenta años de caprichosas reformas litúrgicas y abusos, se ha puesto demasiado énfasis en el vernáculo (el lenguaje propio que habla un grupo de personas), como si ello fuera la clave mágica para la participación. Pero no lo es. Primero, el vernáculo excluye a cualquiera que no lo habla, y ello se refiere a personas que hablan en un registro de lenguaje inferior, y también a los grupos olvidados cuya educación los equipa para captar registros más elevados como más apropiados al culto, y que se irritarán con traducciones a tonalidades modernas chatas, tediosas, grises[7].

Lo que los reformadores parecen haber olvidado es que existe un "vernáculo" no-verbal universal, accesible a toda la humanidad: el lenguaje de los símbolos. Se trate de colores, acciones, sonidos, olores u otros signos religiosos, este vocabulario produce un inmediato (aunque a veces desconcertante) efecto en la conciencia: muestra reverencia sin mencionarla; pena o alegría sin expresarlas con palabras trilladas o difíciles. Una casulla negra, cirios color crudo, un catafalco y la repetición de *"Requiem aeternam"* nos comunican, instantáneamente, el significado de la liturgia por los muertos, mucho mejor que cien libros escritos al efecto.

El latín litúrgico es "extraño" en el sentido de que no es algo cotidiano, familiar, fácil, a nuestro nivel o a nuestra disposición;

---

ella; un caso clásico de retroalimentación. Como con el huevo y la gallina, *hay* una respuesta a qué es primero: es la naturaleza objetiva de la liturgia, con sus ceremonias, con su lenguaje, su música y sus silencios, que exigen a su vez un comportamiento que se le adecúe. Si falta una objetividad estable y obligatoria, la respuesta conductal será al azar y fláccida (lo que la gente denomina "creativa" y "relajada").

[6] Fiedrowicz, *The Traditional Mass*, 163, 164, 165.
[7] Este grupo se siente naturalmente atraído a la liturgia del Ordinariato Anglicano, si es que la encuentran.

más bien, evoca la trascendencia y majestad de Dios, la universalidad de su Reino, las antiquísimas profundidas de la fe. A lo largo del tiempo, identificamos esta lengua puesta aparte como una señal de honor, la experimentamos como algo que promueve el respeto y la consideramos como una invitación a la oración. Cuando nos sumergimos en una piscina, en el momento en que tocamos el agua nos damos cuenta -no intelectual sino visceralmente- de que estamos en un medio nuevo y tenemos que nadar. Así también, cuando oímos el latín recitado o cantado, nos damos cuenta de que estamos en un medio nuevo y tenemos que orar. A veces lo haremos con palabras latinas, una vez que nos familiarizamos con ellas; otras veces, oramos con una traducción; en otras oportunidades usamos nuestras propias palabras, las que se elevan desde nuestro corazón. Todo esto es legítimo, porque lo que importa es que *oremos*; "donde está el Espíritu del Señor, hay libertad"[8].

LA "LENGUA SAGRADA" COMO FENÓMENO UNIVERSAL

Lejos de ser una peculiaridad de la Iglesia de Occidente, la costumbre de usar una lengua sagrada en los ritos religiosos es prominente en la historia de la salvación, como indica Shaw:

"La tradición del canto gregoriano deriva del Templo de Jerusalén, donde sabemos que se empleaba cantantes profesionales (2 Crónicas 5, 15); el uso del latín recuerda el uso del hebreo como lengua sagrada, cuando el habla [cotidiana] del pueblo judío ya era el arameo; el énfasis que pone la liturgia tradicional en el sacerdote, el altar y el sacrificio rememora la atmósfera del antiguo culto judío, cosa que a veces advierten los judíos conversos. . .

"Como judíos, [los apóstoles] aprendieron a orar y cantar los salmos en hebreo, lo mismo que en su lengua materna. En las Escrituras no se encuentra ninguna crítica del lenguaje sagrado, y las liturgias más antiguas no estuvieron en absoluto compuestas en el lenguaje de la calle. En las zonas en que se hablaba griego, la Iglesia pudo usar el registro sagrado de la traducción septuaginta de la Biblia: una forma característica de lengua griega, antigua de dos siglos y llena de hebraísmos. La liturgia en latín no surgió sino cuando las traducciones de la Biblia al latín dieron lugar a un fenómeno similar y, cuando lo hicieron, nos encontramos con una liturgia en un latín sagrado que poseía un vocabulario especializado,

---

[8] 2 Corintios 3, 17.

lleno de arcaísmos, palabras tomadas en préstamo y otras peculiaridades; del mismo modo, la liturgia copta es una lengua arcaica entreverada de griego y escrita con caracteres griegos. En cuanto al eslavónico eclesiástico y al Misal glagolítico, su origen e historia no se puede reducir a la simple idea de "lengua al uso en aquel tiempo" y, en todo caso, rápidamente se convirtió en lengua litúrgica para un pueblo que no lo comprendía cabalmente"[9].

Podemos, efectivamente, ver que todas las iglesias cristianas antiguas desarrollaron una lengua y un uso sagrados para el culto: la Iglesia ortodoxa griega todavía usa el griego *koiné*, los rusos usan el eslavónico eclesiástico, los etíopes usan el Ge'ez, los coptos, el copto literario, etc. El hecho que algunos cristianos orientales han adoptado el vernáculo moderno es una anomalía histórica que no debe tomarse como normativa, aun cuando tampoco debemos condenarlo. El ámbito cristiano oriental ha tenido siempre una mucho mayor diversidad lingüística que el occidental, que permaneció incondicionalmente fiel al latín por más de 1.600 años, período de uso de una sola lengua cultural más largo que lo que se puede encontrar en cualquier otra tradición religiosa, con la excepción del hebreo por los judíos y del griego por los ortodoxos griegos[10]. No debe sorprendernos el hecho de que se haya desarrollado la idea de que las tres grandes lenguas sagradas son el hebreo, el griego y el latín, a partir de la triple inscripción que Pilato puso en la Cruz de Nuestro Señor Jesucristo.

En realidad, el uso de una lengua separada especialmente para los ritos religiosos se extiende más allá de los límites del judaísmo y de la cristiandad apostólica, como lo explica Fiedrowicz:

---

[9] Shaw, "The Novus Ordo at 50: Loss or Gain? A Reply to Prof. Mary Healy," *Homiletic & Pastoral Review*, 10 de febrero 2020.

[10] Aparte del hecho de que no todos los cristianos orientales usan lenguas vernáculas, la enorme diversidad de las Iglesias orientales parece exigir una pluralidad de lenguas de un modo que no sucedió nunca en el "Occidente latino". Con algunas pocas excepciones, como el rito glagolítico en Dalmacia los católicos romanos celebraron el culto público, sin interrupción durante un milenio y medio, en una sola lengua, universal y venerable. Romper la unidad de esta lengua significó quebrar su simbolismo y transmitir el mensaje de que la liturgia es un artefacto meramente humano, sujeto a los caprichos de un concilio libre pensador, o de un papa monárquico, o de un comité de agitadores. La transición súbita y universal al vernáculo en el culto de la Iglesia católica romana no es una concesión a las necesidades modernas, sino una expresión de la autonomía o autodeterminación modernos, del espíritu democrático y de la negativa a someterse a la tradición.

"El fenómeno de una lengua sagrada se encuentra en todas las religiones. Los griegos usaron una lengua así en los oráculos de los tiempos antiguos, y se la puede encontrar en las oraciones de los paganos romanos, cuyas fórmulas datan de una lejana antigüedad, habiéndose hecho en ocasiones incomprensibles incluso para el propio sacerdote, no obstante lo cual se las siguió usando para permanecer fieles a la tradición ancestral. En tiempos de Cristo, los judíos usaban en sus ceremonias la lengua hebraica antigua, aunque ya era incomprensible por el pueblo. En las sinagogas, sólo las lecturas y unas pocas oraciones vinculadas con ellas estaban escritas en arameo, la lengua materna; los grandes textos de las oraciones establecidas se recitaban en hebreo. Aunque Cristo atacó incesantemente el formalismo de los fariseos en otros aspectos, jamás cuestionó esta práctica. Puesto que la Cena Pascual era celebrada principalmente con oraciones hebreas, la Ultima Cena también se caracterizó por elementos de la lengua sagrada. Es posible, pues, que Cristo haya pronunciado las palabras de la consagración Eucarística en la lengua sacra hebrea. Otras religiones mundiales reconocen también lenguas sagradas que difieren del habla cotidiana. Los musulmanes usan el árabe clásico en sus oraciones; los budistas usan el Pali, y los hindúes, el sánscrito.

"Incluso se han desarrollado en el cristianismo diversas lenguas cultuales. Así, los ortodoxos griegos celebran su liturgia en griego antiguo, y los rusos, en eslavónico eclesiástico. Además, se usan el armenio, el copto y el sirio. Aunque originalmente estas eran lenguas vivas, vernáculas, con el paso del tiempo se alejaron cada vez más del habla diaria y asumieron, finalmente, el carácter de lenguas propias del culto. Incluso las ceremonias anglicanas usan el melodioso inglés isabelino, que encontramos en el *Book of Common Prayer*"[11].

Esta notable unidad en la práctica a través de las épocas y de los continentes y culturas, incluso los más alejados entre sí, sin contacto histórico hasta hace poco, es señal de una profunda conciencia común, enraizada en la naturaleza humana, que debemos remitir al cabo a una última fuente divina y a una dimensión espiritual invisible de la realidad de un modo diferente de lo que hacemos con los negocios o los placeres de la vida cotidiana. Fiedrowicz acierta a dar la razón de fondo:

---

[11] Fiedrowicz, *The Traditional Mass*, 153–54.

"Si las lenguas sagradas han existido en numerosas culturas y en casi toda las épocas históricas y siguen existiendo hasta hoy, ello es una expresión de una necesidad humana fundamental. En el trasfondo hay una especial experiencia religiosa que moldea y cambia el habla y el lenguaje: es la experiencia de algo que es sobrenatural, divino, trascendente y absolutamente otro, al cual el ser humano trata de responder usando un lenguaje que se diferencia del habla cotidiana mediante una estilización sagrada. Aquí está el origen de lo que se llama un lenguaje hierático o "sacerdotal". Lejos de levantar una barrera lingüística, el lenguaje sagrado trae a la mente que la religión tiene "algo más" que decir al hombre. El lenguaje sagrado impide que el hombre haga descender lo divino hasta su propio nivel y, en cambio, levanta al hombre hacia lo divino no revelándolo ni exponiéndolo completamente a la comprensión humana, indicando, por el contrario, que se trata de un misterio"[12].

El mismo autor identifica "las características de una lengua sagrada":

"(1) un consciente distanciamiento de las palabras del lenguaje coloquial, que hace que se sienta la "completa otredad" de lo divino; (2) una tendencia arcaizante, o al menos conservadora, a favorecer las expresiones anticuadas y a adherir a ciertas formas de hablar propias de siglos pasados, como conviene al culto de un Dios eterno e inmutable; (3) un uso de palabras extranjeras que evocan asociaciones religiosas como, por ejemplo, las formas hebrea y aramea de las palabras *alleluia, Sabaoth, hosanna, amen, maranatha* en los libros griegos del Nuevo Testamento; y, finalmente (4) estilizaciones sintácticas y fonéticas (e.g., paralelismos, aliteraciones, rimas, y finales rítmicos de sentencias) que claramente estructuran el curso del pensamiento, son memorizables y permiten ser fácilmente recordadas, junto con tender a la belleza tonal"[13].

NIVELES DEL LENGUAJE

Se entenderá mejor por qué el latín es la lengua apropiada y conveniente a la liturgia católica romana si empezamos con una verdad que todo el mundo conoce por experiencia propia: cada vez que una lengua es hablada, lo es en lo que los lingüistas llaman

---

[12] Fiedrowicz, 154.
[13] Fiedrowicz, 154–55.

un "registro", es decir, a un nivel de formalidad, pulimiento o sofistificación, que va desde lo coloquial, casual o vulgar hasta lo poético y complejamente elaborado. Según sus circunstancias y educación, los individuos pueden hablar su lengua materna en diversos registros.

Del mismo modo podemos decir que una lengua puede usarse, *como tal*, en alguno de varios registros diferentes. El argot y ciertas jergas [*pidgin*] están en el rango más bajo[14], en tanto que los vernáculos ordinarios están en un nivel más alto, y reflejan expectativas mucho más altas en lo relativo al uso, la pronunciación, la gramática, el estilo, etc. Lo que se permite al *argot* no se permite en contextos normales, especialmente en la escritura y en las relaciones profesionales. En un grado más alto se encuentran las llamadas *lenguas prestigiosas*. Estas son, por cierto, lenguas maternas para algunas personas, pero son escogidas como segundo o tercer idioma por muchos debido a su prestigio. El francés ha sido una lengua prestigiosa por más de mil años. Durante muchos siglos el latín fue una lengua prestigiosa en Europa, tal como el griego clásico lo fue para los romanos. Adviértase que aquí las expectativas lingüísticas son todavía más altas, ya que estas lenguas son consideradas un signo de educación, de cultura, de urbanidad. Un ruso del siglo XIX hablaba francés para demostrar que era cosmopolita y de clase alta. Más alto todavía, y con el máximo nivel de expectativas, están las *lenguas reservadas* [N. del Tr.: el autor usa aquí la expresión *reserved language* que, desde otras perspectivas científicas, se usa para mentar lenguas en peligro de extinción]. Los ejemplos de éstas que vienen a la mente fueron en alguna época lenguas prestigiosas, estando su uso limitado ahora a propósitos religiosos: el hebreo bíblico, el griego clásico, el sirio, el antiguo eslavónico eclesiástivo y, fuera del ámbito cristiano, el sánscrito y el árabe coránico. Estas son *lenguas reservadas* porque con ellas expresamos reverencia, y han llegado a ser reservadas para contextos sagrados (o están especialmente asociadas con éstos).

Se puede también distinguir entre *lingua franca* y lengua prestigiosa: la primera es adoptada por hablantes de otras lenguas como

---

[14] Se define el *pidgin* como "un medio de comunicación gramaticalmente simplificado que surge entre dos o más grupos que no tienen una lengua común. Lo típico es que su vocabulario y gramática sean limitados y, a menudo, tomados de varias lenguas". https://en.wikipedia.org/wiki/Pidgin.

forma de comunicarse entre sí por razones prácticas, como en el caso de un italiano y de un japonés que usan el inglés en sus transacciones comerciales; en cambio, una lengua prestigiosa es estudiada además por razones de índole cultural. En otras palabras, se puede decidir estudiar una lengua prestigiosa aunque no haya ninguna necesidad práctica de hacerlo. Puesto que las lenguas reservadas provienen siempre de lenguas prestigiosas, no se las usa sólo por razones prácticas. En resumen: los registros más bajos del lenguaje tienden a ser más prácticos, en tanto que los más altos son más culturales, ceremoniales y numinosos.

Reiteremos que el lenguaje no es simplemente cuestión de comunicación práctica, sino que también materializa un pensamiento y una obra de arte, una muy alta expresión de nuestra racionalidad, espiritualidad y trascendencia. No se escribe poesía, por ejemplo, sólo por motivos prácticos. Lo que da prestigio a una lengua prestigiosa es la capacidad de profundidad, de sutileza y de amplitud de expresión que ofrece debido a su rica historia, y esto es todavía más así en las lenguas reservadas, que habiendo sido usadas durante siglos y milenios para la oración, están saturadas de asociaciones sagradas. El lenguaje ha fusionado, en cierto sentido, la acción, el rito, el contenido, y ha llegado a ser un símbolo que sostiene y realza otros símbolos.

Una vez que captamos estas diferencias, podemos ver que la transición del latín desde ser un vernáculo a ser una lengua prestigiosa y a convertirse, finalmente, en una lengua reservada, es un fenómeno natural, que ocurre también en otros lenguajes y que advertimos en todo el mundo y a lo largo de toda la historia.

Ahora bien, cuando una liturgia sagrada es celebrada en una lengua reservada, cualquier cambio en ella será necesariamente un descenso, hablando desde un punto de vista lingüístico; quizá un gran descenso, como ocurriría en el caso de una "vernacularización", que implica un registro más bajo. No sólo se perdería una gran cantidad de contenido conceptual sino que se perdería también todo su ethos, su atmósfera, sus resonancias, sus asociaciones simbólicas y su estatuto sagrado. Se pierde, al cabo, mucho más que una mera lengua: se pierde una cultura, un espacio psicológico, un medioambiente espiritual, y todo un mundo que tiene sus propias raíces históricas, sus cualidades únicas y su rico acervo.

RESPETO POR LA PROVIDENCIA LITÚRGICA DE DIOS

Es impactante considerar lo que los Romanos Pontífices han enseñado sobre el tema del latín. En 1922, el Papa Pío XI escribió: "La Iglesia... por su propia naturaleza requiere un lenguaje que sea universal, inmutable y no vernáculo"[15]. En 1947, el Papa Pío XII declaró en su encíclica *Mediator Dei*: "El uso de la lengua latina, acostumbrado en una considerable parte de la Iglesia, es un signo manifiesto y hermoso de unidad, así como también un efectivo antídoto contra cualquier corrupción de la verdad doctrinal". En 1962, justo en la vigilia del Concilio Vaticano Segundo, el Papa Juan XXIII promulgó solemnemente una Constitución Apostólica, *Veterum Sapientia*, en defensa del latín como la lengua apropiada para los estudios, los documentos y la liturgia de la Iglesia de rito latino. Dice el Papa:

"La lengua usada por la Iglesia debe ser no solamente universal sino también inmutable. Pues si se confiaran las verdades de la Iglesia católica a alguna o a varias lenguas modernas, aunque no fuera ninguna superior a las demás, sucedería ciertamente que, siendo diversas, no aparecería claro y suficientemente preciso el sentido de tales verdades, y, por otra parte, no habría ninguna lengua que sirviese de norma común y constante, que pudiera regular el sentido exacto de las demás. Pues bien, la lengua latina, sustraída desde hace siglos a las variaciones de significado que el uso cotidiano suele producir en las palabras, debe considerarse como fija e invariable...

"Puesto que la Iglesia católica, al ser fundada por Cristo supera en mucho la dignidad de las demás sociedades humanas, es justo que no se sirva de una lengua popular aunque sea noble y augusta. Además, la lengua latina que podríamos llamar con razón católica, al ser consagrada por el continuo uso que ha hecho de ella la Sede Apostólica, madre y maestra de todas las Iglesias, hay que guardarla como un tesoro... de incomparable valor.

"Puesto que el empleo del latín se somete en nuestros días a discusión en muchos sitios, y muchos preguntan cuál es el pensamiento de la Santa Sede a este respecto, hemos decidido dar oportunas normas, que se enuncian en este solemne documento, para que se mantenga el antiguo e ininterrumpido uso de la

---

[15] Pío XI, *Officiorum Omnium*, agosto 1, 1922, citado por Juan XXIII en *Veterum Sapientia*.

lengua latina y, donde haya caído en abandono, sea absolutamente restablecido"[16].

Es conveniente mencionar que esta Constitución, aunque ignorada por progresistas y modernistas e incluso, luego de pasado un tiempo, por los conservadores, no ha sido jamás rescindida ni contradicha por los papas posteriores en ningún documento de rango comparable. Las verdades universales que contiene siguen siendo verdaderas a pesar de la falta de voluntad de los hombres de Iglesia por implementar sus decisiones, tal como las verdades universales contenidas en el motu proprio *Summorum Pontificum* siguen siendo verdaderas a pesar de los esfuerzos del Papa Francisco y del cardenal Roche por suprimir la liturgia tradicional de la Iglesia romana.

No quisiéramos despachar a la carrera los argumentos de los Papas Pío XII y Juan XXIII en cuanto a que el latín salvaguarda la ortodoxia, por lo que nos detendremos en ellos un momento. Ellos se refieren, por cierto, a las tradicionales fórmulas latinas usadas en la liturgia, en la Vulgata, en los Padres de la Iglesia occidental, en los cánones y decretos de los concilios ecuménicos, en el Derecho canónico y en otros documentos magisteriales. Este cuerpo de enseñanzas en latín está asombrosamente bien unificado y mantiene su coherencia a lo largo de los siglos. Cualquiera que sepa latín puede elegir casi cualquier texto latino de una antigüedad superior a los dos mil años y comprenderlo. Este registro de uso continuo y universal de una sola lengua es prácticamente único en la historia humana, y sirve de apoyo a lo que los papas sostienen a su respecto.

Por otra parte, la adaptación de los libros litúrgicos al vernáculo es comprobación, por vía negativa, de lo anterior: hoy nos ahogamos en el mar de ejemplos de traducciones diluídas, erróneas, y teológicamente problemáticas, y surgen continuamente disputas sobre el registro del lenguaje que se ha de usar en las traducciones oficiales. La versión de la Biblia que se ha infligido a los católicos estadounidenses -la Nueva Biblia Americana- no está ni siquiera escrita en correcto inglés sino en "Nabbish"[17]. Ya sea que se hable de textos doctrinales o de textos litúrgicos, el vernáculo tiende a producir un continuo dolor de cabeza, de oídos y de corazón[18].

---

[16] Juan XXIII, *Veterum Sapientia*, con citas internas de Pío XI y Pío XII.

[17] Ver p. # [nota 207].

[18] La guerra comenzada por *Traditionis Custodes* incluye muchas otras cosas, además de la Misa en latín. Francisco ha intentado eliminar todo un modo

El latín es una parte fundamental de la Tradición católica; no es algo que la acompañe desde afuera, sino que le es interior. En realidad, es aquello mediante lo cual se transmitió la Tradición en el mundo de Occidente; es una parte del modo que Dios proveyó para su Iglesia. Aunque todos los modernos estuvieran de acuerdo en que el latín debe ser completamente abolido, no dejaría por ello de ser parte de la Tradición: esto es un hecho incontrarrestable e inmutable. Se lo puede comparar con el celibato. La ley eclesiástica que manda que un sacerdote no puede casarse deriva de la Tradición. Hoy muchos "expertos" dicen que el celibato es la causa de que haya pocos sacerdotes. Junto con el sacerdocio sólo masculino y el diaconado, el celibato es un blanco favorito de los modernistas, y se supone que un católico refinado debiera oponerse a su mantención. Pero es parte de la Tradición y, como tal, irreversible[19]. Desde esta perspectiva el latín es similar al celibato. Aun cuando se lo usa en la liturgia no por mandato divino sino por una ley de la Iglesia, es parte de la Tradición (tal como lo son el griego, el eslavónico, el sirio, el armenio, etc., para las Iglesias orientales), y debe, por tanto, ser preservado, sin tomar en cuenta las modernas opiniones personales.

El error que condujo a la abolición del latín fue neoescolástico y de naturaleza cartesiana, a saber, la creencia de que el contenido de la fe católica no está incorporado o encarnado sino que está de algún modo abstraído de la materia. Así, muchos católicos piensan que la Tradición significa sólo un contenido conceptual que se va dejando en herencia, sin atención al modo en que es transmitido. Pero esto no es verdad. El propio latín es una de las cosas que se van transmitiendo de generación en generación,

---

de ser católico -incluso en el caso de los que no van a la Misa tradicional-; un modo que supone un compromiso con la perenne verdad, con la doctrina inmutable, con los absolutos morales, con el respeto a la tradición, cosas todas que están encarnadas en el inmemorial rito romano y que son atacadas -lo que no debiera sorprender a nadie- por los mismos que están en contra de la liturgia tradicional. Digámoslo de este otro modo: sin *Summorum Pontificum*, no puede haber *Veritatis Splendor, Fides et Ratio o Ecclesia de Eucharistia*. El liturgista inglés Clifford Howell solía decir que el uso del vernáculo en la liturgia apunta a una nueva visión del mundo que no puede expresarse del mismo modo en latín; en otras palabras, la nueva liturgia es un movimiento social fundado en el rechazo de la tradicional concepción de mundo católica. La Misa antigua está demasiado "des-sintonizada" para que se le pueda permitir seguir existiendo; así piensan los *"guardias de la traición"*.
[19] Ver Kwasniewski, *Treasuring the Goods of Marriage*, 164–75.

junto con el contenido de todo lo que está escrito o cantado en latín. Además, como hemos visto, la propia Iglesia ha reconocido este punto en múltiples ocasiones al singularizar el latín y dedicarle especiales alabanzas, reconociendo en él un signo eficaz de la unidad, la catolicidad, la antigüedad y la permanencia de la Iglesia latina. El latín posee, pues, una función cuasi sacramental: así como el gregoriano es "el ícono musical del catolicismo romano" (en palabras de Joseph Swain), así también el latín es su "ícono lingüístico". Los reformadores litúrgicos, atrapados por el racionalismo, trataron el latín como un mero accidente, como si fuera el envoltorio desechable de un producto. En realidad, es más como la piel de una persona: es superficial, pero necesaria para la estructura y salud del cuerpo.

EL VATICANO II Y EL LATÍN *NOVUS ORDO*

Muchos católicos, en todo el mundo -entre los que parecen contarse obispos y cardenales- no tienen conciencia de que la enseñanza de los Papas Pío XI, Pío XII, Juan XXIII y otros, fue deliberadamente recogida y confirmada por el Concilio Vaticano II en su Constitución sobre la Sagrada Liturgia, *Sacrosanctum Concilium*: "Se conservará el uso de la lengua latina en los ritos latinos"[20]; "Procúrese, sin embargo, que los fieles sean capaces también de recitar o cantar juntos en latín las partes del ordinario de la Misa que les corresponden"[21]; "De acuerdo con la tradición secular del rito latino, en el Oficio divino se ha de conservar para los clérigos la lengua latina"[22]. En contra de lo que dice el Papa Francisco, si se estudia los discursos de la mayoría de los obispos en el Concilio Vaticano Segundo, se verá que ellos apoyaron la conservación del latín, razón por la que votaron por ello en el documento final[23]. El Concilio abrió la puerta a un mayor uso del vernáculo, pero no impuso el vernáculo, sino que, al contrario, impuso el latín. La Constitución *Sacrosanctum Concilium* fue aprobada por una inmensa mayoría sólo porque se aseguró

---

[20] *Sacrosanctum Concilium*, no. 36 § 1.
[21] *Sacrosanctum Concilium*, no. 54.
[22] *Sacrosanctum Concilium*, no. 101 § 1.
[23] Ver Kwasniewski, "The Council Fathers in Support of Latin: Correcting a Narrative Bias," *New Liturgical Movement*, 13 de septiembre 2017 y "What They Requested, What They Expected, and What Happened: Council Fathers on the Latin Roman Canon," *New Liturgical Movement*, 8 de agosto 2022.

a los obispos que no habría más que una reforma moderada, no una revolución[24]. Gracias a la cuidadosa investigación hecha por historiadores como Yves Chiron, sabemos que Annibale Bugnini, que encabezó la redacción de *Sacrosanctum Concilium*, y que ya antes de que comenzara el Concilio se había coludido con sus camaradas para llevar a cabo una revolución una vez que el Concilio terminara, aconsejó, maquiavélicamente, el uso de un lenguaje vago, ambiguo e inconcluyente, lleno de resquicios, que pudiera ser aprovechado más tarde[25]. Así, pues, mientras el Vaticano II reafirmaba oficialmente el latín en la liturgia y se abrió cautamente al uso de algo de vernáculo, lo que vino después, con el apoyo del Papa Pablo VI, fue su neutralización o esterilización, y ninguno de los sucesores de éste se ha opuesto a la desviación de este papa tanto de la Tradición como del Concilio. Esta es una de las razones de por qué el latín no reaparecerá jamás de un modo significativo en el Novus Ordo: Pablo VI le dijo adiós, y sólo los tradicionalistas, que adhieren a la liturgia preconciliar, se han atrevido a poner en duda su buen juicio al emprender una total reinvención del culto divino de la Iglesia católica.

El Novus Ordo fue creado para que proporcionara la máxima inteligibilidad, la máxima facilidad de comprensión. Se pensó que habría de acabar con todas las barreras imaginables para la comprensión de los fieles, a los que se supuso capaces de ver, oír y saber todo lo que se decía o hacía en cualquier momento, instáneamente y sin necesidad de preparación o de reflexión. En el próximo capítulo voy a explicar qué hay de erróneo en este modelo y los supuestos en que se basa. Baste aquí con decir que jamás, en toda la historia de la cristiandad apostólica, oriental u occidental, y tampoco en la historia de las religiones mundiales, se ha pensado nunca que éste es el modo de concebir el culto divino. En todo caso, si semejante inmediatez y total transparencia es la finalidad propuesta, *todo* tendrá que simplificarse, ponerse en el lenguaje más popular que se pueda y hacerse visible y audible. Así, el sacerdote tendrá que estar de cara al pueblo, deberá tener

---

[24] Para la demostración de que esto fue, en verdad, lo que ocurrió en el Concilio, ver Shaw, *Latin Mass and the Intellectuals*, 114–18, y Kwasniewski, "The Lie That Was Told to Over 2,000 Council Fathers at Vatican II," *New Liturgical Movement*, 27 de mayo 2024.

[25] Ver Chiron, *Annibale Bugnini: Reformer of the Liturgy* (Angelico Press, 2018), 61–82, especialmente 82.

un micrófono, no habrá mucho silencio, las cosas tendrán que darse una después de otra y no varias al mismo tiempo, etc. Si el paradigma del culto es así, es obvio que el latín -y también el canto gregoriano- no puede tener lugar en él, al menos para el 99% de las congregaciones de fieles. Por esto es que el Novus Ordo en latín se queda sin pan ni pedazo: no tiene ni la instantánea accesibilidad para la que se lo diseñó, ni la grandeza, solemnidad, riqueza de símbolos y profundidad ceremonial que tiene el rito tridentino -esa panoplia de rasgos que aumenta nuestra conciencia del misterio y nuestra receptividad de verdades que no pueden envolverse en simples paquetes verbales-. En resumen, el latín conviene a la Misa antigua tal como un vitral conviene a una iglesia gótica, o como el oro conviene al cáliz, o el silencio al Canon romano; y no opera, en cambio, con los principios con que fue diseñada la nueva Misa[26].

Por otra parte, la accesibilidad del Novus Ordo es ilusoria y engañosa de dos modos. Primero, su enfoque verbal nos lleva erróneamente a pensar que hemos entendido o que somos capaces de comprender el culto divino y los misterios de Cristo. Debido a que su forma de participación activa se da en gran medida en la superficie, y se refiere a voces y cuerpos en movimiento, podemos fácilmente vivir una ceremonia entera sin haber meditado una sola vez ni haber orado interiormente, sin haber experimentado la maravilla, la perplejidad o el temor reverencial. La Misa tradicional no tiene este problema, porque en ella hay frecuentes y diversas llamadas a la oración, y la participación deseada es más del corazón y del espíritu. Segundo, el Novus Ordo es accesible sólo a los que hablan en el vernáculo usado, y que pueden oírlo y seguirlo.

En un mundo intercultural, con factores tales como una elocución defectuosa, pobres sistemas de sonido o ruido ambiente, la maldición de Babel puede caernos rápidamente encima. Quisiera detenerme un momento en este punto.

LIBRARSE DE LA MALDICIÓN DE BABEL

El P. Louis Bouyer ha escrito: "Toda tradición religiosa representa un lenguaje como don de los dioses que hace posible la sociedad y que, como un hilo, la mantiene unida. Por el contrario, el Génesis considera la fragmentación del habla en muchos

---

[26] Ver Kwasniewski, "The 'Latin Novus Ordo' Is Not the Solution," *One-PeterFive*, 24 de agosto 2022.

lenguajes mutuamente incomprensibles una maldición del cielo sobre una sociedad pecadora"[27].

El primer Pentecostés, diez días después de la ascensión del Señor a los cielos, es presentado en los Hechos de los Apóstoles como la inversión de la torre de Babel. La primera maldición sobre el hombre ambicioso fue dividir su progenie en miles de lenguas. Aunque la rica fructificación poética de la multiplicidad de lenguas puede considerarse una bendición querida por Dios, la dificultad y, a menudo, la imposibilidad de un discurso común entre los animales racionales es, sin duda alguna, una maldición. Esta se renueva cada vez que nos enfrentamos a una liturgia en que el uso de algún vernáculo que no es el nuestro, dice efectivamente: "Esto no es para ti; es *sólo* para ellos, para *aquel* grupo demográfico".

Cuando alguna Iglesia apostólica determinada, como Roma, Antioquía o Alejandría, desarrollaron un lenguaje de culto común en su área, ello constituyó un simbólico regreso a la condición anterior al pecado existente en el Jardín de Edén, cuando los seres humanos hablaban una sola lengua. En el latín de la liturgia occidental, no se nos confronta con un vernáculo extranjero que nos excluye; al contrario, oímos el sonido de una única voz que pertenece a la Iglesia en oración, que acoge a todas las naciones y pueblos en una sola celebración, uniéndolos a través de los diversos países y a través del tiempo. En algunas diócesis, la Misa Novus Ordo se llega a celebrar en quince diferentes idiomas, y cada idioma es una isla, que difícilmente se mezcla con otros grupos. Pero hay Misas tradicionales multi-étnicas y multi-linguales donde la Misa misma es verdaderamente una fuerza unificadora de todos los subgrupos, reuniéndolos en relaciones fraternales y permitiéndoles, además, mezclarse socialmente. ¿Cuántos de nosotros han asistido a una Misa tradicional y visto personas de varias etnias y nacionalidades, blancos, negros, asiáticos, hispanos, todos reunidos en un solo acto de culto católico (es decir, universal)? Como dijo el Papa Juan XXIII, el latín pertenece en general a todos por igual, y a nadie en particular. En la historia, la liturgia en latín ha sido siempre una fuerza étnica y culturalmente integradora, y continúa creando puentes hasta hoy día[28].

---

[27] Bouyer, *The Invisible Father: Approaches to the Mystery of the Divinity* (T&T Clark/St. Bede's Publications, 1999), 46–47.

[28] Veronica Clarke, alabando la educación que recibió en el *Wyoming Catholic College* -un programa integrado de artes liberales de cuatro años- describe el

Personalmente tuve una poderosa experiencia de esto hace unos pocos años, cuando visité Polonia para dar una conferencia. A pesar de mi apellido, que es tan polaco como *pierogi* y *kielbasa*, no hablo una palabra de polaco, que es generalmente considerado un idioma difícil de aprender. Durante varios días, había estado rodeado por sonidos ininteligibles a los cuales todos los demás podían responder, pero no yo (afortunadamente el organizador de la conferencia me proporcionó audífonos que transmitían una traducción simultánea al inglés). Cierta mañana caminé con un grupo de amigos al Castillo de Wawel, uno de los lugares más bellos e históricos de la ciudad de Cracovia, para llegar a una capilla lateral donde se celebraba una Misa rezada por un sacerdote de la Fraternidad Sacerdotal de San Pedro.

Llegamos justo cuando comenzaba la Misa. Las consoladoras palabras del latín cayeron en mis oídos como una lluvia refrescante, o como un rayo de luz que atravesaba la espesa niebla de la lengua extranjera del país. Ahora estábamos en el *país de Dios*. El sacerdote celebró la Misa con una voz deliberada y fácilmente audible, por lo que no me perdí ni una sola palabra. Lamentablemente, atendiendo a las torpes e ilícitas disposiciones de *Traditionis Custodes*, la Epístola y el Evangelio se leyeron sólo en polaco, lo que súbitamente me sumergió de nuevo en la niebla de la ininteligibilidad, y me hizo recordar que el vernáculo no

---

poder unificador de la tradición católica occidental con palabras que se puede aplicar, *mutatis mutandis*, a la lengua internacional, en realidad, supranacional, que constituyó el fundamento de esta tradición y le sirvió de principal vehículo de transmisión: "Al decirnos la Iglesia que somos peregrinos en este mundo, parece pensar en los que no tienen nación, o tienen demasiadas. La Iglesia ofrece un antídoto a los inconvenientes del globalismo: los frutos y riquezas de una tradición católica, más grande que cualquier patrimonio nacional, que abarca muchos continentes y siglos, y una promesa de un nuevo reino. Mis compañeros de clase y yo teníamos diferentes antecedentes y veníamos de diversos lugares, pero estábamos unidos por nuestra común fe, nuestra educación en artes liberales, y nuestra meta común: seguir juntos en el cielo. Las riquezas de la tradición occidental -literatura, arte, música- eran nuestro patrimonio común. Todos éramos parte de una sola Iglesia, santa, católica y apostólica" ("Why I Went to a Catholic College," *First Things*, Diciembre de 2022, www.firstthings.com/article/2022/12/why-i-went-to-a-catholic-college). Para profundos argumentos en defensa del latín obligatorio, ver Sebastian Morello, "Maistre, Latin, and the Conserving of Christendom" y Joseph Shaw, "Tito Casini on Latin," en Shaw, *Latin Mass and the Intellectuals*, 18–30 and 43–47; ver también "Understanding Liturgical Participation" en Shaw, *Liturgy, Family, and Crisis*, 57–85.

sólo incluye a los lugareños, sino que excluye a los extranjeros.
Fue la única parte de la Misa que perdió su catolicidad planetaria
en favor de un estrecho localismo. Al concluír el Evangelio, el
acólito dijo "*Laus tibi, Christe*", y todo volvió a estar bien. En el
resto de la Misa se alternaron momentos en que el altín se elevaba
sobre la silenciosa y amplia quietud en que la Palabra se hizo
carne de nuevo, por decirlo así, sobre el altar, con el poder de Su
encarnación, su pasión, su muerte, su resurrección, su ascensión.

Esa Misa en la capilla lateral de Wawel fue una perfecta experiencia de la sincronicidad y diacronicidad de la liturgia: sincronicidad, porque me sentí inmediatamente en casa con la misma
liturgia que se dice en todo el mundo, donde quiera que se atesora
la tradición -experiencia que después he tenido docenas de veces
en mis viajes-; diacronicidad, porque fue esencialmente la misma
liturgia que se ha dicho en los altares de la Cristiandad y Occidente durante siglos. Alcuíno, de la corte de Carlomagno, San
Anselmo de Cantorbery, la gran Santa Gertrudis, Santo Tomás
de Aquino, San Ignacio de Loyola, San Edmundo Campion,
San Vicente de Paul, Santa Teresa de Lisieux, el Padre Pío, San
Carlos de Foucauld: todos ellos se habrían sentido en casa junto
con miles de santos que rindieron culto del mismo modo. Con
la Misa tradicional, a través del tiempo y del mundo, se está
siempre en casa. El milagro que revierte, al menos por algunos
momentos sagrados, el caos de Babel, exige la sólida estabilidad
y la interna coherencia de la gran liturgia romana, cuyo lenguaje
da al rito católico latino su nombre mismo.

EL LATÍN, COMO LA FE, VIENE "DESDE AFUERA"

Nuestra lengua nativa, nuestra "lengua madre", nos llega de
nuestra madre terrestre: cuando estamos dentro de su seno, su
voz es lo primero que oímos, y cuando salimos al mundo, oímos
la misma voz cuando nos acaricia en sus brazos. Nuestro vernáculo
cotidiano es algo de que estamos, en cierto modo, equipados por
la naturaleza, mediante una inmersión, sin esfuerzo, en la cultura
de nuestra familia. Este lenguaje representa el orden *natural* en
que vivimos y nos movemos y tenemos nuestro ser natural.

Como escribe Joseph Ratzinger, "nadie nace cristiano, ni
siquiera en un mundo cristiano y de padres cristianos. Ser cristiano sólo puede ocurrir como un nuevo nacimiento. Ser cristiano
comienza con el bautismo, que es muerte y resurrección, no con el

nacimiento biológico"[29]. Tal como el bautismo o renacimiento es algo que al cristiano le llega desde afuera, así también el lenguaje sagrado nos viene desde afuera, de la Santa Madre Iglesia, que nos enseña un nuevo lenguaje cristiano, nuestra "lengua madre" *espiritual* que representa el orden *sobrenatural* en que vivimos y nos movemos y tenemos nuestro ser sobrenatural. Los católicos de rito latino tienen un lenguaje *sacro* que les viene "desde afuera", tal como ocurre con el renacer bautismal.

La liturgia cristiana debe, de algún modo, comunicarnos que, cuando entramos al templo del Señor, lo hacemos hablando no con un lenguaje meramente natural, sino con uno sobrenatural, un lenguaje de santos, de ángeles y de Dios. Obviamente, el latín no es la única lengua apta en este sentido -como vimos más arriba, existen muchas lenguas sacras reservadas que se usan en los ritos apostólicos tradicionales-, pero el lenguaje usado en la liturgia no debe ser el vernáculo cotidiano del hogar o del mercado, ni siquiera debe ser un habla técnica de disciplinas académicas, sino que debe estar separado por su consagración durante siglos al uso del culto divino; de este modo, ayuda a los fieles a dejar a un lado los cuidados terrenales y consagrar para solo Dios ciertas porciones simbólicas del tiempo. Un lenguaje litúrgico tradicional nos recuerda que nuestra adopción sobrenatural por la familia de Dios es más fundamental y más decisiva que ninguna familia o ciudadanía o nación o raza terrenales.

Lo más importante es que algo que la Iglesia católica en Occidente ha practicado por más de 1.600 años -algo que casi todos los miles de santos canonizados en Occidente practicaron personalmente- no puede ser condenado sin negar, de modo blasfemo, que el Espíritu Santo ha guiado a la Iglesia hacia la plenitud de la verdad[30]. El Espíritu Santo, que dio expresión lingüística a los Apóstoles cuando predicaron a todas las naciones, dio también el latín litúrgico a la Iglesia occidental como herencia, la que ha sido transmitida de siglo en siglo con una veneración cada vez más grande. Lo que se estableció por elección, ha sido confirmado por la costumbre y preservado por la piedad. Las formas de culto desarrolladas a lo largo de los siglos

---

[29] Ratzinger, *Truth and Tolerance: Christian Belief and World Religions* (Ignatius Press, 2004), 87.
[30] Ver Juan 16, 13; cf. Kwasniewski, *El rito romano de ayer y del futuro*, 37–87, et passim.

con una riqueza de contenido y de textura que hizo cada vez
más improbable que semejante riqueza pudiera ser duplicada en
un idioma foráneo o adaptada a él, eso es lo que ha hecho esa
riqueza más preciosa y digna de tenaz conservación[31]. Contra
el telón de fondo de experimentos en vernacularización desde
mediados del siglo XX -experimentos que pueden, con justicia,
denominarse "Babelización"- un creciente número de católicos
están comenzando a ver que este legado único y unificador del
latín sigue siendo algo precioso, digno de cultivo hoy día.

No hay que pasar por alto el hecho fundamental de que no
hay vernáculo moderno que sea capaz de comunicar todo lo que
se contiene en las oraciones tradicionales en latín. Cada traducción es una traición, tanto más cuanto que tenemos por delante
un vasto tesoro de latín litúrgico que abarca muchos siglos. Un
misal personal puede proporcionar bastante bien un compendio
del contenido, pero la oración en latín dice *más*, dice *mejor*, más

---

[31] John Lamont ha presentado este argumento con gran vigor: "El cristianismo fue, desde el comienzo, una religión civilizada, es decir, una religión
que usó e incorporó recursos civilizatorios en su fe y en su práctica, que fue
dirigida a gentes civilizadas (entre otros tipos de gente) y que se quiso que
fuera adecuada a gentes civilizadas y capaz de fungir como la parte religiosa de
su civilización. Fue la lógica de la teología cristiana la que lo impuso: la naturaleza humana redimida por Cristo debiera demostrar que logra su máximo
potencial; el mensaje divinamente revelado debe ser expresado con el mayor
poder y majestad posibles; el culto de Dios debe realizarse echando mano de
las más altas formas de la cultura humana. El carácter del cristianismo como
una religión civilizada incluye a su liturgia. El desarrollo de la liturgia cristiana
como forma de civilización fue obstaculizado por la persecución legal de la
religión por el Imperio Romano en sus primeros tres siglos, pero después
de que el cristianismo fuera legalizado por el emperador Constantino en 313
d.C., dicho desarrollo fue emprendido rápidamente. La Misa tradicional es la
liturgia civilizada producida por la civilización latina cristiana, tal como el rito
bizantino es la liturgia civilizada producida por la civilización griega cristiana.
La Misa tradicional, junto con la música y la arquitectura desarrolladas para
acompañarla, es en realidad la parte central de la civilización latina cristiana,
que no existiría si se la privara de estas cosas. La idea de que un papa puede
reemplazar la Misa tradicional por un nuevo rito compuesto por textos de
una ortodoxia más elocuente y de una belleza más penetrante, es absurda.
La riqueza de la Misa tradicional es el producto de una civilización entera,
y necesitó una civilización que la produjera; un rito enteramente nuevo
tendría que emerger de una civilización cristiana enteramente nueva. Una
civilización cristiana equivalente no puede ser producida por decisión de la
voluntad, y no podemos esperar que alguna otra llegue a existir". Lamont,
"Dominican Theologian Attacks Catholic Tradition: Defending Kwasniewski
against Donneaud's Positivist Reductionism").

sutil, plena e impactantemente[32]. Y esto ¿tiene alguna importancia? Absolutamente sí. Por de pronto, nos estamos dirigiendo principalmente *a Dios*, e *importa* cómo le hablamos. Cuando le dirigimos una oración solemne, bella, llena de contenido, valiosa y santamente dicha, le es agradable del mismo modo que un cordero sin tacha le es agradable, del mismo modo que el Logos sin tacha que se ofreció en la Cruz le fue agradable. El sólo hecho de que innumerables hombres y mujeres santos pronunciaron con sus labios las mismas palabras a través de los siglos, dota a esa oración de una especial eficacia. Según Santa Mectilde de Hackerbon, la corte celestial se alegra cuando oye las mismas palabras que sus miembros rezaron cuando estaban en la tierra[33].

PÉRDIDA Y RECUPERACIÓN DE LA IDENTIDAD CATÓLICA

Además de sus consecuencias litúrgicas, el abandono del latín tiene grandes consecuencias intelectuales y teológicas. La gran mayoría de los escritos cristianos en todas las áreas -teología, exégesis, Derecho canónico, liturgia, hagiografía, etc.- fue redactada en latín, y la gran mayoría de esas obras literarias no ha sido traducida a las lenguas modernas. Los progresistas radicales que declararon la guerra al latín a mediados del siglo XX sabían perfectamente bien lo que estaban haciendo: querían hacer volar el puente que conectaba a los católicos con su patrimonio, su tradición, su memoria colectiva. La tan manoseada "modernización" de la Iglesia sólo podía realizarse si se olvidaba el pasado, encerrado de modo inaccesible tras un muro de incomprensibilidad. La pérdida del latín tuvo, pues, ramificaciones que van mucho más allá del santuario de nuestras iglesias, si bien es allí donde más advertimos su presencia y su ausencia. La herejía prospera por la combinación de amnesia, anarquía y novedades. La crisis litúrgica es sólo una parte de la crisis más amplia de la identidad católica en Occidente, que tiene que ver con el lenguaje más que lo que mucha gente se imagina[34]. Continuando con esta idea, creo que

---

[32] Ver Foley, *Lost in Translation*.

[33] Mectilde, *Liber Specialis Gratiae* 3.11, citado por Kwasniewski, ""Praying in the Same Words With Which the Saints Prayed," *New Liturgical Movement*, 1 de agosto 2022.

[34] El abandono del latín, como lo explica Robert W. Keim, ha contribuído a la fragmentación de la fe, a la pérdida de comunión en lo que se cree, en lo que se hace y en lo que se piensa: "En la Iglesia occidental, el latín

es importante que los católicos se den cuenta de que *todos nosotros* debiéramos aprender algo de latín. Si yo comprendo el latín de la liturgia, no por ello pierde su carácter especial y su función sagrada, ni se vuelve menos maravilloso: por el contrario, crece el aprecio que se le tiene porque se puede saborear su significado y su belleza. Esto *no es necesario* para obtener frutos del culto, pero es una auténtica ventaja, una que debiéramos preocuparnos de adquirir. El latín fue alguna vez una materia estándar para los estudiantes católicos, y muchos individuos lo aprendieron en gran medida. Hablando prácticamente, no es difícil adquirir cierto conocimiento básico del latín que se usa en la liturgia. Con sólo asistir a Misa y a otras ceremonias regularmente y usar un misal personal, podemos comenzar a adquirir un conocimiento básico del vocabulario latino. Seamos sinceros: ¡el *Gloria* y el *Credo* no son difíciles de seguir! Los más interesados pueden aprender de un buen libro de estudio del latín o tomar un curso en línea. Felizmente hay ya mucha gente que está reviviendo esta lengua, incluso en su *forma hablada* (recuérdese que el hebreo fue considerado una lengua muerta hasta que el movimiento sionista y el Estado de Israel lo revivieron como lengua hablada; hoy hay millones de personas que lo hablan fluidamente. Los musulmanes estudian árabe clásico porque valoran su patrimonio. ¡Qué embarazoso, qué vergonzoso es que nosotros los católicos

---

fue una vez el complemento ideal de la pluralidad de lenguas: una lengua sacra, compartida, que elevaba y unía, sin contrariar las costumbres locales, la cultura popular, la identidad étnica y la razonable distribución de la autoridad política y espiritual. Pero el latín es cada vez más *persona non grata* en la Iglesia posconciliar, y la lengua Babélica ha regresado vengándose; el lenguaje que hoy se habla en el Vaticano, fusión de burocracia y *Newspeak*, ha infiltrado todas las diócesis del mundo. Proclamado *ad nauseam* desde el alto solio de la autoridad papal, promete amalgamar a los pueblos de Dios en una masa informe de mediocridad y ambigüedad. Habiendo enterrado a la Cristiandad bajo tres metros de enseñanzas vacuas, palabrería sentimental y liturgias abrumadoramente prosaicas, el *Vaticanspeak* se ha transformado en la lengua oficial de la *civitas pontificis*, esa vasta ciudad eclesiástica construida en torno al decadente papado posmoderno. Oremos para que el lenguaje de la Iglesia recupere su compromiso con lo categórico, con la realidad, con la belleza y con la Verdad. Oremos para que el Buen Dios disgregue el imperio neo-Babélico de la disimulación, de la sofística, y de la insoportable verborrea. "Que vuestro hablar sea sí, sí; no, no; todo lo que excede a esto viene del Maligno" (Keim, "The Tower, and the City, of Babel," en Kwasniewski, *Ultramontanism and Tradition: The Role of Papal Authority in the Catholic Faith* [Os Justi Press, 2024], 252).

tengamos menos interés por nuestro patrimonio que los judíos y musulmanes por el suyo!). Está de más insistir en que los niños, sobre todo, debieran aprender latín, puesto que aprender una lengua es mucho más fácil para los niños que para los adultos. Cantar gregoriano, ya sea informalmente en casa o como parte de un coro, es un modo importante y agradable de adquirir cierta familiaridad con el tesoro del latín eclesiástico. Recomiendo, por ejemplo, cantar en casa las antífonas marianas del tiempo correspondiente, como parte de las devociones al final del día: el *Alma Redemptoris Mater*, el *Ave Regina Caelorum*, el *Regina Coeli*, y la *Salve Regina*.

No debemos temer afirmar con aplomo que es bueno y conveniente el óptimo uso del latín en la sagrada liturgia -el culto solemne, público, oficial de la Iglesia católica romana-. Las razones para su empleo son tantas y tan abrumadoras, la substancia y autoridad de la tradición son tan incontestables, que no hay modo de escapar de la conclusión que conservar el latín es una grave obligación ante Dios, y abandonarlo es un ingrato repudio de su Providencia litúrgica. En medio de la diversidad cultural, la Iglesia católica tuvo la sabiduría de reconocer el poder espiritual de ciertos elementos centrales de unidad que nos reúnen en la confesión de la verdadera fe y en el homenaje a la Santísima Trinidad. Quiera Dios que nuestros dirigentes eclesiásticos reciban de nuevo el espíritu de sabiduría y den pasos para recuperar lo que fue neciamente dilapidado por reformas miopes. Nosotros, por nuestra parte, podemos mostrar nuestra gratitud a Dios manteniendo y promoviendo las sanas tradiciones de la Iglesia latina.

8

Por qué es mejor no entenderlo todo de inmediato

"La Misa nueva es clara, fácil, accesible.
La Misa antigua es obscura y difícil".

ES UNA ALEGRÍA VER CÓMO LOS MEDIOS católicos, y también los profanos, informan sobre el resurgimiento de las formas tradicionales de la vida y el culto católicos. Se puede aprender mucho considerando cómo la gente nos ve desde afuera. A menudo, la gente se equivoca, y a veces comete feroces errores, pero veo también que rara vez deja de percibir, con una mezcla de respeto y curiosidad, que hay algo diferente, especial, raro, algo que es visto como contracultural (en el buen sentido del témino). Me parece que hay más aquí que el puro "ponerse de parte de los oprimidos". Lo que parece es que por todas partes hay sed de sentido, de contacto con la realidad, de trascenderse a sí mismo, y parece también que el mundo moderno -debido especialmente al completo dominio que ejercen la tecnología, la internet, la constante comunicación y las redes sociales- está continuamente obstaculizando el contacto vital con la realidad original, con la posibilidad de escapar de la prisión del yo, con la búsqueda del sentido último de las cosas y no de la efímera información. Por eso, cada vez que un diario, una revista o un sitio web traen una información importante sobre la Misa tradicional, me dispongo a tomar notas.

Un artículo precisamente de este tipo apareció en 26 de octubre de 2023, nada menos que en el *National Geographic*: "Estos jóvenes y devotos católicos están adhiriendo a las viejas formas". El subtítulo era como para provocar una sonrisa: "El movimiento adhiere a algunas tradiciones del Viejo Mundo que incluso la Iglesia considera retrógradas". Para los antropólogos culturales, esto debe parecer como una piedra de tropiezo en la tumba inviolada de Tutankamon. El autor, Matthew Teague, hacía una observación que me interesó:

"Todas las semanas los tradicionalistas se reúnen en más de 1.200 lugares, especialmente en los Estados Unidos. Practican una versión de la vida religiosa que ya había caído en la obsolescencia -los "aromas y campanas" de generaciones anteriores- y reivindican unos símbolos y un lenguaje que deja perplejo al mundo exterior, y que los propios miembros no siempre entienden cabalmente".

Esta última observación, de que aun la gente en la nave de la iglesia (¿y nos atreveremos a decirlo?: también sectores del clero) parece no comprender cabalmente lo que ve, oye, dice y canta, ¿tendremos que tomarla como una crítica o como un cumplido? Quizá como ninguna de ambas cosas. ¿Podría ser, quizá, una pregunta implícita sobre si no hay algo *positivo* en el no comprender del todo las cosas? No puedo evitar que me vengan a la memoria las notables palabras de la Divina Liturgia de San Juan Crisótomo que pronuncia el sacerdote, justo antes de consagrar el pan y el vino:

"Tú nos has traído de la nada al ser, y nos has levantado de nuevo cuando caímos, y no has dejado nada por hacer hasta que nos trajiste al cielo y nos concediste tu futuro Reino. Por todas estas cosas te damos gracias a Ti, y a tu Unigénito Hijo, y a tu Espíritu Santo; te damos gracias por todo lo que sabemos y por lo que no sabemos, por los beneficios manifiestos que nos otorgas y por los ocultos".

Cambiemos de velocidad y miremos la cuestión desde otro ángulo. Hoy día, el *"slow movement"* ya se ha puesto en marcha. El lector se habrá encontrado con frases como "slow food", "slow wine, "slow travel", "slow reading", "slow art", "slow cinema", "slow fashion", e incluso "slow conversation" (esta última consiste en que a cada persona se le da la palabra para decir todo lo quiera o tenga que decir sin ser interrumpida -¡técnica que sería útil en muchos seminarios en los "colleges" de Great Books!-). La idea fundamental es un "cambio cultural hacia una ralentización del ritmo de la vida", dejando que las cosas ocurran a la velocidad que necesitan para así ser buenas, óptimas, satisfactorias o para que, simplemente, sucedan a escala humana. Hay muchas ideas y personalidades relacionadas con este difuso movimiento mundial -muchas de ellas claramente contradictorias-, pero creo que es justo decir que, como un todo, estamos ante una reacción contra el racionalismo y el utilitarismo de la moderna sociedad industrial. El ubicuo modelo de la producción a gran escala –"que

entrega bienes", cualesquiera que sean, tan veloz y eficazmente
como sea posible- es incapaz de distinguir entre diferentes tipos
de bienes y diferentes formas de recibirlos, y no se da cuenta de
que la rapidez y la eficiencia pueden afectar la calidad ni de que,
en general, el enfoque moderno no toma en consideración las
diversas necesidades y capacidades de las personas y comunidades.

En este capítulo quisiera abogar por la *"slow liturgy"*. Voy a explicar por qué nuestro modo de pensar no debería dejarse atrapar por
aquello de "¿Qué gano con 60 minutos de asistencia a una Misa
dominical?" sino, más bien por lo siguiente: "¿Qué habré de ganar
con una vida entera de fiel inmersión en los misterios de la Misa?"
Si los reformadores litúrgicos y los dirigentes de la Iglesia suponen
que la liturgia debe ser evaluada por lo que se puede entender de
inmediato en una Misa dominical de 60 minutos, no hacen con
ello más que encaminar al pueblo de Dios hacia una verdadera
catástrofe. Lo que debieran preguntarse es, más bien, cómo debería
ser la liturgia para poder sostener y recompensar una participación
de toda una vida, de modo que se la experimente menos como
un repetitivo y tedioso deber que como un entrar cada vez más
hondamente en algo que es familiar y, a la vez, extraño.

JUSTIFICACIÓN DE LA REVOLUCIÓN

En la época álgida de la reforma litúrgica, la década desde
1964 hasta 1974 y durante muchas décadas después, la avalancha
de cambios en el culto católico se justificó a menudo con unas
pocas frases mágicas de que se echaba mano como si fueran
talismanes, procediéndose a lanzarlas por doquier con un aire de
infinita superioridad por sobre la estrecha mentalidad del humilde
laicado. La más importante de aquellas frases fue, ciertamente,
"participación activa", que resultó ser una auténtica ironía si se
piensa en cuántos millones de personas dejaron absolutamente de
ir a Misa (con lo que dejaron también absolutamente de participar); pero junto con esa frase, se oyó a menudo "las necesidades
del Hombre Moderno", "ir a buscar a la gente donde ella está",
"volver a lo que se hacía en la primitiva Iglesia" y, lo que es más
interesante para mí en este punto, "mayor accesibilidad".

Se supuso que la liturgia revisada era, y así se afirmó y proclamó,
"más accesible"; pero ello no fue más que una gigantesca cortina de
humo. Después de todo, no hay nada que sea más o menos accesible en abstracto, o sin precisiones adicionales. Siempre hay que

preguntar: "¿Accesible *para quién*? ¿Y *a qué* da acceso? ¿Y accesible con qué *finalidad*?". Para los reformadores litúrgicos la accesibilidad fue un fenómeno primaria o exclusivamente verbal-conceptual: si se puede captar inmediatamente el contenido de cierto trozo de texto sin mayor preparación ni explicación, y sin dejar ni un resto de perplejidad, entonces el asunto es accesible. Obviamente el objeto de una tan completa e inmediata comprensión no puede ser Dios, a quien todo teólogo ortodoxo declara ser incomprensible; ni tampoco puede ser el hombre, que hecho a imagen y semejanza de Dios, es un misterio para sí mismo; ni puede ser el mundo, que es demasiado complicado y vasto como para caber en la inteligencia de un individuo, aunque mil Einsteins le fueran podando ramas; ni pueden ser los misterios revelados al hombre por Dios en la historia, contenidos en las Escrituras, ya que cada uno de ellos es una combinación de todo lo precedente. Por tanto, una liturgia perfectamente accesible, en el sentido que hemos visto, tendría que referirse a nada, dirigirse a nadie, y llevar a ninguna parte.

Por cierto, nunca, afortunadamente, se llegó a este extremo: siempre hay un residuo de ininteligibilidad en *todo* lo que los seres humanos hacen, aunque se propongan evitarlo. En la medida en que los elementos tradicionales de la liturgia cristiana permanezcan intactos, permanecerán intactos también la incomprensibilidad de Dios, del hombre, del cosmos y de los misterios de Cristo. Con todo, la reforma introdujo una fundamental tensión entre lo misterioso de la liturgia, que es como debe ser, y el esfuerzo, en nombre de la ciencia litúrgica, por purgarla de todo rasgo que tienda a hacerla oscura, intrincada, maravillosa, llena de asombro y, paradojalmente, también ordenada y ordenadora, familiar y reconfortante, modesta y libre de invasivas causas de irritación.

Me parece que hay una profunda ironía en el renacimiento de la liturgia tradicional en latín de la Iglesia romana. A pesar de todo lo que escribieron los investigadores y los entrometidos sobre la horrible Edad Media, que llevó al arzobispo Bugnini a llamar "carente de comprensión, ignorante y noche oscura a un culto desprovisto de rostro y de luz, al menos para los fieles que están en la nave"[1], hay ciertamente una ironía en el hecho que las nuevas generaciones encuentran que los antiguos ritos son, en

---

[1] Bugnini, *The Reform of the Liturgy, 1948–1975* (The Liturgical Press, 1990), 283; ver también Jeffrey Ostrowski, "A 1969 Quote Bugnini Wishes He Could Retract," *Views from the Choir Loft* of Corpus Christi Watershed, 8 de julio 2014.

general, suficientemente accesibles y, de hecho, más accesibles que los nuevos, siempre que se tenga una concepción más amplia y profunda de "accesibilidad". No hace falta esforzarse mucho para entender esto: la antigua liturgia apela más coherentemente, más poderosamente, a *todo el espectro* de la realidad, tanto natural como sobrenatural; apela a lo que significa ser humano; al modo cómo nos expresamos y a lo que procuramos expresar con palabras, gestos, cantos y silenciosos suspiros. O sea, apela a todos los sentidos, apela a las distintas edades y temperamentos y personalidades, que son los diversos niveles en que nuestra vida interior se desarrolla y se topa con el mundo exterior[2].

COMUNICACIÓN NO VERBAL

La liturgia romana tradicional -y esto es cierto también de todo rito apostólico desarrollado orgánicamente en el cristianismo-reconoce como tal una verdad que los psicólogos no se cansan de comentar: los seres humanos se comunican primariamente de modo no verbal. De hecho, no dejamos jamás de comunicar algo, aunque no hablemos o no tengamos intención alguna de comunicarnos. El orden y la deferencia comunican más que bibliotecas enteras, igual que el descuido y la informalidad. La liturgia, como cualquier otra ceremonia humana, comunica constantemente mediante cada palabra, actitud, gesto, posición y silencio. La antigua liturgia, domesticando y regulando estas cosas de un modo armónico para expresar el pleno significado de su interacción, es *más comunicativa*; en este sentido, concede más acceso, y de más formas. La liturgia reformada, al eliminar el lenguaje tradicional no verbal y dejando tantas cosas entregada a la casualidad y a la idiosincrasia, adelgaza tanto el contenido como la entrega de lo comunicado, y le introduce materias extrañas y contradictorias.

Un video sobre lenguaje corporal por un ex agente de FBI, Joe Navarro, me hizo advertir con claridad la importancia de los pequeños detalles *no verbales* en la liturgia (y, por tanto, también la importancia de estar atentos a ellos y ejecutarlos con fidelidad y corrección). Este experto observa a la gente desde el punto de vista de un agente que trata de evaluar las posibles amenazas o confiabilidad de los testigos:

---

[2] Por ejemplo, sobre la relación de los niños con la Misa tradicional, ver Kwasniewski, *Reivindicación de nuestros derechos hereditarios como católicos*, 229-273.

"El cómo nos vestimos, cómo caminamos, tienen un significado, y lo usamos para interpretar qué hay en la mente de un individuo. No estamos nunca en una situación tal que no transmitamos información. Estamos transmitiendo todo el tiempo; escogemos las ropas que usamos, cómo nos arreglamos, cómo nos vestimos, pero también cómo nos comportamos, con qué energía venimos a la oficina un día determinado, o con qué otra actitud diferente… lo que buscamos son diferencias en el comportamiento, hasta en las minucias: cómo es la postura de tal individuo al ir por la calle, si va por el lado de adentro de la vereda o si por el lado de afuera; miramos la rapidez con que pestañea, cuán a menudo consulta su reloj… Alguien puede tener una "cara de póker", pero no se puede tener un cuerpo de póker: por alguna parte se descubrirá. Hablamos de lo no verbal porque ello tiene importancia, porque tiene *gravitas*, porque afecta nuestra comunicación con otros. No es cosa de poca importancia el toparse con lo no verbal. Nos comunicamos principalmente de modo no verbal, y siempre será así"[3].

Frases como "nos comunicamos principalmente de modo no verbal" y "no estamos nunca en una situación tal que no transmitamos información" son muy atingentes a la celebración de la Misa. Cada gesto -por ejemplo, la dirección y la velocidad del movimiento alrededor del altar; dónde, cuándo el sacerdote está de pie o sentado; cómo pone las manos o inclina la cabeza; si la mirada del sacerdote se dirige a los fieles o si la dirige modestamente el suelo; cómo se trata los vasos sagrados, cómo es tratado el Santísimo Sacramento y cómo se lo toca con las manos, cada uno de los gestos como éstos revela cómo el celebrante, y el pueblo, creen en lo que están haciendo.

¿Por qué los reformadores litúrgicos fueron tan sordos o tan despistados respecto de las cosas más obvias de la vida? ¿No se dieron cuenta de que cambiando el lenguaje corporal, las posturas, la orientación, los signos de respeto, el cuidado de la vista, habrían de producir inmensos cambios en la mentalidad y la espiritualidad? O… ¿entendieron quizá perfectamente bien todo esto y abolieron, por tanto, caso a caso, el lenguaje no verbal basado en la fe católica, cambiándolo por otro con un mensaje contrario? Piénsese en la bien documentada pérdida de fe en la Presencia Real de Nuestro Señor. Esto no fue una desafortunada

---

[3] Navarro, "Former FBI Agent Explains How to Read Body Language," WIRED, 21 de mayo 2019, https://youtu.be/4jwUXV4QaTw.

consecuencia de una "falta de catequesis", sino que el resultado de una catequesis *renovada*. No se trata de un producto secundario y accidental de una reforma litúrgica que salió mal, sino el resultado de una nueva eclesiología que identifica el "Cuerpo de Cristo" con la comunidad de los fieles y procura oponerse al "fetichismo" o a la "magia" del culto Eucarístico que se desarrolló en la Iglesia por, al menos, mil años. Como dice Martin Mosebach:

"Un verdadero *bouquet* de gestos respetuosos había rodeado al Sacramento del altar, y esos gestos fueron la más efectiva homilía, que mostraba continuamente a sacerdotes y pueblo, de un modo clarísimo, la misteriosa presencia del Señor, bajo las especies de pan y de vino. Podemos estar seguros de ello: no hay ningún adocrinamiento teológico por parte de los llamados teólogos ilustrados que haya producido tanto daño en la fe que los católicos occidentales tienen en la presencia del Señor en la Hostia consagrada como la innovación de recibir la comunión en la mano, junto con el abandono de todos los cuidados en el manejo de las partículas de la Hostia.

"Pero ¿no se puede acaso recibir respetuosamente la comunión en la mano? Por cierto que es posible. Pero, una vez que se definió cuáles eran las formas de respeto, y ejerciendo éstas su bendita influencia en la conciencia de los fieles, su descontinuación contenía el mensaje -y no sólo para el simple fiel- de que tanto respeto no era realmente necesario, y junto con ello creció la convicción (tácita al principio) de que no había *nada ahí* que mereciera respeto"[4].

El P. Robert Spataro hace la misma observación pero más en general:

"La humildad es más que una virtud. Es la condición para una vida virtuosa. Obsérvese las inclinaciones y genuflexiones que el hombre humilde hace ante Dios con espíritu de obediencia, reconociendo Su soberanía misericordiosa, Su amor sin límites, Su sabiduría creadora. [El antiguo rito] se vuelve a El mediante una lengua sagrada que difiere del habla común, porque en el orden armonioso de la creación que la liturgia representa en sus rituales, no hay jamás una monótona repetición ni una tediosa uniformidad, sino una sinfonía de diversidades, sagradas y profanas, sin oposición, con respeto de la alteridad de cada cual. Aquí también la razón renuncia al uso excesivo de las palabras

---

[4] Mosebach, *Subversive Catholicism*, 80–81.

que, lamentablemente, existe en la praxis litúrgica inaugurada por el Novus Ordo, entendida por muchos sacerdotes como una oportunidad para dar rienda suelta a la verborrea. En el rito antiguo, en cambio, la razón apela a las demás dimensiones de la comunicación y, además de las palabras pronunciadas o cantadas, se da también lugar al silencio. Este silencio se transforma en la atmófera, impregnada de Espíritu Santo, en que nace el pensamiento creyente y piadoso"[5].

Lo que hacemos con el cuerpo es tan comunicativo como lo que decimos con los labios. La liturgia debe, pues, dirigir los movimientos y disposiciones de nuestros miembros y de nuestros sentidos, domesticándolos como símbolos de verdad e instrumentos de santificación. Esto nos ayudará a orar, a entrar más profundamente en comunión con el Señor, y a rendirnos a verdades que no pueden expresarse con palabras ni ser capturadas por conceptos. Como dice San Pablo en la Epístola a los Romanos, debemos hacer de nuestros miembros corporales instrumentos de justicia: "ni sigáis ofreciendo al pecado vuestros miembros como armas de iniquidad" -la iniquidad de la falta de reverencia, de la falta de respeto por las cosas santas, del comportamiento informal, al azar y desconsiderado en nuestra audiencia formal con el gran Rey-; "antes bien ofreceos a vosotros mismos *a Dios*" con un culto teocéntrico que gobierna nuestro modo de presentarnos "como resucitados de entre los muertos" -de los muertos vivientes de la cultura moderna antinatural, anticristiana- "y vuestros miembros como armas de justicia para Dios"[6]; de la justicia, es decir, de la virtud de la religión.

INCOMPRENSIÓN, ASOMBRO, Y BÚSQUEDA DE LA VERDAD

Después de este análisis de la comunicación no verbal, quisiera volver a mis observacones sobre la accesibilidad como función de la comprensión racional, ya que ésta es un área en que, en el siglo XX, se cometieron enormes errores; errores que todavía se prolongan muchas décadas después. Era (y es) un cliché de la reforma litúrgica el que los fieles en la nave "deben comprender *todas* las oraciones y ceremonias": no debe quedar remanente alguno, ningún residuo incomprendido. Esto motivó la completa vernacularización, las traducciones aguadas, el decirlo casi todo en alta voz, la visibilidad

---

[5] Spataro, *In Praise of the Tridentine Mass*, 54.
[6] Romanos 6, 13.

de sacerdote *versus populum*, etc. No debe quedar nada que no sea accesible, nada implícito, escondido o de difícil acceso.

Lo que me parece curioso es que esto es completamente contrario al modo normal en que los seres humanos aprenden y crecen.

Cuando infantes y niños, estamos constantemente frente a cosas que no podemos entender. Quienes pasan tiempo con los pequeños son testigos a diario de conmovedoras (y a veces divertidas) exhibiciones de frustración por parte de estas pobres almas que luchan por comprender el mundo gigante en que viven y por navegar en él. Nuestro crecimiento intelectual tiene lugar como resultado de la interior tendencia a conocer ("todos los hombres desean conocer", dice Aristóteles al comienzo de la Metafísica). Asombro es el nombre de nuestra reacción a lo que no podemos captar inmediatamente, a lo que podemos ver pero no podemos penetrar. En un alma sana, este asombro mueve a tratar de comprender. Cuando perdemos la capacidad de asombro, perdemos la capacidad de aprender.

En los Evangelios vemos varios ejemplos de incomprensión, en que Nuestro Señor no dice "Dividámonos en grupos sinodales de discusión para llegar al fondo de esto. Votaremos a continuación, y luego habrá una exhortación dominical postsinodal". Lo que hace es dejar a sus compañeros se debatan en su falta de comprensión porque necesitan todavía crecer, y necesitan también el desafío de no comprender. María y José no entendieron las palabras que El les dijo; Sus apóstoles tampoco las entendieron[7]. Jesús a menudo hizo cosas que no explicó, como cuando envió a Sus discípulos al otro lado del lago sin El, sabiendo que El lo cruzaría después y les daría un gran susto; o cuando se durmió en la popa durante una gran tormenta; o cuando se escapó a lugares solitarios para orar, a pesar de que las multitudes clamaban por más sermones[8]. Las Escrituras nos dicen que muchas de las cosas más importantes que Jesús dijo sólo fueron comprendidas por sus apóstoles después de su Resurrección o después de Pentecostés. Con su habitual elocuencia, Anthony Esolen explica por qué esto era de esperarse:

"La palabra de Dios está siempre más allá del alcance de nuestra comprensión y a veces incluso más allá de nuestra aprehensión. Jamás sabemos todo lo que significa, y a veces apenas sabemos en absoluto qué quiere decir. Tiene que ser así. Dios es nuestro

---

[7] Ver Lucas 2, 50; Mateo 16, 9; Lucas 18, 34.
[8] Ver Marcos 6, 45–51; Mateo 8, 23–27; Lucas 6, 12.

Creador. No podemos ponernos a discutir con El en un debate meramente racional, como parece que Job quiso hacer. Tenemos que estar atentos a El. No es que veamos a fin de ser capaces de obedecer. Obedecemos para poder ver: el aumento de la visión y de la comprensión depende de la obediencia. No soy yo quien lo dice, es el Señor quien lo dice. Si lo amamos, cumpliremos sus mandamientos, y entonces El habitará en nuestro interior, manifestándosenos (ver Juan 14, 15-24). Muchos de esos mandamientos nos resultarán difíciles de entender"[9].

En el *De Doctrina Christiana* de San Agustín -libro considerado con justicia como el escrito más importante e influyente en la exégesis escritural de la historia de la Iglesia-, éste nos dice que Nuestro Divino Maestro ha hecho difíciles determinadas partes de las Escrituras como una estrategia deliberada de pedagogía:

"Algunas de las expresiones son tan obscuras como para envolver el significado en la más densa niebla. Y no me cabe duda que esto fue divinamente planeado con el objeto de doblegar nuestra soberbia mediante un trabajo duro, y con el objeto, asimismo, de impedir una sensación de saciedad del intelecto, que habitualmente tiene poca estima por lo que se descubre sin dificultad. Nadie, sin embargo, tiene duda alguna sobre que, a veces, es más agradable conocer los hechos a través de figuras; y es indudable que lo que se busca con dificultad proporciona un placer mayor cuando se lo encuentra. Porque los que buscan sin encontrar, sufren de hambre. Y los que, porque tienen a su disposición lo que necesitan, no buscan en absoluto, a menudo caen en languidez causada por la saciedad. Ahora bien, hay que evitar la debilidad que surge de cualquiera de estas dos causas. Y por eso es que el Espíritu Santo, con admirable sabiduría y preocupación por nuestro bien, ha dispuesto las Sagradas Escrituras de tal modo que, gracias a los pasajes más fáciles, se satisfaga nuestra hambre, y gracias a los más obscuros, se estimule nuestro apetito"[10].

Si todas las Escrituras fueran claras y transparentes, pronto nos aburriríamos y dejaríamos el libro a un lado. De hecho, no seríamos capaces de creer que contiene las palabras de Dios eterno, infinito y, por tanto, incomprensible. Sí: estas palabras están en

---

[9] Esolen, "Male and Female He Made Them," *Crisis Magazine*, 17 de octubre 2023.

[10] San Agustín, *On Christian Doctrine*, Libro 2, cap. 6 (o, en algunas ediciones, cap. 7).

proporción con nosotros y nuestras capacidades, tal como la
Encarnación "proporciona" a Dios con nuestra humanidad; con
todo, también superan nuestras capacidades, y ello será siempre
así. El más temerario pecado de los estudios bíblicos consiste no
en un error específico sino en el racionalismo que aspira o bien
a llegar a una total explicación sin remanentes, o bien, si ello no
se logra, a identificar supuestos errores en el texto. Desarrollando
las intuiciones de San Agustín, escribe Joseph Shaw:

"Un símbolo opaco puede perdurar en la memoria y estimular
la imaginación más que uno claro, y puede más fácilmente servir
de vehículo a múltiples y profundos significados. Un símbolo
que comunica algo demasiado profundo para ser expresado con
palabras no es un símbolo cuyo significado pueda explicarse con
un par de frases.

"Los autores de las Escrituras ciertamente no ignoraban estas
realidades. En ellas encontramos una colección de cuentos, dichos
y otros textos que son complejos y a menudo opacos. Si muchos
de esos pasajes confusos pueden aclararse con un poco de exégesis,
hay otros que, pareciendo razonablemente claros a primera vista,
pueden, analizados más detenidamente, revelar inesperadas complejidades. Esto no es verdaderamente un problema: es sólo un
reflejo de la riqueza del texto. Nuestra participación en la Palabra
de Dios no ganaría nada con que la reemplazáramos por una
versión del texto simplificada, para niños. Nuestro Señor habló
en parábolas no para confundir a la gente o limitar el alcance de
su predicación, sino para llegar hasta quien, buscando sincera-
mente la verdad, está preparado para meditar en Sus palabras. Las
más desconcertantes historias, como la de la lucha de Jacob con
Dios, pueden ser objeto de las más penetrantes artes religiosas,
y anidar en la imaginación de los lectores. Hay ciertas cosas que
pueden ser entendidas por quienes no pueden, luego, expresar
articuladamente su comprensión. Otras cosas descansan en nuestra memoria hasta ser activadas, como una bomba sin explotar,
quizá décadas después, por un acontecimiento fortuito o una
conversación. No debemos esperar, ni siquiera desear, recuperar el
significado completo de un pasaje de las Escrituras sin que quede
nada oculto, al modo como podemos apretar una esponja hasta
dejarla seca. Más bien, podemos esperar ver algún otro aspecto
del mismo cuando volvamos a meditarlo años después"[11].

---

[11] Shaw, *Liturgy, Family, and Crisis*, 26–27.

LITURGIA TRADICIONAL: ANTES DE NOSOTROS, DESPUÉS DE NOSOTROS

La visión agustiniana de las Escrituras puede aplicarse análogamente a los ritos tradicionales del culto de la Iglesia. Cuando hay acontecimientos visibles, audibles, tangibles que tienen lugar entre nosotros, tales liturgias están proporcionadas a las capacidades y necesidades humanas, pero nos desafían también a ir más allá de donde quiera que nos encontremos en cualquier momento de nuestra vida. La ascética de los tiempos penitenciales y de los escasos días de ayuno es un modo obvio en que los ritos tradicionales interpelan a los fieles; pero un desafío más sutil surge de la extensión, complejidad y densidad de sus oraciones y ceremonias, que nos ponen delante un contenido que no podemos captar de inmediato[12]. Se necesita una vida de paciente experiencia y de diligente meditación para llegar al fondo de lo que la Iglesia, con sus oraciones heredadas desde hace milenios, realiza y trata de comunicarnos. La liturgia enciende nuestro asombro: ¿Por qué se dice o hace *esto*? La reflexión o, a veces, un relámpago de intuición, nos muestra que lo que, al comienzo, parecía azaroso, secundario, extraño e incluso sencillamente inútil, es una venerable reliquia, un dulce secreto, una preciosa memoria, una lección de piedad. Nuestra humildad aumenta cuando nos damos cuenta de que jamás, en realidad, llegaremos "hasta el fondo de todo".

La mentalidad más venenosa que podemos introducir en la liturgia es la del racionalismo: la idea de que la liturgia está llena de errores y necesita que los especialistas la enmienden; o la idea de que la liturgia puede ser total y adecuadamente explicada para satisfacción intelectual de alguien que vive en, por ejemplo, 1945 o 1965 o en 2025. No debe constituir una sorpresa el que ritos litúrgicos de muchos siglos de antigüedad desconcierten a algunas personas y atraigan a otras de modo diferente, por razones diferentes y en diferentes momentos a lo largo de la historia e incluso en diferentes lugares durante el lapso de vida de la misma persona. Así es como *debiera* ser. Cuando fabricamos con éxito una liturgia

---

[12] Así, aunque a menudo la Divina Liturgia bizantina se celebra en la lengua del pueblo, es al mismo tiempo tan difusa, prolija, y reiterativa, tan llena de imaginería, y tan compleja en la cantidad y variedad de sus componentes, que representa una clase de dificultad de acceso *diferente* del caso del rito romano, más breve, con intervalos de latín y de silencio. Ambos ritos, de modo diferente, confrontan al fiel con un muro a través del cual no se puede ver y que hay que escalar pacientemente.

perfectamente accesible, transparente y comprensible para los hombres de hoy (o para los de cualquier época específica de la vida), sin duda dejará de ser una ayuda para los hombres de algún otro período que sea diferente (o para la misma persona en diversas edades). Y esto, sin mencionar el hecho -a menudo ignorado, al parecer, por los liturgistas modernos- que en cualquier momento, el edificio del templo estará lleno de una gran variedad de personas con diferentes historias, capacidades, estilos de aprendizaje, necesidades y deseos. La parte de una congregación compuesta de auditores lógicos, analíticos y orientados a la palabra, será siempre más bien pequeña. ¿Y qué hay de los "infantes que lloriquean y regurgitan"[13] y de los azorados padres del infante; de los artistas ensoñadores; y del trabajador cansado que busca un banco tranquilo; de la vieja señora que se goza en la tibia luz del vitral, mientras disfruta del toque de Dios sin palabras? Para todos hay lugar en la Iglesia católica, pero no lo hay en un rito racionalista.

En realidad, se puede argumentar fácilmente que el aprendiz lógico, analítico, con tendencia a la escucha verbal, es el que más necesita del rito romano tradicional, para poder librarse del excesivo gusto por el análisis racional y para ser lanzado al mundo lleno de asombro que elude toda resolución inmediata. No hay que olvidar que Santo Tomás de Aquino, que es buen candidato al título de hombre más analítico que haya existido jamás, se alimentaba diariamente con dos Misas rezadas -una, dicha por él; la otra, a la que servía de ministro-. En el ambiente monástico del rito dominico, Santo Tomás disponía del ocio contemplativo para rendirse a lo que el Papa Juan Pablo II llamaba "el asombro Eucarístico". El bien amado himno *Adoro te devote* nos ha sido transmitido como oración que Fray Tomás recitaba durante la elevación de la hostia y del cáliz.

La liturgia debe ser vasta y complicada y llena de palabras y gestos simbólicos si ha de ofrecer a *cualquier* hombre suficiente material con el cual conectarse o suficiente material capaz de atraparlo. De este modo, es, como la Sagrada Escritura, una enorme biblioteca que lo sobrepasa a todo: el misterio de Dios que simultáneamente se revela y se oculta, como si lo deleitara el ser perseguido y pillado, y ser perseguido otra vez. La poetisa y liturgista tradicional italiana, Critina Campo, medita sobre esta analogía:

---

[13] Shakespeare, *As You Like It*, Act II, scene 7.

"El rito es vida, como las Escrituras, como el sol que se levanta todos los días, brilla y se pone, permaneciendo siempre inagotablemente misterioso y diverso. La inmutabilidad del verdadero rito y de todas las tradiciones fue querida por Dios precisamente para que en ese regreso de formas cósmico, infalible, pudiéramos todos los días adelantar un poco más hacia la insondable complejidad de su significado: aquello que no se dejará jamás expresar en conceptos racionales sino solamente señalado, aludido mediante divinamente dispuestos gestos, sonidos, símbolos"[14].

San John Henry Newman describe este rasgo de las Escrituras en términos que se aplican igualmente bien a las antiguas formas del culto:

"Es también de notar que la estructura y estilo de las Escrituras, una estructura tan poco sistemática y variada, y un estilo tan figurativo e indirecto, apuntan a que nadie presuma decir, con una primera inspección, lo que es y lo que no es. La Sagrada Escritura no puede, por decirlo así, ser mapeada, ni catalogados sus contenidos; pero luego de toda nuestra diligencia, seguirá siendo, hasta el final de nuestra vida y hasta el final de la Iglesia, una tierra subexplorada y no domesticada, con alturas y valles, bosques y arroyos, a la derecha y a la izquierda de nuestro camino y rodeándonos de cerca, llena de maravillas ocultas y ricos tesoros"[15].

"Maravillas ocultas y ricos tesoros": piénsese en el velo de la puerta del tabernáculo, el velo que cubre el cáliz, el velo sobre la cabeza de las mujeres, el paño humeral que cubre la patena sostenida por el subdiácono... Todas estas cosas revelan algo ocultándolo, sin un "plan" lógico que las dirija, como el que podría haber diseñado un comité.

Resumiendo mucho de lo que hemos dicho hasta aquí, Urban Hannon traza paralelos entre la Escritura y la liturgia:

"Como todas las cosas óptimas, la Misa es difícil de entender. Sus textos son hieráticos y exóticos y a menudo inaudibles, sus movimientos son jerarquizados y ritualizados y a menudo invisibles. En el último tiempo, hemos visto cómo muchos liturgistas tratan de solucionar esta dificultad, pidiendo que se simplifique la Misa, que se la haga transparente y llana, y que se la traduzca al habla

---

[14] "Cristina Campo," *L'Astero Rosso*, 25 de abril 2023, www.asterorosso.com/2023/04/25/cristina-campo/.

[15] Newman, *Essay on the Development of Christian Doctrine* (Longmans, Green, and Co., 1909), I, 2, § 1, no. 14, p. 71.

cotidiana. Pero si el significado místico de la Misa es algo parecido al sentido espiritual de la Sagrada Escritura, entonces, de acuerdo con los principios de Santo Tomás de Aquino, esta corriente de vulgarización es un terrible error. Sería como reemplazar la palabra inspirada de Dios -que a menudo es también difícil y obscura- por una Biblia ilustrada para niños. En cambio, para Santo Tomás, las Escrituras son difíciles por haber sido diseñadas para serlo, no sólo porque la riqueza de la forma debiera calzar con la riqueza del contenido, sino también porque un texto más fácil no captaría nuestra atención. Las *expositiones Missae* de Santo Tomás sugieren que la misma lógica se aplica a los ritos de la Misa. No es un error el que la liturgia sea misteriosa: la liturgia revela precisamente velando. Con el ejemplo de Santo Tomás, la respuesta correcta a la dificultad de comprender la Misa no consiste en hacer desaparecer la dificultad, el misterio, sino en contemplarlo"[16].

LOS ENEMIGOS DEL "SENTIDO DEL MISTERIO"

Ahora bien, alguien podría escandalizarse por la idea de San Agustín de que Dios ha hecho intencionalmente difícil el camino que lleva a El. En su carta *Desiderio Desideravi*, el Papa Francisco se queja de la liturgia que usa lo que él llama "sentido del misterio", que puede definirse como "sentirse abrumado por una realidad obscura o un rito misterioso"[17]. Del contexto, parece que el papa piensa en cosas como el sacerdote "dando la espalda al pueblo", oraciones pronunciadas *sotto voce* en una lengua sagrada, nubes de incienso que difuminan la línea de visión, el sonido de campanillas y de las grandes campanas durante la elevación de la Hostia y del Cáliz, el hacer muchas señales de la cruz a las que los medievales atribuían significado alegórico[18]. Este tipo de cosas elevan la sensación de que hay algo especial, diferente, extraño, fuera del alcance, que está en medio de nosotros pero, en cierta forma, en los más lejanos límites, fuera de nuestro control y pidiéndonos un máximo respeto. El papa, junto con liturgistas profesionales, no tiene paciencia para este tipo de cosas y escribe: "Si la reforma ha eliminado ese vago "sentido de misterio", ello,

---

[16] Hannon, *Thomistic Mystagogy: St. Thomas Aquinas's Commentaries on the Mass* (Os Justi Press, 2024), 96–98.
[17] Francisco, *Desiderio Desideravi*, no. 25.
[18] Ver Claude Barthe, *A Forest of Symbols: The Traditional Mass and Its Meaning* (Angelico Press, 2023).

más que hacerla culpable, la acredita". ¿Cómo evitar recordar aquí a Alexis de Tocqueville y su descripción de los pioneros estadounidenses -descripción que les calza bien a los modernos europeos que lideraron la reforma litúrgica-:

"Puesto que están acostumbrados a confiar en su propio testimonio, aman discernir el objeto que atrae su atención con la más extrema claridad; por tanto, quitan todo lo posible lo que lo cubre, se despojan de todo lo que puede separarlos de él, suprimen todo lo que lo oculta a la vista, a fin de verlo más de cerca a plena luz del día. Esta mentalidad pronto los conduce a condenar las formas, que consideran como velos inútiles e inconvenientes puestos entre ellos y la verdad"[19].

Sin embargo, cuando tratamos de dejar a la vista la desnudez de la realidad, nos vemos impedidos; al comprender una cosa, tropezamos con alguna otra dificultad que no podemos sortear. Para cuando logramos sortearla, ha aparecido otra. ¿Podemos verdaderamente negar que la vida, el alma, el universo, la realidad, sobre todo Dios y las cosas de Dios, son profundamente desconcertantes y no pueden ser vistas en su desnudez "a plena luz del día"? Descartar el "sentido de misterio" sería revelar que se cree con Kant que la mente humana es capaz de dar cuenta de la revelación de Dios y de comérsela al desayuno: "la religión sólo dentro de los límites de la razón". El misterio es una verdad luminosa pero inextinguible, inconquistable. Como en la definición de lo sagrado de Rudolf Otto, el misterio es al mismo tiempo fascinante y abrumador, incluso aterrador a veces. El misterio es inevitablemente desconcertante. Jesús desconcertó a sus padres y a sus apóstoles; y sigue siendo en toda época el príncipe de la paz y el provocador de paradojas, la Verdad que se nos da a sí misma no como una posesión bien domada, sino como una Vida que hay que vivir, y un Camino que hay que seguir. Se nos ha prometido que al final, cuando crucemos la puerta última y misteriosa de la muerte, Lo veremos cara a cara, contemplaremos Su belleza, lo entenderemos por fin, pero sin comprenderlo, porque Dios es transparente sólo para Sí mismo.

No existe ni la más remota posibilidad de aburrimiento en el cielo; estaremos demasiado ocupados descansando en el Eterno Acto, demasiado enamorados del Amor para acordarnos de nosotros mismos.

---

[19] de Tocqueville, *Democracy in America*, Libro II, secc. I, cap. I.

EN TODO CASO, ¿QUÉ ENTENDEMOS POR "MISTERIO"?

Como profesor de teología, me pregunto a menudo en qué habrán pensado los nuevos estudiantes de *college* al oír en clases la palabra "misterio". Sospecho que el término aparece relacionado sólo con novelas, donde el misterio -o sea, el crimen no explicado inicialmente, por lo general un homicidio- tiene que ser esclarecido, tienen que descifrarse las pistas, hay que dar razón de lo que no se entiende, por un brillante detective que, como se dice, resuelve el misterio. El término no significa otra cosa que un conjunto de circunstancias temporalmente obscuras debido a la insuficiencia de datos o de inteligencia; es algo que puede *ser resuelto*: el misterio es algo que uno quiere quitarse de encima, si es posible. Otro lugar en que se usa el término es en los programas sobre la naturaleza, tipo David Attenborough, donde puede que el narrador diga: "La predilección que el pájaro billy-bong de cresta amarilla tiene por la dieta de venenosos hongos púrpura es un misterio para los ornitólogos hasta el día de hoy", lo cual quiere decir que éstos no han dado todavía con la respuesta; pero sintonice nuestro próximo capítulo.

Para despejar el camino de estos significados reduccionistas, me propuse una vez preguntar a mis estudiantes de la clase de teología qué queremos decir cuando, por ejemplo, decimos que la Santísima Trinidad o la Encarnación son un misterio. Los estudiantes respondían generalmente algo como lo siguiente: "Un misterio es algo que uno no puede entender, algo que uno no ve ni puede explicar, un secreto, o un puzzle o una paradoja. Pero quizá sea aclarado en la próxima vida: Dios es un misterio para nosotros aquí abajo, pero seguramente es claro como el día en el mundo futuro". Era para mí un gozo poder responder: "En realidad, no; Dios es un misterio infinito que no puede ser jamás abarcado ni comprehendido; será un misterio para siempre en el cielo, *y aún más de lo que es ahora*".

Pero hay que abrir el paquete en que esta afirmación está encerrada, para evitar ser fastidioso. Afortunadamente, el trabajo pesado ya ha sido hecho por uno de los teólogos más brillantes de los tiempos modernos, Matthias Scheeben, quien, en su obra maestra *The Mysteries of Christianity*, escribe:

"El cristianismo apareció en el mundo como una religión repleta de misterios. Se lo proclamó como el misterio de Cristo (Romanos 16, 25-27; Colosenses 1, 25-27), como el "misterio del reino de Dios" (Marcos 4, 11; Lucas 8, 10). Sus ideas y doctrinas eran desconocidas, no tenían precedentes, y habían de permanecer inescrutables y sin fondo. El carácter misterioso del cristianismo, suficientemente inteligible en sus postulados más fundamentales, fue locura para los gentiles y escándalo para los judíos; y puesto que el cristianismo, con el paso del tiempo, no ha abandonado nunca ni nunca podría abandonar su carácter de misterio sin ser infiel a su propia naturaleza, ha seguido siendo una locura, y un escándalo para todos los que, como los gentiles, lo han mirado con ojos profanos o, como los judíos, se han encontrado con él teniendo incircunciso el corazón. . .

"Mientras más grande, más sublime y más divino es el cristianismo, más inextinguible, inescrutable, inexplorable y misterioso tiene que ser su objeto. Si sus enseñanzas son dignas del Hijo Unigénito de Dios, si el Hijo de Dios tuvo que descender desde el seno de su Padre para iniciarnos en su aprendizaje, ¿podríamos esperar algo que no fuera revelación del mayor de los misterios encerrados en el corazón de Dios? ¿Podríamos esperar algo que no fuera luz sobre el mundo más alto, más invisible, sobre las cosas divinas celestiales, que "ojo no vio, ni oído oyó" ni entró en pensamiento humano (1 Corintios 2, 9)?. . .

"En sí mismos, los misterios deben ser verdades lúcidas, gloriosas. La obscuridad sólo existe desde nuestro lado, en la medida en que nuestros ojos se desvían de los misterios o, al menos, no son suficientemente intensos como para enfrentarlos y ver a través de ellos. Tiene que haber verdades que desconcierten nuestro escrutinio, no por su intrínseca obscuridad y confusión, sino por su exceso de brillo, su sublimidad y su belleza, que ni el ojo humano más resistente puede mirar sin quedar ciego. . .

"Sólo el conocimiento propio de Dios excluye todo misterio, porque nace de una Luz infinita que con infinito poder penetra e ilumina las máximas profundidades de todo lo que existe. . .

"Los misterios se hacen luminosos y aparecen con su verdadera naturaleza, con toda su grandeza y hermosura, sólo cuando reconocemos que son precisamente misterios, y percibimos con claridad cuán por encima están de nuestra órbita, cuán completamente diferentes son de todos los objetos contenidos en nuestra capacidad natural de percepción. Y cuando, apoyados en la palabra todopoderosa de la divina revelación, sobrevolamos, sobre las alas de la fe, el abismo que nos separa de tales misterios y ascendemos a ellos, que se adaptan a nuestros ojos con la luz de la fe, que es sobrenatural, tal como lo son ellos mismos; es entonces cuando despliegan ante nosotros su verdadera forma, su naturaleza celestial y divina. En el preciso momento en que percibimos la obscuridad con que el cielo oculta sus misterios a nuestra mente, ellos brillan para nosotros con la luz de la fe como estrellas brillantes que se iluminan mutuamente, y se apoyan y afirman unos a otros, como las estrellas que forman un maravilloso sistema y pueden ser conocidas con todo su poder y magnificencia en dicho sistema"[20].

Muchos de los puntos a que alude Scheeben tienen su analogía en la experiencia de la Misa tradicional. En ella encontramos un mundo de misterios, entrelazados y sobrecogedores, en que Dios está en casa y nosotros somos, por decirlo así, los afuerinos que han osado entrar. Nuestro intelecto no es jamás perfectamente adecuado para la masa y el volumen que contemplamos, en parte porque se nos presenta con una densidad de palabras que se traslapan y de acciones que superan el poder de comprension de cualquier agente finito. No todo "tiene sentido", aun después de darle muchas vueltas. Gracias a Dios por ello. Mi mente, nuestra mente, es demasiado pequeña para abarcar el complejo lenguaje del encuentro, destilado a lo largo de cientos de años de culto pagano, judío y cristiano. Se nos permite estar allí y absorber lo que podamos, cuando y a medida que podemos, porque ello es *bueno*: "Maestro, bueno es para nosotros estar aquí"[21]. Siempre hay mucho que ocurre "allá arriba" en el presbiterio, pero también hay un rara serenidad que lo rodea, tan palpable a veces que parece como que el tiempo se hubiera detenido, como si el espacio se hubiera condensado, como si las épocas hubieran colapsado, como si los individuos coalescieran en torno al soberano Otro que "es más interior a lo más íntimo que hay en mí, y más alto que lo más alto que hay en mí"[22].

"MARAVILLOSAMENTE PERDIDO EN EL DIOS QUE ERES"[23]

La perfección específica que he procurado describir es algo en torno a lo cual los autores que escriben sobre este tema

---

[20] Scheeben, *Mysteries of Christianity* (B. Herder Book Co., 1946), 3, 4, 6, 8, 19. La Introducción de este libro (páginas 3-21) figura entre los más sobresalientes textos de teología católica jamás escritos.

[21] Lucas 9, 33.

[22] San Agustín, *Confessions* III.6.11: "*interior intimo meo et superior summo meo.*"

[23] La frase está tomada de la traducción del *Adoro te devote*, de Santo Tomás de Aquino, hecha por Gerard Manley Hopkins.

frecuentemente dan vueltas y vueltas, buscando palabras para decir algo que es, a la vez, obvio y sutil. El P. Spataro escribe:

"La razón no siente la tentación de hincharse, cosa que ocurre en el proceso revolucionario, porque en el rito antiguo no todo puede ni debiera ser explicado por una razón que, por su parte, se contenta con adorar a Dios sin comprenderlo"[24].

Joseph Ratzinger advierte cuán suprema es la adecuación del silencio que desciende sobre una iglesia durante el Canon romano, susurrado en el rito antiguo:

"Cualquiera que haya experimentado una iglesia unida en el silencioso rezo del Canon sabe qué es, en realidad, un silencio preñado. Es, a la vez, un grito agudo y penetrante a Dios y un acto del Espíritu, lleno de oración. Aquí todos rezan el Canon juntos, aunque unidos a la tarea especial del sacerdocio ministerial. Aquí todos están unidos, atados por Cristo y conducidos por el Espíritu Santo hacia la oración común al Padre, que es el verdadero sacrificio -el amor que reconcilia y une a Dios y al mundo-"[25].

Como dice el profeta Habacuc: "Mas el Señor está en su santo Templo. ¡Calla delante de El la tierra entera!"[26]. Algunos autores espirituales comparan la inaudible recitación del Canon con el invisible milagro de la transubstanciación: la incomprensibilidad de un misterio que trasciende la mente creada queda subrayada de ambas formas. La presencia del Salvador es ocultada a los sentidos corporales, como en una invitación a abrir los ojos y oídos del corazón.

Aquellos de nosotros que amamos la liturgia romana tradicional encontramos que uno de sus atractivos mayores y más coherentes es el modo cómo evita entregársenos en bandeja, cosa que afirmaría nuestras tendencias racionalistas y nos animaría, con golpecitos en la espalda, a la participación ("Activa", con mayúscula). En cambio, conserva su foco inflexiblemente en Dios y parece casi indiferente a todo lo que la rodea -una paradojal y fina pedagogía para estimular nuestro interés en algo que es tan real que no sólo excede nuestra pobre capacidad sino que la supera absolutamente-. Como decíamos anteriormente, las abundantes rúbricas hacen del sacerdote, según la aplacible expresión de Santo Tomás de Aquino, un "instrumento animado": él tampoco es, ni de lejos, tan

---

[24] Spataro, *In Praise of the Tridentine Mass*, 54.
[25] Ratzinger, *The Spirit of the Liturgy*, 215–16.
[26] Habacuc 2, 20.

importante como Aquel al que sirve, en quien sumerge su propia personalidad[27]. Se nos permite ser anónimos, tranquilos, atentos, libres –"perdidos, todos perdidos en la maravilla del Dios que eres". Una señora, con tenía correspondencia, me escribió una vez: "Sigo estando espantada por el abrumador sentido de la presencia de Dios en la Misa tradicional. Entiendo, finalmente, todas las referencias a la Misa como una *realidad cósmica*. Entiendo, por fin, por qué los autores preconciliares alcanzaron tanta profundidad y tanta reverencia hacia la Misa. Sigo esperando que este sentido se vaya desgastando a medida que pasa la novedad, pero no se desgasta. En lo profundo, espero que no se desgaste".

Respecto de la última frase: yo también he asistido a la antigua Misa por más de treinta años, y el sentido de maravilla, la bien ordenada paz, la libertad de orar, el deseo de despertar una y otra vez para Dios, el gozo (y, con franqueza, el alivio) de no ver ningún ser humano siendo el centro de atención: nada de esto "se ha desgastado". El antiguo rito es siempre nuevo y en perpetua renovación. Este "tiempo fuera del tiempo", esta inmersión en Dios, se ha transformado en el refugio de mi corazón; su estructura es mi día, mi semana, mi vida. No podría vivir sin ello.

EL ASOMBRO DEBE CONDUCIRNOS A LA SABIDURÍA

Es necesaria una última aclaración. Mi tesis no es que debemos simplemente flotar adormilados en un mar de confusión. El *no entender* es bueno en la medida en que *tratamos de entender*, del mismo modo que el asombro debe provocarnos a "ir más alto y más profundo"[28]. Porque por la gracia somos dirigidos hacia la *visión* de Dios y, asimismo, somos llevados por la gracia a conocer el significado de las Escrituras y el de los ritos litúrgicos. El amante quiere conocer a su amada y conocerlo todo sobre ella. La flojera, satisfecha con la pasividad, no tiene nada de admirable[29].

---

[27] Ver capítulo 4.

[28] Frase a menudo repetida en C.S Lewis, *The Last Battle* (*The Chronicles of Narnia*).

[29] El asombro se supone que conduce a la visión. Mi idea central en este capítulo es que, en esta vida, cuando uno se involucra con los sagrados misterios en su hogar tradicional, nunca llegará a una mesetaa de la que pudiera decir: "Okay, ya todo está claro, no queda nada por conocer, no queda nada que pueda causarme perplejidad, que me pueda abrumar o desafiarme o hacerme sentir humildad". En realidad, mientras más llegamos a ver, más veremos lo que no vemos, y mayor será nuestro deseo del abrazo de Dios

En un notable discurso de 1978, el Papa Juan Pablo II citaba a Cicerón: *Non enim tam praeclarum est scire Latine, quam turpe nescire* ("No es tan preclaro saber latín como torpe no saberlo")[30]. En otras palabras, no debemos ser flojos en la educación de nosotros mismos. Tenemos que adquirir algún conocimiento de la principal lengua de la civilización occidental y de la Iglesia romana. Por cierto, ese conocimiento no reduce el misterio de la liturgia tradicional sino que, por el contrario, intensifica nuestro estupor ante sus sutilezas espirituales y sus alusiones literarias[31]. El enriquecimiento intelectual y la cultura literaria son siempre así: lejos de hacer nuestra vida más estrecha, multiplican las ocasiones de asombrarse y abren nuevas posibilidades de contemplación. La belleza misma parece crecer a medida que crece nuestra capacidad de verla y de oírla.

Se podría decir lo mismo del siguiente modo: la Misa tradicional es buena no porque nos cause perplejidad o porque nos ponga vallas, sino porque humilla nuestro orgullo y abre nuestro apetito, siendo las vallas como ocasiones de provocarnos a mayor intimidad con ella. Como dice el Señor a través del profeta Isaías: "Te daré los tesoros escondidos y las riquezas de lugares secretos para que sepas que Yo, el Señor, soy el Dios de Israel, el que te llamó por tu nombre"[32]. El místico es alguien que sigue ardientemente la verdad hasta en los matorrales más terribles y en las más feroces pruebas. La Misa, como re-presentación mística del sacrificio de Cristo en la Cruz, debe ser un espacio en que los místicos de todos los días sean criados y alimentados -miembros del Cuerpo que llamamos Místico-. Contra los racionalistas de ayer y de hoy -los reformadores del Sínodo de Pistoia, los *periti* del sacrosanto Concilio-, demos gracias a Dios, con las ya citadas palabras de la Divina Liturgia de San Juan Crisóstomo, "por todo lo que sabemos y por lo que no sabemos, por las bendiciones manifiestas y por las ocultas que se nos han concedido"[33]. El título del presente capítulo dice que es mejor no entenderlo todo inmediatamente. Ahora ya

---

que nos satisfacerá, finalmente, y nos colmará de modo inimaginable.

[30] Discurso de Juan Pablo II a los participantes en el *Certamen Vaticanum*, 27 de noviembre 1978, citando a Bruto 37, 140.

[31] Ver Foley, *Lost in Translation*, y Martindale, *The Words of the Missal* (Os Justi Press, 2023).

[32] Isaías 45, 3.

[33] Quoted from www.goarch.org/-/the-divine-liturgy-of-saint-john-chrysostom.

debiera haber quedado claro que, en realidad, es imposible para
nosotros entender todo inmediatamente -ello es una prerrogativa
solamente de Dios; y en la medida en que se nos hace pensar que
entendemos más de lo que en realidad entendemos, se nos causa
un perjuicio, porque el conocimiento y el orgullo están vinculados
subterráneamente, y a menudo es por nuestro bien, por nuestra
humildad, que se nos deja en la oscuridad. Es para nosotros una
ventaja llegar a conocer *con lentitud* los dos mayores misterios con
que nuestra mente está en contacto -a saber, Dios y nuestra alma-,
para no ser cegados por la verdad, ni abrumados ni confundidos.
Tal como conviene en el orden natural que seamos alimentados
con leche materna, luego con alimentos blandos, y luego con otros
más sólidos hasta que llegamos a poder comer casi cualquier cosa,
conviene a la divina pedagogía en la vida espiritual que, como dice
San Pablo en 1 Corintios, comencemos con leche y poco a poco
con carne. La liturgia tradicional nos alimenta precisamente de
este modo, comenzando con la leche del esplendor externo -la
pompa de las ceremonias, la suavidad de la música, los "aromas
y campanas" que capturan nuestra atención y nos mantienen
enfocados en los signos exteriores- y llevándonos, con el paso
del tiempo, a la carne de las oraciones, con su denso contenido
(piénsese en los altísimos misterios del Canon Romano) y a las
sutilezas del rito que uno llega a descubrir sólo después de años
de asistir a él. En resumen, los tradicionalistas deben estimularse
mutuamente a vivir una vida de oracion y de estudio que con-
cuerde plenamente con la "slow liturgy", porque, de este modo,
podremos absorber su sabiduría, reivindicar sus perfecciones y
extender su imperio en esta tierra.

9

Por qué nos arrodillamos para recibir la comunión, y la recibimos en la lengua

"No existen algunas posturas mejores que otras si el corazón está bien dispuesto".

MAGINEMOS QUE COMEMOS EL SOL, E IMA-ginemos cómo podríamos hacerlo sin perecer. ¿Qué ocurriría? Recibiríamos en nuestro cuerpo la fuente de la luz y del calor. Tendríamos dentro de nosotros toda la luz y el calor que jamás seríamos capaces de desear o de necesitar.

Cuando recibimos a Jesús en el Santísimo Sacramento, recibimos la fuente de toda la luz y calor sobrenaturales, la luz de la verdad, el calor del amor, porque El es verdaderamente el "Sol de Justicia". Recibimos a Dios mismo, al Hijo mismo de Dios, inseparable del Padre y del Espíritu Santo. San Efrén el Sirio escribió: "El llamó al pan su cuerpo vivo y lo llenó consigo mismo y con su Espíritu. Quien lo come con fe, come Fuego y Espíritu. Tomad y comed esto, todos vosotros, y comed con ello al Espíritu Santo. Porque esto es verdaderamente mi cuerpo y quien quiera que lo come tendrá vida eterna"[1]. El que no muramos instantáneamente por este contacto con el Fuego eterno e infinito es, a su modo, un milagro mayor que lo que sería comer el sol sin perecer. Nuestro Señor nos protege, ocultando amablemente Su gloria abrasadora para que no nos abrume, y nos irradia suavemente con Su paz.

Es porque recibimos fuego divino -un fuego mucho más potente, en la amplitud y alcance de sus efectos espirituales, que cualquier fuego físico-, que la *digna* recepcion de la Eucaristía es purificadora, iluminadora, y unitiva. El Santísimo Sacramento obra con y desde el interior de nuestra alma lo que el fuego hace con y desde el interior de la materia combustible, quemando disposiciones contrarias y transformando en sí mismo a la materia.

---

[1] *Sermo IV in Hebdomadam Sanctam*: CSCO 413/Syr. 182, 55, citado por Juan Pablo II, *Ecclesia de Eucharistia*, no. 17.

Pero puesto que el alma espiritual es incorruptible, puede convertirse en fuego sin perecer, como la milagrosa zarza ardiente. La Eucaristía hace al alma lo que el sol hace a la tierra: esparcir luz, calentar los cuerpos, causar crecimiento.

Como nos enseñan los Padres, Doctores y místicos de la Iglesia, la Presencia Real de Jesús produce un efecto propio en nuestra alma y en nuestro cuerpo. Como en la curación de la mujer que padecía flujo de sangre[2], la sangre enferma del viejo Adán, no puede sanar con ninguna medicina humana, sino sólo con el contacto del nuevo Adán, el médico de almas. El Señor toca primero la esencia del alma, aumentando en ella la gracia que la hace agradable a Dios, una hija adoptiva del Padre, una esposa de la Palabra, un templo del Espíritu Santo[3]. Y toca las capacidades del alma, infundiéndoles virtudes, fortaleciendo los hábitos virtuosos. Sólo en la vida futura se nos dará a conocer cuántas veces fue Jesús quien, enfrentando la pereza de nuestra condición caída, animó nuestra alma a actuar y nos estimuló a dar frutos agradables a Dios y provechosos para nosotros mismos.

RESURRECCIÓN Y VIDA ETERNA

El Santísimo Sacramento influye también en nuestro cuerpo. Es muy importante ver esto, aunque no lo podamos entender completamente. Mediante la Eucaristía, nuestra carne se hace más obediente y dócil al alma, se vuelve más receptiva al poder del alma y de la virtud. El Señor es sembrado en nuestra carne como semilla de inmortalidad: El irradia vida divina, existencia divina, sobre lo que no tiene sino vida terrena y existencia terrena. Su presencia es como una benéfica irradiación. Sabemos que la irradiación ordinaria deforma las células. Pero la irradiación del Hijo de Dios es exactamente lo opuesto: provoca un oculto perfeccionamiento en toda la materia del cuerpo, de modo que el último día la carne será reconocida por Dios como carne marcada por Cristo y perteneciente a Cristo, como carne digna y capaz de ser resucitada con la imagen del Rey glorificado. El quiere cambiar nuestra carne, día a día, en la carne que El resucitará como si fuera la suya propia. Los que han comido la Eucaristía han comido la carne y bebido la sangre de aquél que es la Resurrección y la

---

[2] Ver Lucas 8, 43.
[3] Ver Santo Tomás de Aquino, *Summa Theologiæ* I–II, Q. 110.

Vida, y tienen la carne y la sangre marcada invisiblemente con la firma, el sello, de la carne y sangre eternamente vivientes de Jesús. A los ojos de Dios Padre, que todo lo ven, el hombre y la mujer alimentados con la Eucaristía *se ven diferentes* de aquéllos que no han sido así alimentados; no tienen solamente en el alma sino también en el cuerpo las marcas del Señor Jesús[4]. Como dice Santo Tomás de Aquino, recibimos a *Christus passus*, "al Señor que ha sufrido", que "hoy es glorificado"[5]. El cuerpo que se configura con el Cristo sufriente, se configura con el Cristo glorificado, según nos dice Pan Pablo[6]. San Juan Crisóstomo exclama:

"Os ruego que no nos matemos a nosotros mismos con nuestra irreverencia, sino que acerquémonos a él con temor y pureza; y cuando lo veamos preparado ante nosotros, digámonos: ""Debido a este Cuerpo ya no soy más pura tierra y ceniza, ya no soy un prisionero, sino que soy libre: es por esto que espero el cielo, y [espero] recibir las cosas buenas que él contiene, la vida inmortal, la porción de los ángeles, el conversar con Cristo"[7].

LA PRESENCIA REAL

Es fe de la Iglesia -y lo ha sido siempre, *pace* protestantes- que Jesús está real, verdadera, substancial y personalmente presente en el Santísimo Sacramento del Altar. Por tanto, *el modo cómo* nos acercamos a recibir la Sagrada Comunión es el modo cómo nos acercamos a recibir al propio Jesucristo. Es un acto personal, una unión interpersonal, un signo de nuestra mayor intimidad -o, al contrario, un signo de la más terrible traición-. Cuando Judas condujo a los sumos sacerdotes y sus guardias a aprehender a Cristo en el Jardín de Getsemaní, Jesús le preguntó: "Amigo, ¿a qué has venido? ¿con un beso entregas al Hijo del Hombre?"[8].

Esta es, pues, la pregunta que debemos hacernos: ¿*Creemos* que Jesucristo está verdaderamente presente en el Santísimo Sacramento? Si lo creemos, podemos hacer mucho más que seguirlo de lejos, como los temerosos apóstoles durante la Pasión: podemos *comer* al Camino, la Verdad y la Vida, podemos *hacernos uno* con El y permitir que su realidad configure nuestro propio yo.

---

[4] Ver Gálatas 6, 17.
[5] *Summa Theologiæ* III, Q. 66, art. 9.
[6] Ver, *inter alia*, Romanos 8, 17.
[7] San Juan Crisóstomo, *In epistulam I ad Corinthos* 24.4 (PG 61:203).
[8] Mateo 26, 50; Lucas 22, 48.

La Verdad por cuyo conocimiento y contemplación cara a cara en la visión beatífica estamos luchando, esa misma Verdad es nuestro alimento, que podemos *consumir* y con el cual podemos hacernos uno. La Vida que anhelamos, la bendita vida, la vida del cielo, libre de sufrimiento y de muerte: esa Vida la podemos recibir en nuestro interior. El que Dios se nos pueda entregar *a Sí mismo* es algo que supera los límites de nuestra comprensión, pero no es en absoluto algo que supere a su ilimitado poder. La Vía que procuramos seguir, la vía del Evangelio, no es una filosofía sino una Persona, la Palabra hecha Carne, y esta Persona se nos entrega a Sí misma. ¿Creemos que El es Emmanuel, "Dios con nosotros", Dios que habita entre nosotros? Oculto, sí, pero real *-mucho más real, en efecto, que nosotros mismos-*. ¡Vayamos hacia El, corramos hacia la realidad! Dios es el origen de toda realidad, de toda bondad, de toda santidad, de toda felicidad. La Santa Misa es el Sacrificio de Cristo hecho de nuevo realidad entre nosotros; es su auto ofrenda y también la nuestra, unida a la Suya. La Misa nos da el sacramento de Su pasión, muerte y resurrección, y mediante la comunión con el propio Señor, sufrimos, morimos y nos levantamos de nuevo. Puede que no siempre lo *sintamos* como la cúspide de nuestra vida interior o de nuestra vida cristiana, pero ello no tiene importancia: nuestra religión no consiste en sentimientos y ni siquiera en pensamientos verdaderos, sino en *la comunión con misterios*. Nuestra religión trata de tremendas realidades demasiado grandes para nuestra comprensión: Dios nos las lanza encima, y nosotros respondemos en la oscuridad de la fe. Tenemos que confiar no en nuestros mudables sentimientos ni en nuestros inciertos pensamientos, sino en Su eterna Palabra, que es la única roca sobre la que podemos construír con seguridad. Todo esto ocurre *en la fe*, en la oscuridad de la fe, pero mientras nos apoyemos en las invencibles e infalibles promesas de Jesucristo, la Eucaristía se convertirá para nosotros en la gran seguridad de que estamos encaminándonos al cielo, así como también en la gran fuente de poder para alcanzar la meta.

LIBRES DE PECADO MORTAL

Como dije más arriba, Judas traicionó a Nuestro Señor con un beso, con un aparente signo de amistad que fue, en realidad, una sentencia de muerte. Nosotros no queremos ser como Judas, ni traicionar a Nuestro Señor cometiendo un pecado mortal, y empeorando después infinitamente nuestra situación al recibirlo en medio de la culpa de un pecado mortal no confesado y no perdonado. El Concilio de Trento expresó, con incomparable brevedad y claridad, la razón de por qué tenemos que preocuparnos de presentarnos dignamente a recibir la Santa Comunión:

"Si es inapropiado que alguien se acerque a cualquiera de las sagradas funciones a menos que sea con espíritu de piedad, ciertamente mientras mayor sea la comprensión que el cristiano tenga de la santidad y divinidad de este sacramento celestial, con mayor diligencia debe proceder para no recibirlo sin gran reverencia y santidad, especialmente si leemos esas aterradoras palabras del Apóstol: "porque el que come y bebe no haciendo distinción del Cuerpo del Señor, come y bebe su propia condenación" (1 Corintios 11, 29), Por tanto, quien desee comulgar, debe recordar siempre el precepto: "pruébese cada uno a sí mismo" (1 Corintios 11, 28)[9].

La recepción colectiva e indiscriminada de la Comunión por todos o casi todos los católicos que asisten a una Misa, aun por los que no están debidamente preparados para recibir al Señor con beneficio de su alma, es un problema grave reconocido derechamente por los Papas Juan Pablo II y Benedicto XVI[10]. Por ejemplo, Juan Pablo II escribió:

"Algunas veces, incluso en casos muy numerosos, todos los participantes en la asamblea eucarística se acercan a la comunión, pero entonces, como confirman pastores expertos, no ha habido la debida preocupación por purificar la propia conciencia acudiendo al sacramento de la Penitencia"[11].

Aunque este pasaje podría ganarse el "premio a la falta de énfasis", su significado no tiene nada de ambiguo. Purificar la propia conciencia mediante la Confesión sacramental hecha de modo regular -y ciertamente cuando se ha cometido un pecado grave o mortal- es el único modo de garantizar que mostramos

---

[9] Sesión 13, capítulo 7. Queda claro que por "dignidad" no se entiende la absoluta dignidad del que no peca y es totalmente santo (porque podría decirse que sólo Dios es digno de Sí en ese sentido), sino la dignidad mínima que se nos pide, es decir, estar sin la mancha del pecado mortal en nuestra alma, con una certeza moral de que llevamos puesto el traje de bodas de la gracia santificante.

[10] Como se dijo en el capítulo 6, la total ausencia de 1 Corintios 11, 27-29 en el Novus Ordo, es en parte responsable de esta lamentable situación.

[11] Juan Pablo II, *Dominicae Cenae*, n° 11.

el debido respeto a Nuestro Señor, el Santo de Israel, cuando nos acercamos a recibirlo.

Como enseña la Iglesia, la Eucaristía no es un remedio para quienes tienen el alma *muerta*, sino un alimento para los que, estando con vida, necesitan fortalecerse por una vida de caridad[12]. Se puede estar todo el día introduciendo alimento en un cadáver, sin que ello le haga a éste el menor bien. En la vida espiritual, el caso es peor: cuando un hombre espiritualmente muerto recibe el Pan de Vida, *se vuelve más culpable*, y muere de nuevo. Y dar ese alimento a pecadores públicos no arrepentidos -como cuando un sacerdote o un obispo dan la Comunión a políticos que han votado en favor del aborto-, ello atrae la ira de Dios tanto sobre el que recibe como el que da.

RECIBIR BIEN AL SEÑOR

No tener conciencia de ningún pecado grave no confesado, y tener certeza moral de que estamos en estado de gracia, es *lo menos* que podemos hacer para agradecer un don tan tremendo como es el propio Jesús. La tradición católica nos enseña que tenemos a nuestro alcance todo lo necesario para prepararnos bien y obrar adecuadamente cuando llegue el momento de comulgar con el Señor.

Respecto a la preparación, tenemos que ayunar antes de la Misa. Una hora antes de la comunión es el mínimo requerido, pero la antigua costumbre de tres hora o incluso desde la medianoche anterior es muy recomendable, si es que la Misa es lo suficientemente temprano en el día como para que ello sea realista. Tenemos que tener una "recta y devota intención", que la Iglesia define del siguiente modo: "El que se acerca a la Sagrada Mesa debe hacerlo no por rutina o vanagloria o respeto humano, sino por un deseo de agradar a Dios, de estar más íntimamente unido a El por la caridad, y debe haber recurido a los remedios divinos para su debilidad y defectos"[13]. En otras palabras, quien comulga debe tener conciencia de lo que hace y de a quién se acerca (por ello, no puede ser una rutina) y de que lo hace para agradar al Señor y santificar su alma por una unión más íntima con El, y no por lo que puedan pensar los demás (o sea, no por

---

[12] Ver Juan Pablo II, *Ecclesia de Eucharistia*, nos. 35–36.
[13] Del decreto *Sacra Tridentina Synodus* de la Sagrada Congregación del Concilio, de 1905.

vanagloria o respetos humanos). La Iglesia recomienda también que dediquemos algunos momentos *antes* de la Misa a recogernos y ponernos en oración, en la medida de nuestras fuerzas. La Misa misma debe ser tal que nos ayude a prepararnos para la comunión con el Señor, y lo hace tradicionalmente enfatizando la adoración a Dios, la contrición por nuestros pecados, y el recuerdo de lo que Cristo ha hecho y hace por nosotros, así como también proporcionándonos mucho silencio para realizar estos actos interiores. Dedicar algún tiempo después de la Misa para hacer acción de gracias aumenta muchísimo los efectos que la Comunión habrá de tener en nuestra vida.

ARRODILLARSE Y RECIBIR LA COMUNIÓN EN LA LENGUA

Las prácticas tradicionales nos enseñan la conducta adecuada frente a la Eucaristía y nos habitúan a ella. Durante la mayor parte de la historia de la Iglesia, los católicos de rito latino han recibido la Comunión en la lengua y arrodillados. Veamos primero esto último. En sus *Comentarios a los Efesios*, Santo Tomás de Aquino subraya la íntima conexión entre el arrodillamiento y la humildad:

"La humildad hace a la oración digna de ser oída... [Y arrodillarse] es un signo de humildad por dos razones. Primero, el hombre se abaja a sí mismo, en cierto modo, cuando dobla la rodilla, y se somete a aquel ante quien se arrodilla. De este modo, reconoce su propia debilidad e insignificancia. Segundo, la fuerza física se muestra en las rodillas: al doblarlas el hombre confiesa abiertamente su falta de fuerza. Así, los signos exteriores, físicos se exhiben a Dios para renovar y entrenar espiritualmente el alma interior..."[14].

Las liturgias cristianas tradicionales, tanto orientales como occidentales, enfatizan dramáticamente la trascendencia de Dios sobre nosotros, su reino benevolente, su justa exigencia de que le demos todo nuestro corazón, alma, mente y fuerzas, y también de que le demos culto de adoración ofreciéndole sacrificios con corazón contrito y humillado. A pesar de las ilusiones que se hace la democracia moderna, nosotros *no somos iguales* a los ojos de Jesucristo; El es Nuestro Señor y Maestro, y nosotros, sus discípulos, sirvientes y adoradores. Sí, El, lleno de amor, nos

---

[14] Santo Tomás de Aquino, *Commentary on Ephesians*, cap. 3, lecc. 4, n. 166, 248.

llama sus amigos; pero El no es un amigo cualquiera, sino el
Señor de cielos y tierras que nos ha llamado "de la oscuridad a
su luz maravillosa"[15] y que merece (y recompensa) nuestra total
entrega, que ninguna creatura puede con justicia exigir y recibir.
Por ello es que arrodillarse, siguiendo una tradición que, de este
modo, ha expresado y cultivado desde hace mucho tiempo la
humildad, no es una cuestión exterior meramente accesoria, que
podemos seguir o no, sino que forma parte de nuestra disciplina
espiritual fundamental. Arrodillarse es una expresión viva y sincera
de adoración, de una adoración que debemos a nuestro Señor y
Dios. También el diablo sabe esto:

"De acuerdo con Abba Apolo, un padre del desierto que vivió
hace 1.700 años, el diablo no tiene rodillas, no puede adorar, no
puede orar; sólo puede mirarse la nariz en gesto de desprecio.
No querer doblar la rodilla al nombre de Jesús es la esencia del
diablo (cf. Isaías 45, 23; Romanos 14, 11)"[16].

Adviértase cuán bien calza todo en la liturgia romana tal como
se ha desarrollado a lo largo de los milenios. Si la comunión se da
en la lengua, hay un buen motivo para arrodillarse, no sólo por
su valor simbólico y formativo, sino también porque arrodillarse
le facilita al sacerdote depositar la Hostia en la lengua. Y una vez
que esta costumbre está sólidamente establecida, un comulgatorio
con baranda es claramente una ayuda, no sólo para afirmar sim-
bólicamente la distinción entre nave y presbiterio, sino también
para ofrecer apoyo corporal a quienes se arrodillan. Además, el
sacerdote va siempre acompañado de un ministro que sostiene la
patena por respeto al Santísimo Sacramento y para que no caiga
al suelo fragmento alguno. Todas estas costumbres crecieron
apoyándose mutuamente una vez que el principio fundamental
quedó bien establecido, a saber, que Nuestro Señor Jesucristo
está realmente presente en el Santísimo Sacramento del Altar.
Si "al nombre de Jesús debe doblarse toda rodilla…"[17], mucho

---

[15] 1 Pedro 2, 9.

[16] Thomas J. Olmsted, "Knees to Love Christ," *The Catholic Sun* (Phoenix),
17 de febrero 2005, reprinted at www.catholicculture.org/culture/library/
view.cfm?recnu m=6378. Joseph Ratzinger narra la historia: "El diablo fue
obligado por Dios a aparecerse a cierto Abba Apolo, con su apariencia
negra y horrible, con miembros aterradoramente delgados pero, lo más
impactante de todo, *sin rodillas*. La incapacidad de arrodillarse es la esencia
misma de lo diabólico" (*Theology of the Liturgy*, 121).

[17] Filipenses 2, 10.

más debemos doblar las rodillas cuando es Jesús mismo el que está frente a nosotros, como vemos en el Nuevo Testamento que hacen quienes se aproximan a El para profesar su fe y pedir Su ayuda. El Papa Benedicto XVI dijo en una oportunidad: "Arrodilarse en adoración ante el Señor... es el remedio más válido y radical contra las idolatrías de ayer y de hoy"[18].

Es por esto también que, si se me permite un breve excurso, la práctica de la Adoración del Santísimo Sacramento fuera de la Misa es una parte tan crucial de todo auténtico renacimiento eucarístico. Como ese mismo papa gustaba de recordarnos, crecemos en la fe y el amor del Señor cuando dedicamos tiempo a estar en su Presencia, lo cual nos da una oportunidad de reparar por los pecados de los que no creen en la Presencia Real o tratan al Señor, verdaderamente presente, con desprecio o indiferencia. Nunca oiremos suficientemente la palabra "reparación": se piensa que es muy anticuada o incluso puede que se ignore el concepto mismo. Sin embargo, la obra entera de Nuestro Señor Jesucristo fue de reparación, de reparación de la naturaleza humana caída y de reparación de la relación rota entre Dios y el hombre. Jesús es el Reparador por excelencia, y cuando ayunamos, o nos abstenemos de carne, o hacemos una vigilia, o rezamos una Hora Santa o hacemos alguna otra penitencia, entramos más profundamente en su Obra de redención, por la liberación de las almas y glorificación del Padre. Sobre de la base del conocimiento de la historia de la Iglesia y de las revelaciones a innumerables místicos, podemos estar seguros de que no habrá jamás un renacimiento eucarístico sin una seria y extensa reparación por los pecados cometidos contra el Santísimo Sacramento.

LAS MANOS UNGIDAS DEL SACERDOTE

Resumiendo nuestra idea central, el segundo punto en que hay que fijar la atención es que las manos del sacerdote son especialmente ungidas con óleo sagrado en su ordenación, para que pueda dignamente tocar al Santísimo Sacramento y administrar a los demás los santos dones del altar. En palabras del Papa Juan Pablo II:

"No debemos olvidar el principal oficio del sacerdote, que ha sido consagrado en su ordenación para representar a Cristo Sacerdote: por esta razón, sus manos, así como su palabra y su

---

[18] Benedicto XVI, Homilía de Corpus Christi, mayo 22, 2008.

voluntad, se han convertido en instrumentos directos de Cristo.
Debido a esto, es decir, debido a que es ministro de la Sagrada
Eucaristía, tiene una fundamental responsabilidad por las sagradas
especies, responsabilidad que es total: el sacerdote ofrece el pan
y el vino, los consagra y luego distribuye las sagradas especies
a los participantes de la asamblea que desean recibirlas. Qué
elocuente es, por tanto... el rito de la unción de las manos en
la ordenación latina, ya que precisamente para esas manos es
necesaria una especial gracia y poder del Espíritu Santo. Tocar
las sagradas especies y distribuírlas con sus propias manos es un
privilegio del ordenado..."[19].

Las manos del laico, en cambio, no están ungidas de este modo
porque ningún simple laico representa a Cristo Sacerdote en la
Misa ni le sirve de directo instrumento[20].

Un tercer punto es la recepción en la lengua. Es perfectamente conveniente que los fieles de Cristo acudan al sacerdote
ordenado que lo representa, y reciban arrodillados y en la lengua
el alimento de cuerpo y alma, tal como un polluelo es alimentado en el nido por sus padres, o como un infante demasiado
pequeño para comer solo. Desde este punto simbólico, resulta
totalmente inapropiado que el sacerdote deposite la Hostia en
las *manos*, de modo que *podamos administrarnos la Comunión a
nosotros mismos*. Un gesto así significa "muchas gracias, ya soy
adulto y puedo alimentarme a mí mismo". Pero esto es falso:
no podemos alimentarnos a nosotros mismo sobrenaturalmente.
En el profeta Ezequiel se lee: "abre tu boca y come lo que *Yo
te voy a dar*"[21]. En los salmos leemos "Abre bien tu boca, y *Yo* la

---

[19] Juan Pablo II, *Dominicae Cenae*, no. 11. Desgraciadamente el papa dice, a
continuación, que la facultad de tocar y distribuír el Santísimo Sacramento
puede ser extendida a ministros no ordenados "para satisfacer una justa
necesidad", lo cual compromete la razón teológica que está exponiendo, e
introduce una incoherencia entre oficio, signo y práxis. Ver una explicación
de por qué esta incoherencia es inevitable e indeseable en Kwasniewski,
Ministers of Christ.
[20] El involucramiento de los diáconos en la distribución de la Comunión
a los fieles, práctica que comenzó en el siglo XVIII y fue confirmada por
el Código de Derecho Canónico de 1917 (aunque con carácter de "extraor-
dinaria"), puede defenderse ya que están ordenados con el grado más bajo
de las Órdenes Sagradas; pero ello resulta menos conveniente que quienes
distribuyen la Comunión sean sacerdotes u obispos, por las razones dadas
por Juan Pablo II.
[21] Ezequiel 2, 8.

llenaré"[22]. ¿Quién es este "Yo"? Es el Señor. Sólo el Señor puede alimentarnos a nosotros, sus hijos. Sólo Cristo Sumo Sacerdote puede darnos el Pan de Vida, y sus ministros ordenados obran en su lugar, separados por las Ordenes Sagradas, y con manos también separadas para realizar la tarea de la distribución divina.

En verdad fue tan agudo y profundo el respeto de la Iglesia hacia Cristo, nuestro Dios, en el Santísimo Sacramento, que a los laicos les prohibió tocar incluso los *vasos sagrados* que tocan a Cristo. El Catecismo del Concilio de Trento, el primer catecismo del Magisterio universal, publicado en 1566 y, naturalmente, todavía vigente como exposición de nuestra fe, explica este punto con irrefutable lógica:

"Para proteger de todas las formas posibles la dignidad de tan augusto Sacramento, no sólo es su administración exclusiva de los sacerdotes, sino que la Iglesia ha prohibido por ley que nadie que no sea persona consagrada, a menos de tratarse de un caso de grave necesidad, se atreva a tocar o manipular los vasos, paños y otros instrumentos sagrados necesarios para su manejo. Por ello los mismos sacerdotes y el resto de los fieles deben entender cuán grande debe ser la piedad y santidad de quienes se aproximan a consagrar, administrar o recibir la Eucaristía"[23].

EL MAGISTERIO APOYA A LA TRADICIÓN

El Magisterio de la Iglesia, en la Instrucción *Memoriale Domini*, de 1969, de la Congregación para el Culto Divino, aprobada por el Papa Pablo VI, defiende la comunión en la lengua, práctica que la gran mayoría de los obispos del mundo, cuando fueron consultados por Pablo VI, acordaron que continuara:

"En vistas del estado general de la Iglesia hoy día, esta forma de distribuír la Comunión debe ser continuada, no sólo porque descansa en una tradición de muchos siglos, sino especialmente porque es un signo de reverencia de los fieles hacia la Eucaristía. Esta práctica no empece en modo alguno a la dignidad personal de quienes se acercan a este gran Sacramento[24], y es parte de la

---

[22] Salmo 80, 11.
[23] *Catecismo del Concilio de Trento*, 270.
[24] Como ya he mencionado un par de veces en este libro, algunos agitadores en la década de 1960 decían que no era digno que los adultos se pusieran de rodillas para ser alimentados por otros. ¡A qué arrogantes vacuidades se vuelve el progresismo en su revuelta contra la autoridad divina!

preparacíon que se necesita para una fructífera recepción del cuerpo del Señor.

"Esta reverencia es señal de que la Comunión no es sólo de "pan y bebida común" sino del Cuerpo y la Sangre del Señor...

"Además, esta forma de comulgar, que debe ahora ser considerada como prescrita por la costumbre, da una más efectiva seguridad de que la Santa Comunión será distribuída con la apropiada reverencia, decoro y dignidad; de que se evitará todo peligro de profanar las especies Eucarísticas en que "todo Cristo entero, Dios y hombre, está sustancialmente contenido y permanentemente presente de este modo único", y de que se mantendrá el diligente cuidado que la Iglesia siempre ha recomendado tener hasta con las partículas del pan consagrado: "Si permitís que cualquier parte se pierda, consideradlo como pérdida de uno de vuestros miembros"[25].

Este último punto es muy importante. Algunos estudios que se han hecho usando guantes negros han demostrado que las hostias, aun cuando sean diseñadas compacta y firmemente, todavía desprenden partículas. Algunos tipos de hostias producen más migajas que otras, y a veces algunas hostias específicas pueden sufrir daños y fragmentarse más fácilmente. Quien quiera que tenga suficiente experiencia en el manejo o en la observación del manejo de las hostias sabe que esto es verdad. A lo largo de los siglos, la Iglesia ha desarrollado prácticas y rúbricas cuidadosas que garantizan que los fragmentos se reciban siempre en paños o en metal, y luego sean consumidos. En el modo moderno de distribuír las hostias directamente a las manos de los fieles, no puede evitarse la pérdida de partículas, para no mencionar las historias de horror de personas que se llevan las hostias, o de individuos confundidos que no saben qué hacer con la hostia y la ponen en algún libro o en un monedero.

Incluso si es posible imaginar una situación bien controlada en que la recepción en la mano pueda no correr el peligro de sacrilegio, éste es imposible de evitar cuando la práctica tiene lugar en gran escala o durante largos períodos. Hasta el día de hoy -aunque difícilmente se lo puede inferir de las agresivas políticas impuestas por algunas conferencias episcopales y del

---

[25] Para ver el texto y comentarios, Shaw, *The Case for Liturgical Restoration*, 59–63.

puño de hierro de las malas costumbres-, la *norma universal* de la Iglesia sigue siendo la Comunión en la lengua; la Comunión en la mano requiere un indulto o permiso especial de la Santa Sede. Para aquéllos que todavía creen en la Presencia Real, es clarísimo que tales autorizaciones no debieran jamás haberse dado y deberán algún día ser abolidas cuando la Iglesia sobre la tierra esté mejor gobernada que al presente. Debemos hacer todo lo que esté a nuestro alcance, con paciencia pero con una perseverancia sin límites, para revocar la práctica de la Comunión en la mano y restaurar la práctica de la Comunión en la lengua, administrada sólo por el clero a fieles arrodillados. Aunque esto último no impida siempre que haya comuniones indignas, se elimina o limita muchos males, y se fomenta en gran medida el bien de la fe sobrenatural, de la devoción interior y del respeto exterior.

Uno podría preguntarse qué puede hacer personalmente para alcanzar esta meta. El curso de acción abierto a todo el laicado es un firme compromiso con arrodillarse ante el Señor Eucarístico y recibirlo *sólo* en la lengua, sin importar de qué tipo sea la Misa a que se asiste o dónde se celebre[26].

PERO, ¿ACASO NO LO HIZO ASÍ LA IGLESIA PRIMITIVA?

Hasta aquí va todo bien. Pero es seguro que, al discutirse este punto con otros católicos, surgirá, tarde o temprano, la siguiente objeción: "¿Acaso la Iglesia primitiva no practicó la Comunión de pie y en la mano? Si lo hizo, ¿por qué no podríamos hacerlo también nosotros?". La respuesta es: "Sí, alguna vez se hizo así... y no, aquella práctica no fue la misma que la nuestra". Veamos más de cerca esta cuestión fundamental. Los partidarios de la práctica moderna de la Comunión citan siempre un pasaje tomado de la "Catequesis Mistagógica" de San Cirilo de Jerusalén, un Padre de la Iglesia que vivió en el siglo IV:

"Acercándoos a recibir, por tanto, no vengáis con vuestras manos abiertas o vuestros dedos desplegados, sino haciendo de vuestra izquierda un trono para la derecha (porque vais a recibir a un Rey) y ahuecando la palma, para recibir el Cuerpo de

---

[26] Si se asiste a una liturgia bizantina, adviértase por favor que su tradición es que los que comulgan estén de pie, echen la cabeza un poco hacia atrás, abran la boca, y reciban el Cuerpo y la Sangre del Señor mediante una cuchara de metal que maneja el sacerdote.

Cristo, y responded "Amen". Que vuestros ojos se santifiquen por el contacto con el Cuerpo sagrado y, luego, consumidlo, con cuidado de no perder ni una partícula de él. Semejante pérdida sería como una mutilación de vuestro cuerpo. Si os hubieran entregado granos de oro, ¿no pondríais el máximo cuidado al tomarlo, impidiendo que algún granito se os escurriera entre los dedos, cosa que os empobrecería? Con cuánto mayor cuidado, pues, debéis vigilar para no perder ni una migaja de algo que es más precioso que el oro y las piedras preciosas"[27].

En este texto hay varias cosas que advertir. Primero, hay algunas cosas muy raras en esta descripción de San Cirilo: nadie en nuestra época, hasta donde yo sé, ha sugerido jamás que la Hostia debe tener contacto con nuestros ojos. Y el motivo para mantener en silencio *esta* parte del texto es obvia: cualquiera haya sido la costumbre en la Jerusalén del siglo IV, nadie piensa que sería buena idea repetirla hoy, al menos porque no se compagina con la insistencia del propio Cirilo en no tomar riesgos de perder ni la más mínima migaja del don celestial. Pero si la práctica descrita aquí puede ser criticada en este detalle, ¿por qué no podría presentar defectos también en otros aspectos? Esta es la idea central todo desarrollo ritual: con el paso del tiempo surgen mejores ideas y mejores prácticas, y los dirigentes de la Iglesia las adoptan porque son mejores.

En todo caso, adviértase el extremado cuidado que San Cirilo pide a quien va a recibir al Señor mismo, al Rey: ni una migaja del Pan consagrado debe perderse, lo cual sería como mutilar el propio cuerpo, una pérdida de algo más valioso que cualquier cosa creada. Fue precisamente el énfasis en el enorme cuidado con que hay que tomar la Eucaristía, junto con un aprecio cada vez mayor de la mera magnitud de un don tan divino, lo que condujo a la Iglesia, con el paso del tiempo, a *abandonar* la Comunión en la mano y a preferir la Comunión directamente en la lengua. Esto es un básico ejemplo del desarrollo orgánico de la liturgia, que busca las implicancias de una creencia o de una actitud hasta que la expresión externa refleje lo más perfectamente posible esa creencia e inculque esa actitud. Por el contrario, el regreso artificial a una práctica más antigua pero abandonada ya hace mucho tiempo, y una que ahora, reapareciendo en un contexto

---

[27] Cyril of Jerusalem, *Mystagogical Catecheses* 5.21, p. 203.

socio-cultural muy diferente, lleva connotaciones de descuido y falta de fe en la Presencia Real, constituye una ilustración muy clara del error del anticuarianismo, condenado en 1947 por el Papa Pío XII en Mediator Dei[28].

Segundo, si examinamos con detención lo que dice San Cirilo y lo compaginamos con otros indicios que tenemos de la antigüedad, veremos que incluso cuando *se practicaba* la Comunión en la mano, se observaban señales de respeto que (¿curiosamente?) no han acompañado jamás a su reinvención a fines de la década de 1960.

"Es elocuente que la Eucaristía, puesta sobre la mano derecha, no se la recibe por la menos valorada mano izquierda, sino directamente con la boca. Lo que parece, a primera vista, como Comunión en la mano, examinado más de cerca revela ser Comunión en la boca, poniendo la mano derecha a guisa patena. La descripción del obispo Cirilo prueba que "la actitud del que comulga es, pues, no la de quien coge y atrapa, sino la de quien reverente y humildemente recibe, acompañada de una señal de adoración"[29].

Mons. Athanasius Schneider, experto en patrística, escribe:

"La práctica tenía en la antigüedad una forma distinta de la que tiene hoy: se recibía la Eucaristía sobre la palma de la mano derecha, y no se permitía a los fieles tocar la Hostia con sus dedos, sino que tenían que inclinar la cabeza hasta la palma de la mano y tomar el Sacramento directamente con la boca, o sea, en una postura de profundo respeto y no de pie con la espalda recta. Hoy la práctica común es recibir la Comunión de pie y derechos, tomándola con la mano izquierda. Esto es algo que, como símbolo, los Padres de la Iglesia habrían encontrado horripilante: ¿cómo puede tomarse el Santo de los Santos con la mano izquierda? Y peor, todavía, hoy los fieles toman y tocan la Hostia directamente con [los dedos de] la mano derecha y luego ponen la Hostia en boca: este gesto no se conoció jamás en la historia de la Iglesia católica, hasta que fue inventado por Calvino -ni siquiera por Martin Lutero-... Los calvinistas, que no creen en absoluto en la Presencia Real de Cristo en la Eucaristía, inventaron un rito que ha sido vaciado de todos los gestos de sacralidad y de adoración

---

[28] Ver Pío XII, *Mediator Dei*, nos. 62–64; para comentarios más extensos, ver mis libros *El rito romano de ayer y del futuro*, capítulos 2 y 7, y *Reivindicación de nuestros derechos hereditarios como católicos*, capítulo 10.

[29] Fiedrowicz, *The Traditional Mass*, 115–16, citando a M. Lugmayr.

externa, i.e., recibir la "Comunión" derechos y de pie, tomar
el pan con los dedos y ponerla en la boca, tal como se hace con
el pan corriente... Para ellos, esto no era más que un símbolo,
de modo que el comportamiento exterior ante la Comunión
era igual al que se tiene con todo símbolo. Durante el Concilio
Vaticano II, los católicos modernistas -especialmente en los Países
Bajos- adoptaron este rito de la Comunión calvinista y lo atri-
buyeron erróneamente a la Iglesia primitiva a fin de extenderlo
más fácilmente en la Iglesia. Hay que desmantelar este mito y
estas insidiosas tácticas"[30].

Tercero, en la Iglesia primitiva, al menos en algunos lugares,
se extendía un paño de Comunión sobre las manos de los que
comulgaban, de modo que no tocaban directamente el Santísimo
Sacramento, y cualquier fragmento podía recogerse fácilmente.
El rito bizantino todavía usa ese paño, que se sostiene bajo el
mentón de los que van a recibir la Comunión en la boca con
una cuchara que maneja el sacerdote. Algunas parroquias del
rito latino tradicional conservan el uso del "paño de Comunión"
que cubre la baranda del comulgatorio. Aunque la invención
del llamado "paño del mentón" hace innecesario el paño de
Comunión, las iglesias y capillas católicas tradicionales lo siguen
reteniendo como un recordatorio más de la sacralidad del banquete Eucarístico y como vínculo simbólico entre la recepción
del Señor por el pueblo y el altar del sacrificio cubierto por
paños, sobre los que la Víctima sagrada ha sido ofrecida. Ello
subraya que los laicos, igual que el sacerdote, toman parte en
el sacrificio místico[31].

En resumen, los registros antiguos dan testimonio de creencias
y actitudes que, con el tiempo se convirtieron en las seculares
costumbres de la Comunión *tanto* en el Occidente latino *como* en
el oriente bizantino. En Occidente, la Comunión en la lengua,
de rodillas, es el resultado natural y conveniente de la piedad
Eucarística de San Cirilo. El intento de hacer retroceder el reloj
a la antigüedad -una antigüedad, además, engañosamente representada y falsamente reconstruida- es, al cabo, un Caballo de
Troya de la teología sacramental calvinista.

---

[30] Schneider, *Christus Vincit*, 223–24.
[31] See Kwasniewski, *Reivindicación de nuestros derechos hereditarios como católicos*, 322.

Lo que está en juego, pues, no es algo menor relativo a preferencias personales o devoción privada sino, precisamente, los dogmas propiamente católicos que están en el centro de nuestra fe, y que las encuestas muestran estar siendo rápidamente abandonados por los católicos, incluso por los que asisten a Misa regularmente[32]. Sin duda esto se explica, en parte, por una mala catequesis fuera de la Misa, pero el catequista más importe de la Iglesia es *la propia liturgia*, que forma la mente y el corazón de los fieles semana a semana. El único camino hacia un auténtico renacimiento Eucarístico es abandonar estas prácticas dañinas que las herejías inducen desde las décadas de 1960 y 1970, y restaurar las costumbres tradicionales de máxima reverencia hacia el Pan de los Angeles.

LA LENGUA ES ESPECIAL

A veces se oye la necia objeción siguiente: "¿por qué se piensa que la lengua más santa que la mano? Si se está en estado de gracia, las manos son no menos santas que la lengua". O esta otra, vinculada con ella: "Lo que importa es lo que hay en el corazón, no lo que hacemos con el cuerpo. Mientras se crea en Jesús y se lo ame, carece de importancia si se está de pie o arrodillado, etc.".

Quien haya leído los capítulos precedentes de este libro puede ver inmediatamente y con toda claridad que estas objeciones yerran el blanco. Lo que hacemos con el cuerpo en el culto expresa las creencias que hay en nuestra alma -lo que creemos que estamos haciendo- *y* nos ayuda a moldear nuestra actitud. Esto es un hecho reconocido por todos. Nadie propone matrimonio a una mujer con el mismo talante con que hace fila en la oficina de correos para comprar estampillas. Si una madre trata a su hijo con aspereza o negligencia no podría justificarse diciendo que "lo único que importa es el amor que tengo en mi corazón, no mi conducta externa". Ningún Presidente de la República acudiría al Parlamento en traje de baño o hablando en jerga popular. Todos sabemos instintivamente que el arreglo de nuestro cuerpo, nuestra vestimenta y nuestra conducta dicen a los demás, y aun

---

[32] See Gregory A. Smith, "Just one-third of U.S. Catholics agree with their church that Eucharist is body, blood of Christ," *Pew Research Center*, 5 de agosto 2019, www.pewresearch.org/fact-tank/2019/08/05/transubstantiation-eucharist-u-s-catholics.

a nosotros mismos, qué es lo que estamos haciendo y por qué lo consideramos importante (o no importante).

Resulta *obvio* que arrodillarse es una señal de respeto. Incluso el Novus Ordo exige que los fieles se arrodillen durante la Plegaria Eucarística de la Misa. ¡Qué raro resulta que tengamos que arrodillarnos al momento en que Nuestro Señor, por manos del sacerdote, llega a estar entre nosotros sobre el altar, y que no tengamos que arrodillarnos cuando nos presentamos directamente ante El para recibirlo! Yo a eso lo llamaría "al revés" y "patas arriba". Y qué raro es que consideremos bonito que los recién casados se den mutuamente a comer un trozo de torta de novios o que una madre alimente a su hijo con leche, pero no que reconozcamos que Cristo, nuestro Novio, está aquí para dársenos a Sí mismo como alimento y que la Santa Madre Iglesia nos ofrece, de su abundancia, este alimento celestial.

Pero, hay más. La lengua, de hecho, fue especialmente bendecida por la Iglesia en el rito tradicional del Bautismo, y veremos que así sigue siendo donde quiera que se use el rito tradicional. Sobre la lengua del infante se pone una pizca de sal exorcizada y bendecida, con una oración que apunta a la futura recepción de la Comunión: *Accipe sal sapientiae: propitiatio sit tibi in vitam aeternam* ("Recibe la sal de la sabiduría; que ella te sea propicia para la vida eterna"), a la cual sigue otra oración:

"Oh, Dios de nuestros padres, oh Dios autor de toda verdad, dígnate, te pedimos humildemente, mirar con bondad a tu siervo *NN*, al gustar su primer grano de sal, y no permitas que sufra de hambre por falta de alimento celestial, a fin de que pueda ser siempre ferviente de espíritu, gozoso en la esperanza, y servir a tu Nombre. Diríjelo, Señor, te pedimos a la fuente de la regeneración para que pueda, junto con todos tus fieles, merecer la eterna recompensa de tus promesas"[33].

No hay ninguna otra parte del cuerpo que sea distinguida de esta manera para el alimento sagrado. La sal sirve como "sustituto" simbólico de la Comunión, como una anticipación y preparación, por parte de aquél que no puede recibirla todavía, de la Eucaristía. No sorprende que la supresión de esta preciosa ceremonia del rito moderno del bautismo (1970) coincida, más o menos, con la tolerancia de la Comunión en la mano.

---

[33] Texto del rito tradicional del Bautismo.

EL MODO CÓMO LA MISA TRADICIONAL NOS AYUDA

Todo lo que hemos tratado en este capítulo apunta a una sola y clamorosa conclusión: la Iglesia católica supo lo que hacía durante los últimos mil años (y más) en relación con cómo el clero y los fieles deben tratar el Santísimo Sacramento. Revisemos brevemente cómo la Misa tradicional practica y, por ende, inculca el máximo respeto por la Eucaristía y sirve, de esta forma, como "máximo estándar".

Para evitar que se dispersen incluso las menores partículas y para recordar lo tremendo de aquello que está obrando, el sacerdote mantiene todo el tiempo juntos el dedo pulgar y el índice después de la consagración de la Hostia, y los mantiene así hasta concluídas las abluciones luego de la Comunión. El sacerdote se inclina y hace genuflexiones muchas veces ante el Santísimo Sacramento, y no pasa nunca ante El sin hacerlo así. Sus manos ungidas son las únicas que tocan las sagradas especies y las distribuyen a los fieles, quienes las reciben en la lengua, arrodillados, con postura de humilde sumisión[34]. La práctica, con más de mil años de antigüedad, de arrodillarse ante el Santo de Israel y de recibirlo en la boca por mano del ministro ordenado, literalmente *encarna* nuestra dependencia de Dios, nuestra bajeza e indignidad, nuestra necesidad de caer en adoración ante el Señor, y nuestro deseo de sanación y de elevación. En el ámbito sobrenatural, somos niños que deben ser alimentados por el Padre, con el Pan que es su Hijo.

Una adecuada catequesis es algo bueno; homilías adecuadas también lo son; los programas diocesanos o nacionales pueden serlo. Pero ninguna de estas cosas es suficiente por sí misma ni de valor permanente. Lo que se necesita, sobre todo, es una forma permanente de liturgia que proclame la Presencia Real y se humille hasta el polvo en adoración. Lo que se necesita es, en breve, temor reverencial. Como dice el salmista: *Servite Domino in timore, et exsultate ei cum tremore*, "Servid al Señor con temor; regocijaos temblando ante El"[35]. La cercanía misericordiosa de Dios no es causa para abandonar el temor reverencial ni las expresiones de nuestra pequeñez, de nuestra dependencia y de nuestra

---

[34] Como se dijo más arriba, también se permite al diácono, como ministro del Orden Sagrado, distriuírlas.

[35] Salmo 2, 11.

necesidad de purificación; por el contrario; puesto que en la época moderna el hombre se exalta a sí mismo demasiado alto con razones falsas, debe recordársele su verdadero lugar ante la Divina Majestad.

Otra forma en que el renacimiento de la Misa tradicional nos ayuda hoy es presentándonos un ritual claramente orientado al culto de Dios mismo, en vez de parecer orientado hacia el pueblo. Uno de los errores más difundidos de nuestra época es la creencia en que la Misa es un servicio de Comunión más o menos fantasioso cuya finalidad es comulgar, hasta el punto que se considera raro asistir a Misa *sin* comulgar. Indudablemente la unión sacramental de los miembros del Cuerpo Místico con Cristo, su Cabeza, está *incluída* en el propósito de la Misa, pero se puede recibir la Comunión también fuera de la Misa, como cuando se la distribuye a los enfermos en un hospital o a los soldados en el campo de batalla. El propósito principal de la Misa *como tal* es adorar, alabar, aplacar y suplicar a la Santísima Trinidad; se trata del acto perfecto de culto, por el cual el Padre es complacido por su Hijo; mediante este acto, la Iglesia Militante recibe un abundante derrame de gracias, la Iglesia Triunfante, un aumento de su gozo, y la Iglesia Purgante, un alivio de sus penas. La verdad del valor inherente de la Misa se entendía mejor antiguamente, cuando el pueblo hablaba de "asistir" a Misa. Nosotros asistimos a ese derrame, a ese aumento, a ese alivio, mediante nuestra presencia y nuestra oración personal unida al Santo Sacrificio. Ya somos abundantemente bendecidos sólo con *estar* ahí en el augusto Misterio, en la Ofrenda dignísima. Aunque no hubiera nada más para nosotros fuera de esto, por decirlo así, el Santo Sacrificio de la Misa por sí mismo nos daría ya materia para una acción de gracias de toda una vida o, más exactamente, para una eterna acción de gracias. En el cielo la comunión que gozamos con Dios es tan perfecta que no hacen falta más sacramentos, pero el culto dado por el Cuerpo Místico continúa: el Hijo ofrece su divina humanidad y sus santas llagas al Padre, y nosotros nos ofrecemos junto con El.

EL DIAGNÓSTICO ACERTADO Y LA CURA APROPIADA

Cuando una comunidad es débil en su centro, en su identidad fundamental, comienza a desmoronarse por los bordes, como un vestido se deshilacha cuando se corta la costura. Esto es exactamente lo que ha ocurrido en la Iglesia católica en las últimas décadas. Demasiados católicos han perdido su identidad central como hijos en el Hijo, soldados de Cristo, ciudadanos de la Ciudad de Dios, herederos de la inmortalidad, sacerdotes del culto divino, profetas de la verdad, reyes de sus cuerpos y de sus posesiones menores. La razón fundamental de esta confusión o amnesia de quiénes somos y de qué se supone que hacemos, es la devastación que se ha causado en el acto central de la religión católica, el Santo Sacrificio de la Misa y en todo lo que sucede durante ella.

Como dice John Senior, toda la civilización cristiana fue construída en torno a la Misa y al Santísimo Sacramento, en torno al servicio del mundo al altar y al tabernáculo[36]. Si erramos en este punto, es como si el alma se separara del cuerpo: el cuerpo comienza a descomponerse, y no hay nada que podamos hacer para devolverlo a la vida, a menos que el Señor sople de nuevo el alma en él, como lo hizo con su amigo Lázaro. Así como dijo una vez "¡Lázaro, sal fuera!"[37], así le dice hoy a su Iglesia: "Pueblo mío, sal de la tumba en que te has enterrado a ti mismo por compromisos con el mundo, rindiéndote a la carne, colaborando con el diablo en la destrucción de la civilización cristiana, de la cultura católica, y de la sagrada liturgia. Sal fuera y vive de nuevo la vida que alguna vez conociste. Yo te haré entero de nuevo".

Un buen médico no se contenta con paliativos para los síntomas, aplicando, en nuestro caso, "aromas y campanas" a una Misa ya arruinada, trivializada, secularizada, sino que ataca directamente a la raíz de la enfermedad, es decir, a la inconcebible ruptura de tradiciones bimilenarias de ininterrumpido culto divino, y la sana mediante la restauración de su rica tradición de oraciones y música, de ceremonias y usos, junto con la exaltación de la belleza, del misterio y de la santidad de la Misa.

Cuando la Misa brille de nuevo como el glorioso pináculo de nuestra vida en común, cuando el clero se aproxime a este santo monte y a esta zarza ardiendo con temor, con la cabeza agachada y la vanidad castigada, cuando el laicado entre a ella como a un espiritual Jardín de Edén en que habrá de gustar los frutos más

---

[36] Senior, *The Restoration of Christian Culture* (IHS Press, 2008), 16–17.
[37] Juan 11, 43.

dulces del Arbol de la Vida, entonces, y *sólo* entonces, florecerá en la Iglesia una nueva primavera.

El más grande teólogo de la Iglesia, Santo Tomás de Aquino, nos enseña que el bien común de todo el universo se contiene en la Sagrada Eucaristía. Si nos preocupamos de nuestra alma y, más allá de ella, de nuestra familia y de la parroquia de que somos miembros, de la Iglesia universal y, en fin, de toda la humanidad, orientaremos nuestra vida hacia la digna celebración de este tremendo sacrificio y haremos los máximos esfuerzos por participar dignamente de él.

10

La Misa es la fe, y la fe es la Misa

"¿Por qué giran Uds. todo el tiempo en torno de temas como "la Misa tradicional, tal cosa", o "la Misa tradicional, tal otra"?

HILAIRE BELLOC ES FAMOSO POR MUCHOS de sus dichos, y quizá el más famoso -quizá también el más duramente criticado- es el que proclama: "Europa es la fe, y la fe es Europa".

La exageración es de la esencia de la hipérbole. El *modus operandi* de esa bestia mítica que George Bernard Shaw llamaba el "Chesterbelloc" es proferir cosas extremadas, provocativas, que se equilibran precariamente en una sola pierna de verdad. Se sabe que la fe ha echado raíces en muchas otras partes además de Europa. Asia Menor, o sea, la moderna Turquía, apenas cuenta como Europa, aunque es en ella donde floreció tan gran parte de la cristiandad apostólica.

Sin embargo, el dicho de Belloc es más verdadero que falso, como lo reconoce el propio Josef Ratzinger (que no se refiere explícitamente a Belloc sino al debate sobre la "helenización" y la "deshelenización"). La fe católica floreció sobre todo en las tierras que quedaron comprendidas en el Imperio romano, y Europa es el mejor fruto de ese milagro romano. Dice el Papa Benedicto XVI en su Discurso de Regensburg:

"Este acercamiento interior entre a fe bíblica y la investigación filosófica griega fue un hecho de decisiva importancia, desde el punto de vista de la historia no sólo de las religiones, sino también de la historia mundial; fue, en efecto, un acontecimiento que todavía nos interesa en el día de hoy. Dada esta convergencia, no sorprende que el cristianismo, a pesar de su origen y algunos importantes desarrollos en Oriente, adquirió finalmente su carácter históricamente decisivo en Europa. Podemos decir lo mismo al revés: esta convergencia, con la consiguiente adición de la herencia romana, creó a Europa y sigue siendo el fundamento de lo que con razón se puede llamar Europa".

Por mi parte voy a afirmar algo igualmente desenfadado: "La Misa es la fe, y la fe es la Misa".

Esta afirmación se encontrará con un diluvio de objeciones. ¡Por cierto, la fe es mucho más que la Misa! La fe es dogma ortodoxo; es vida moldeada por el Decálogo y las Bienaventuranzas, vivida en forma de muchas vocaciones y compañerismos, desbordante de obras de misericordia; es devoción, meditación, oración sin palabras. En realidad, incluso en el ámbito de la liturgia, hay mucho más que la Misa: existe el Oficio Divino, la Palabra de Dios expuesta en el culto, otros ritos sacramentales, bendiciones, procesiones, prácticas penitenciales, peregrinaciones.

Sin embargo, es indiscutible el hecho que la Misa es el punto álgido de la fe, el eje, la médula, el punto focal, la *fons et culmen*. Una vez que nos damos cuenta de que Jesús está *ahí*, que reina como Rey en nuestro medio desde el altar y el Santísimo Sacramento, sabemos que todas las cosas de este mundo de peregrinación culminan y se las concibe como cosas que culminan en el Santo Sacrificio de la Misa. En sí misma, la Misa expresa el contenido dogmático y el propósito doxológico de nuestra religión; es la suma, la sinopsis, la sinaxis. San Leonardo de Port Maurice escribe en su popular tratado *The Hidden Treasure*:

"El Sacrificio tres veces santo de la Misa… es el sol del cristianismo, el alma de la fe, el centro de la religión católica, el gran objeto de todos sus ritos, ceremonias y sacramentos; en una palabra, es la condensación de todo lo que es bueno y bello en la Iglesia de Dios"[1].

La Misa ha obrado en la historia precisamente de este modo, como escribe el P. William Slattery, citando a Christopher Dawson:

"El impacto del antiguo rito se debe no sólo al hecho de que es la Misa, sino al hecho de que es precisamente este rito concreto, el "rito antiguo", un complejo ceremonial claramente definido que encarna "todo lo que el mundo cristiano [occidental] poseía de doctrina y poesía, música y arte… volcado en la liturgia, moldeado en un todo orgánico que giraba en torno a los Divinos Misterios"[2].

---

[1] Leonard of Port Maurice, *The Hidden Treasure: or The Immense Excellence of the Holy Sacrifice of the Mass; Together with a Practical and Devout Method of Assisting at It with Fruit* (Dublin: James Duffy, 1861), 1.

[2] Slattery, *Heroism and Genius: How Catholic Priests Helped Build — and Can Help Rebuild — Western Civilization* (Ignatius Press, 2017), 140, citando a Dawson, *The Formation of Christendom*.

Se critica a veces a los católicos tradicionales[3] "por hacer demasiado de la Misa". "¿Por qué giran Uds. todo el tiempo en torno a temas como "la Misa tradicional, tal cosa" o "la Misa tradicional, tal otra" ¡Es como si Uds. no pensaran sino en una sola cosa!".

Por cierto, no es que pensemos en sólo una cosa. Si alguno está casado, tiene mujer e hijos en quien pensar y a quien cuidar. Si tiene un trabajo, tiene que prestarle atención y hacerlo bien. Si está estudiando, se dedica a sus estudios; si enseña, se prepara para sus clases; si es soldador, enciende la fragua; si constructor, blande el martillo, etc. Pero el tradicionalista percibe intuitivamente, capta intelectualmente y siente apasionadamente que la Misa es el símbolo concreto y la mediación del *unum necessarium*, lo único que es necesario; sabe que si la Misa *es* como *debe ser*, las demás cosas irán encontrando su acomodo alrededor de ella, como alfileres atraídos por un imán, o cuerpos que caen hacia el centro de gravedad; y sabe, con no menos certeza, que si *no es* como debe ser, las demás cosas se desperdigarán, se alejarán de ella y se estrellarán en el caos.

La Misa, con toda su densidad y en su forma plenamente desarrollada, es una fuerza centrípeta para el catolicismo realmente creído y vivido; y el catolicismo en decadencia es centrífugo respecto de la Misa, se desarma y se quiebra. Ello puede ocurrir, trágicamente, incluso *en* la propia Misa, cuando ciertas acciones, prácticas, costumbres, adaptaciones e inculturaciones[4] hacen que la Misa se disuelva en la cosmovisión dominante en el entorno, en medioambientes horizontales, en la emocionalidad religiosa del momento, que la transforman en un proyecto de departamento, en arma ideológica de un dicasterio.

En realidad, la Misa es el microcosmos en que vemos reflejado el macrocosmos de la Iglesia. Según cómo está la Misa, así está la Iglesia. La Misa es el centro de todos los círculos concéntricos que definen al catolicismo como religión[5], como la verdadera religión,

---

[3] En defensa de la expresión "católicos tradicionales" o "tradicionalistas", ver Kwasniewski, "Can We Call Ourselves 'Traditional Catholics'?," *One-PeterFive*, 12 de abril 2023.

[4] Ver Maike Hickson, "Official draft of new Mayan rite of Mass confirms elements of ancient pagan worship, lay 'principals,'" *LifeSiteNews*, 22 de marzo 2023.

[5] Ver Kwasniewski, "Processing through the Courts of the Great King," *New Liturgical Movement*, 13 de febrero 2023.

que ofrece el verdadero sacrificio de Jesucristo, en continuidad
con el Pueblo Escogido que lo buscaba en la fe, con los apóstoles
ordenados por El, y con la Iglesia que su Espíritu ha guiado en
el transcurso de 2.000 de culto divino.

Dom Pius Hemptinne, discípulo de Dom Columbia Mar-
mion, expresa bien la visión católica de un mundo atrapado en
el supremo sacrificio de amor que une al hombre con Dios, a la
tierra con el cielo, al tiempo con la eternidad, a la muerte con la
vida, y a nuestra pobre alma con infinitas riquezas:

"Aunque Jesucristo, el divino Sumo Sacerdote, apareció sólo
una vez en la tierra para ofrecer su gran sacrificio del Calvario,
aparece sin embargo todos los días en la persona de cada uno de
sus ministros, para renovar su sacrificio en el altar. En cada altar,
pues, se ve el Calvario: cada altar se vuelve un lugar augusto, el
Santo de los Santos, la fuente de toda santidad. Allí debemos ir
todos a buscar Vida, allí debemos regresar continuamente, como
a la fuente de la misericordia de Dios.

"Aquéllos que son los privilegiados del Señor no dejan nunca
este lugar santo, sino que "hallan un refugio" al lado del altar,
por lo que no tienen nunca que ir muy lejos de él; tales son los
monjes, cuya primera preocupación es contruír templos dignos
de contener altares. Haciendo su hogar cerca del santuario, los
monjes consagran su vida al culto divino, y cada día los ve agru-
pados en torno al altar para el santo sacrificio.

"Ese es el acontecimiento del día, el centro en el que todas
las Horas, como todos los siglos, convergen: algunas son Horas
de preparación y espera, cantando las divinas alabanzas -éstas
comienzan con Laudes y Prima-, y continúan con Tercia, la tercera Hora del día; las otras, Sexta, Nona, Vísperas y Completas,
fluyen en medio del gozo de la acción de gracias hasta la puesta
del sol, cuando los monjes cantan el cierre de la noche.

"Así van pasando los días de la vida, al pie del altar; así la vida
del hombre halla su grandeza y su santidad derramándose sobre
el altar, para mezclarse allí con la Preciosa Sangre que se derrama
diariamente en ese sagrado lugar; porque, si la vida del hombre
es una gota de agua sin valor, cuando ésta se pierde en la Sangre
de Cristo adquiere un valor infinito y puede merecernos la misericordia divina. El que sabe qué es el altar, de él aprende a vivir;
vivir del altar es ser santo, agradable a Dios, y subir al altar para
llevar a cabo los Misterios sagrados es estar revestido con la más

sublime de todas las dignidades, después de la del Hijo de Dios y de su santa Madre"[6].

Lejos de ser territorio de monjes soñadores, semejante gran visión de la Santa Misa, del sacerdocio, de la liturgia y de la vocación de los cristianos a participar en los misterios de Cristo podía, antes del último Concilio, encontrarse por todas partes en el mundo católico, expresada con desbordante variedad. Sí, podemos agradecer a la primera fase del Movimiento Litúrgico la conciencia renovada de los tesoros de la tradición y, lamentablemente, podemos culpar al mismo Movimiento Litúrgico, en su fase radical, de hacerlos añicos en su vana búsqueda de una mítica antigüedad y de una moderna relevancia.

No es ningún secreto para los católicos actuales que la liturgia se ha convertido en el campo de batalla de opiniones, prácticas, experimentos, improvisaciones y abusos contradictorios. Parece que no pasa día en que no oigamos que la Misa, en alguna parte, ha sido puesta al servicio de la última moda o tendencia, reduciendo el culto divino a ser un medio para un fin ulterior, normalmente un fin práctico, como el motivar a los adolescentes a ayudar a los inmigrantes o a salvar a la Madre Tierra.

Esta es una forma fundamentalmente errónea de considerar nuestro acto más elevado, en el cual nos acercamos a nuestro Hacedor, Señor y Juez. Tal como nos ha sido legada por la tradición apostólica, la sagrada liturgia es la puerta hacia el misterio de Cristo, el mejor y más perfecto camino que Él nos ha dejado para acercarnos a Él mismo durante nuestro peregrinaje. La liturgia es el pináculo, el modelo, de toda actividad humana y, al mismo tiempo, el hogar en que los hombres abren su alma a la acción divinizadora de Dios.

Puesto que todas las gracias se nos dan por medio de Jesucristo, y Cristo se nos da en la Eucaristía, ésta debe ser el centro de nuestras vidas. Toda la vida sobrenatural del cristiano puede ser descrita, acertadamente, como *Eucarística*, como una acción de gracias y de adoración al Padre. Suprimir la liturgia sería suprimir la acción y pasión de Cristo de entre nosotros, lo cual despojaría a la vida cristiana de su objetivo fundamental: hacer que conozcamos y amemos a Dios.

---

[6] de Hemptinne, *A Benedictine Soul: Biography, Letters, and Spiritual Writings of Dom Pius De Hemptinne* (Cenacle Press, 2022), 145–47.

El bien de toda cosa es su perfección. La perfección de una cosa cuyo fin está fuera de sí misma consiste en alcanzar ese fin. El fin del hombre es Dios, y la actividad por la que nos unimos a Dios es amar (con nuestra voluntad) y conocer (con nuestro intelecto). Tanto en la tierra como en el cielo, la expresión de nuestra relación con Dios es el acto de culto de adoración, que perfecciona a la voluntad y al intelecto. Por esta razón, la santa contemplación -entendida como la unión con Dios y la adoración de Dios- es la buena actividad que corresponde a nuestro logro del último bien. Todo en la vida humana ha de ser juzgado por la contribución que hace a la actividad de adorar a Dios y de alcanzar la unión con El. Puesto que la liturgia es el modo privilegiado de desarrollar y perfeccionar esta actividad -tanto más cuanto que los Padres de la Iglesia, especialmente los orientales, describen el cielo como una liturgia eterna-, se sigue que todas las perfecciones humanas están ordenadas a nuestra participación litúrgica en los divinos misterios. Si la vida cristiana culmina con la arrebatadora visión de la Santísima Trinidad y del Verbo Encarnado, y si a nosotros, peregrinos, estas realidades se nos manifiestan y hacen presentes sobre todo en la sagrada liturgia, el fin último de todo lo que el hombre *es* y *hace* sobre la tierra es, entonces, la adoración de Dios por el Santo Sacrificio de la Misa. Todo lo que Dios nos da, nos lo da con el fin de adorar al único Dios verdadero, a la Santísima Trinidad, por medio, con y en Jesucristo, verdadero Dios y verdadero hombre. "El que sabe qué es el altar, de él aprende a vivir; vivir del altar es ser santo, agradable a Dios".

Hay que recordar que la teología y la espiritualidad giran en torno a *una cosa* y tienen *un único propósito*: Dios. Esto significa que ambas comprenden también el ascenso gradual a Dios, la escucha de su palabra revelada, la participación en su vida divina a través de los sacramentos. La liturgia, es el marco privilegiado de las Escrituras no solamente por dar a las lecturas su sede original y propia, sino que, lo que es infinitamente más, por contener la esencia de toda la revelación de Cristo -suprema sabiduría, máximo poder, amor que todo lo conquista- en el banquete sacrificial y místico.

Los Padres de la Iglesia coinciden en que, si se quiere entender las Escrituras, hay que vivir una vida santa imitando a Cristo, la Palabra sobre la cual las palabras de las Escrituras enseñan y a quien muestran. La Biblia fue dada a quienes luchan por ser santos, y por eso es que sus páginas pueden ser tan obscuras -como

dice San Agustín- y desalentar a todos salvo al infatigable trabajador, al incansable buscador de Dios. Sin las Escrituras, no puede
haber teología, que es la máxima sabiduría alcanzable por la mente
humana; pero sin la participación en el Cristo viviente, no se
puede entender las Escrituras ni interiorizar su significado; y sin la
liturgia, no hay participación en el misterio, ya que la liturgia contiene el *mysterium fidei* en su realidad viva, palpitante, como centro
desde el que todos los rayos de la misión de la Iglesia en el mundo
se proyectan hacia afuera, como los rayos de un sol deslumbrante.

Como la vida monástica, la liturgia también ha sido llamada
"escuela de santidad". La liturgia educa presentando las misterio-
sas Verdades de la fe a cada una de las facultades del hombre y
exigiendo de él una respuesta. El lenguaje mismo de la liturgia en
todas sus dimensiones es una continua exégesis de las Escrituras,
una presentación viva y penetrante de los misterios de la fe a
los ojos del alma. El estratificado simbolismo de las ceremonias,
gestos, vestimentas y objetos sagrados conduce al alma al reino
de la verdad divina, guiando nuestros sentidos y nuestro intelecto
hacia lo que está más allá de nuestro alcance. El significado de
estos símbolos se puede discernir fácilmente (aunque sin jamás
agotarlo) por un alma *totalmente despierta*, y esto nos ayuda a ver
que una exitosa "reforma" de la liturgia hubiera tenido el efecto de
ayudar al pueblo a despertar y a permanecer despierto, en vez de
poner las cosas en sordina para que pudiera seguir durmiento en
sus ideas mundanas o convencionales, Pero ¿qué estoy diciendo?
No hay necesidad alguna de reformar la tradición; sólo hace falta
entenderla, enseñarla y vivirla mejor.

La liturgia debe ser un hogar espacioso para los símbolos y para
las realidades divinas que comunican, dejando que iluminen a
través de las palabras y cantos, gestos y ceremonias y, al cabo, a
través de todo el lenguaje de las apariencias. Si va a haber cantos y
enunciados verbales durante la Misa, todo ello debiera enfocarse
enteramente *en el misterio*, como en las liturgias orientales, con sus
sucesivas y crecientes oleadas de oraciones cantadas, o en la Misa
Solemne, en que el canto gregoriano, los dignificados rituales y
los momentos saturados de silencio se combinan para poner al
alma fuera del tiempo, fuera del espacio, en el Corazón mismo
de Cristo, el Maestro, Pastor y Salvador.

EPÍLOGO

UNA OBJECIÓN GENERAL A ESTE LIBRO PODRÍA ser, en la mente de algunos de quienes lo lean, una que es a menudo esgrimida por los conservadores críticos del tradicionalismo: "Los aspectos y rasgos que Ud. llama *distintivos* de la Misa tradicional están todavía presentes, en algún grado, en el Novus Ordo. El que no hayamos visto el nuevo rito celebrado en algún grado de continuidad con la tradición, como el volverse al oriente, celebrarlo en latín, con canto llano, con sólo ministros masculinos, con la Comunión en la boca, etc, se debe sólo al desafortunado clima cultural de la época en que fue introducido en 1970, que fue seguida por décadas de malos hábitos eclesiásticos y por una deslucida conducción episcopal. El clero joven está hoy más dispuesto a celebrarlo de ese modo, y debiéramos, constructivamente, poner énfasis en el terreno común que comparte el rito antiguo con el nuevo, en vez de enfrentarlos mutuamente".

Respeto este punto de vista, que algún día fue también el mío propio[1]. Pero ya no adhiero a él por razones que he expuesto en otra parte[2]. El motivo más fundamental es que el antiguo rito está íntegra y necesariamete *determinado* por sus textos y rúbricas: *debe* incluír *todos* los rasgos que hemos analizado en este libro, que, tomados todos en conjunto, adquieren sentido, reafirmándose unos a otros. Este fue el punto principal del capítulo 4, aunque lo he tocado también en muchos otros lugares. Para usar una imagen muy popular en nuestra época, se ve ahí, en la Misa tradicional, cómo la flora y la fauna del ecosistema litúrgico obran juntos

---

[1] Ver Kwasniewski, "Imbuing the Ordinary Form with Extraordinary Form Spirituality" (*New Liturgical Movement*, 13 de abril 2015) y "Two Attitudes toward Ordinary Form Rubrics: Kantian Duty and Aristotelian *Epikeia*" (*New Liturgical Movement*, 8 de enero 2018). El *non plus ultra* en este terreno es Cipolla, "A Primer for a Tradition-Minded Celebration of the OF Mass," *New Liturgical Movement*, 14 de septiembre 2017.

[2] Ver Kwasniewski, *El rito romano de ayer y del futuro*. Para más reflexiones sobre la improbabilidad e imposibilidad tanto de la "hermenéutica de la continuidad" como de la Reforma de la Reforma, ver, además, los siguientes artículos míos: "Why the 'Reform of the Reform' Is Doomed" (*OnePeterFive*, 22 de abril 2020); "Can a Case Still Be Made for Reforming the Reform?" (*OnePeterFive*, 3 de mayo 2023); "The 'Latin Novus Ordo' Is Not the Solution" (*OnePeterFive*, 24 de agosto 2022); "Restoration, Not Reform, Is the Only Way Forward" (*New Liturgical Movement*, 6 de junio 2022).

armoniosamente: se exige la posición *ad orientem*, lo mismo que
el uso del latín; el papel del clero está estrictamente definido, y si
los laicos (sólo varones) tienen que asistir en calidad de acólitos,
lo tienen que hacer revestidos de sotana y sobrepelliz -no hay
"ministros extraordinarios de la comunión"-; la atmósfera de las
oraciones y de las ceremonias es sólo lo que tiene que ser: real,
cortesana, ordenada al servicio de Cristo Rey, que es recibido
por sus súbditos arrodillados, en postura de profunda humildad.
No hay espacio para la espontaneidad o las adaptaciones, y ello
es intencionadamente así; no existen opciones en el rito, no
hay selecciones que tenga que hacer el celebrante y que podrían
revelar su piedad y buen gusto o la falta de ambos. En resumen,
lo que se ve en el misal y en sus rúbricas es lo que sucede todo
el tiempo[3]. Se espera que sea absolutamente coherente, estable
y predictible, porque es el único modo en que se la pueda verdaderamente rezar, con nuestro *ego* quitado de en medio. Se espera
que un fundamento de roca sea inamovible, para que el edificio
pueda levantarse encima de él. Lo mismo ocurre con la liturgia:
si ha de servir como fundamento de nuestra vida espiritual, tiene
que ser inamovible. Como tan bien ha dicho Marcel de Corte:

"Debido a que el alma de cada fiel está orientada a Dios, la
invariable Misa [tradicional] lleva a cabo la unión en Dios de todos
los que participan de ella. Cada uno de acuerdo con su disposición personal y según la gracia de Dios que lo sostiene. Algunos
se unen a Dios en ésta o en aquella parte de la Misa, con ésta o
aquella frase, con ésta o aquella fórmula; otros se unen a Dios en
otros momentos. Aun los que están presentes sólo corporalmente
participan en la Misa en un grado que no es simplemente cero.
La Misa tridentina es la única que es verdaderamente "personal
y comunitaria".

"Para asistir a la Misa y tomar parte de ella según estos grados
analógicos, debe seguir siendo siempre la misma en su significado
y en sus signos. Cualquier cambio que se introduzca interfiere
con el momento acostumbrado en que cada alma se eleva hacia
Dios, por sobre las vicisitudes de este mundo. Cualquier cambio quiebra la cohesión de los fieles El mero hecho de haberse

---

[3] Supuesto que el clero que se desempeña está bien entrenado en el rito;
mi argumento da eso por descontado, y mis muchos viajes, visitando comunidades de Misa tradicional en los Estados Unidos y por todo el mundo,
me han convencido de que tal es normalmente el caso.

autorizado diferentes Plegarias Eucarísticas [en el rito moderno de Pablo VI] no puede sino dispersar la atención, disminuírla, extinguirla. Debido a que es siempre la misma, la Misa tridentina crea hábitos (en latín, *habitus*), es decir, cualidades estables que perfeccionan las facultades de los fieles, así como su ser y sus acciones. El ejercicio físico repetido con regularidad fortalece los miembros. La práctica religiosa, repetida con regularidad, hace penetrar la acción de lo sobrenatural más profundamente en el alma. Dios no desprecia esta ley psicológica, que El mismo ha creado, y que la experiencia más rudimentaria de la vida humana revela incluso al ojo menos entrenado. Para vivir, y sobre todo para acceder a la vida espiritual, el hombre necesita con urgencia todos esos sustitutos terrenales de la eternidad: identidad, permanencia, repetición, antífonas, acumulación de sinónimos, etc"[4].

Si una liturgia tiene éxito en alimentar una vida interior católica sana y equilibrada y todas las buenas obras que de ahí deben fluir, esa liturgia *necesita* también todos los demás aspectos que hemos explicado en este libro, y los necesita como propiedades intrínsecas, no como accidentes extrínsecos.

El Novus Ordo *puede* celebrarse *ad orientem*, pero como hemos visto durante años y continuamos viendo, los sacerdotes son reprendido, amenazados, aun cancelados, cuando tratan de regresar a esta tradición. Preocupaciones, lamentos e ira han descendido sobre la cabeza de los sacerdotes también por otros "crímenes", como la reintroducción del latín y de la música sacra. Si ni siquiera Pablo VI esperaba que estas cosas formaran parte del Novus Ordo, que se había diseñado para una comprensión inmediata y el involucramiento más activo posible de todos[5], no se ve cómo la reintroducción de un lenguaje hierático y un estilo de canto absolutamente no contemporáneo y fundado en la excelencia, podría calzar con los propósitos declarados de los arquitectos del nuevo rito y de los actuales dirigentes eclesiásticos. Debido a que el nuevo rito ha sido vaciado de mucho contenido textual y ceremonial de la tradición, no funciona en absoluto bien en la formación y guía del sacerdote en la acción y el espíritu del sacrificio supremo, y por ello priva a los fieles de la formación adjunta que pueden recibir de un acto más

---

[4] De Corte, "Sur les variations du clergé catholique," *Itinéraires* 210 (Febrero de 1977).
[5] Ver Kwasniewski, *El rito romano de ayer y del futuro*, 131–61.

sacerdotalmente elaborado y más claramente sacrificial (como expliqué en el capítulo 2). La comprensión superficial de "participación activa" se ha fundido hasta tal punto con el nuevo rito que, aparte de los casos más raros y exóticos del Oratorio, nos veremos en dificultades para encontrar una Misa que no emplee en su servicio varios laicos no revestidos, normalmente mujeres, por aquella noción igualitaria de "darles lo que pueden hacer" a fin de crear "un equilibrio" con el clero masculino. Debido a este activismo y populismo, acompañados por la inevitable verbosidad del rito en que casi todo debe decirse en voz alta y con cortos intervalos, surge una atmósfera letal para la meditación y enemiga de los actos de oración más elevados. Como vimos en los capítulos 4, 5 y 6, las deficiencias en los textos y rúbricas del Novus Ordo se han introducido en todos sus libros, los que han estado en uso, a estas alturas, por más de medio siglo, y no hay nada que se pueda hacer para mejorarlos; al menos, nada que pueda hacer alguien que no esté dispuesto a hacer caso omiso del Derecho canónico y de las leyes litúrgicas (o ignorarlas) por iniciativa propia[6]. Así, pues, el rito de Pablo VI seguirá siendo tedioso y desnudo como es hasta ahora, hasta que algún futuro papa decida reanimar el proyecto de Joseph Ratzinger -bien intencionado pero hoy sin apoyo papal y totalmente eclipsado- de una "reforma de la reforma"; programa que tiene tantas posibles interpretaciones y formas de puesta en práctica como hay individuos interesados en la liturgia.

Además, seamos honestos con nosotros mismos: si esa reforma se llevara a cabo rigurosamente, sin dejar piedra por mover, ¿no equivaldría a un esfuerzo hercúleo de reconstruir un sistema intacto que *ya existe* en los libros litúrgicos tridentinos? Después de todas las laboriosas manipulaciones, el resultado final no tendría la interna coherencia y continuidad del auténtico rito romano, que se extiende desde mediados del siglo III[7] y hunde sus raíces en los primeros orígenes de la Iglesia de Roma, santificada por la sangre de los Santos Pedro y Pablo. La perfección que buscamos, tan urgentemente necesitada por el bien de las

---

[6] Ver Kwasniewski, "Two 'Disobediences' Compared," *OnePeterFive*, 18 de enero 2023.

[7] Como se demuestra por Uwe Michael Lang en su magnífico libro *The Roman Mass: From Early Christian Origins to Tridentine Reform* (Cambridge University Press, 2022).

almas y por la salud de la Iglesia, *está ya en nuestro patrimonio de ritos litúrgicos, dado por Dios.* Todo lo que necesitamos es tomarlos en su preexistente integridad, restaurarlos al lugar de honor que una vez tuvieron y debieran tener hasta el fin de los tiempos[8].

Muchos clérigos y laicos sufren hoy del inmisericorde "acompañamiento" y de injustas restricciones desatadas por quienes desprecian la tradición y sabotean la paz litúrgica. Sé que hay muchos que creen en conciencia que lo único que se puede hacer es un Novus Ordo zurcido, "tradicionalizado", y que no se puede hacer nada mejor. Aunque no estoy de acuerdo, entiendo su planteamiento: la situación en muchos lugares es extremadamente dura y difícil[9]. Sólo aconsejaría a todos desarrollar un aprecio cada vez mayor por aquello que está en juego en la preservación de nuestra auténtica e integral tradición litúrgica romana, y a continuación los urgiría a estar preparados para tomar todas las medidas que puedan para recuperarla de una vez por todas, una vez que se clausure la temporada de caza que la tiene por objeto y que terminará por concluir con el inevitable pasar de las generaciones. Hoy los difamadores de la tradición, aunque poderosos, se han puesto gruñones y están ya desfasados en el tiempo, en tanto que el rito romano, aunque sitiado, es inmortalmente joven y atractivo. Llegará el día en que los hombres se sorprenderán de que la Iglesia latina lo haya alguna vez atacado en vez de tenerlo como la joya de su corona.°

---

[8] Los "defectos" de la Misa tradicional, frecuentemente criticados "en los tiempos pasados" tenían que ver mayormente con *cómo* se la celebraba (demasiado rápido, en voz demasiado baja, con mala música, etc.) y con cómo los fieles se relacionaban con ella. Estas cosas pueden obviamente mejorarse sin poner la liturgia cabeza abajo ni darla vuelta de adentro para afuera. Al cabo, sencillamente no es posible librar al mundo de todo abuso litúrgico, de ceremonias ejecutadas a gran distancia del ideal, o de un laicado desinteresado, indiferente. La mejor pregunta que se puede hacer es la que hizo el Concilio de Trento: ¿cómo mejorar la formación del clero y la continua educación del pueblo? Sin un compromso con auténtica formación en la tradición, no hay cantidad alguna de reformas que puedan evitar resultados en bajada y frustraciones en alza.

[9] Para un análisis detenido de la situación post-*Traditionis Custodes* como también para sugerencias concretas al clero y laicos que con razón rehúsan abandonar el inmenso bien de la tradición católica, ver mis libros *La verdadera obediencia en la Iglesia: Guía de discernimiento para tiempos recios* (Os Justi Press, 2022) y *Obligado por la verdad: Autoridad, obediencia, tradición y bien común* (Os Justi Press, 2024).

¿Y AHORA QUÉ?

LO PRIMERO QUE SIEMPRE RECOMIENDO ES lo siguiente: si aún no lo ha hecho, consiga un buen misal diario y familiarícese con él. No hay necesidad de sentirse *pegado* al misal; habrá muchas ocasiones en las que simplemente querrá rezar en silencio en la misa tradicional y, gracias a Dios, la TLM le da esa maravillosa libertad de los hijos de Dios. Al mismo tiempo, la riqueza del misal romano es asombrosa y debería convertirse en un alimento básico para nuestra vida interior. Me gusta decir que me «convertí gracias a mi misal», porque seguirlo no solo me enseñó las diferencias entre los ritos antiguos y los nuevos, sino que también me sirvió como una escuela de espiritualidad incomparable. Después de utilizarlo mucho durante muchos años, hoy en día ya no necesito consultarlo tanto, porque ya estoy familiarizado con el Orden de la Misa, así como con muchos de los Comunes y Propios de los santos. Afortunadamente, existen misales con el texto en español y latín en paralelo; uno de ellos está publicado por Angelus Press en Estados Unidos y quizá también esté disponible en otros países. Las comunidades locales sabrán qué misales o misaletas hay disponibles en su zona.

El siguiente paso es profundizar en el significado de las oraciones y las ceremonias en sí. Para ello, recomiendo *Tesoro y Tradición: Guía definitiva de la Misa en latín* (St. Augustine Academy Press),[1] de Lisa Bergman, una guía colorida y repleta de ilustraciones sobre la TLM, apta para todas las edades y, lo que es más, adecuada como texto para la educación en el hogar. Adquiera el folleto no polémico y perspicaz de Joseph Shaw, *Sagrado y Grande: Una Breve Introducción a la Misa Tradicional* (Os Justi Press, 2024). Este folleto de bolsillo, nada amenazante, es un obsequio ideal para familiares, amigos o personas con las que se encuentre que tengan una mentalidad abierta, sean curiosas o incluso escépticas sobre la Misa Tradicional Latina. También incluye al final una lista bien seleccionada de recursos recomendados, entre los que se encuentran libros, sitios web, vídeos y aplicaciones para

---

[1] Los libros en español mencionados en esta sección, así como los que se mencionan al lado de la portada al principio, están disponibles en los sitios web de Amazon de todo el mundo. También se pueden obtener directamente de sus editoriales, que se pueden encontrar en Internet.

teléfonos inteligentes. Mi libro *Reivindicación de nuestros derechos hereditarios como católicos: Genio y actualidad de la Misa tradicional* (Angelico Press, 2022) es una fuente única de apologética a favor de la tradición litúrgica y en refutación de los argumentos en contra de ella, pero con comentarios sociales más amplios y comentarios eclesiásticos más incisivos que los que se encuentran en el presente libro.

Cuando esté listo para una «inmersión profunda», el mejor y más accesible libro sobre el rito romano es el de Michael Fiedrowicz, *La Misa tradicional: Historia, forma y teología del rito clásico romano* (Carthusianus Verlag, 2021). Mi libro *El rito romano de ayer y del futuro: El regreso a la liturgia latina tradicional tras setenta años de exilio* (Os Justi Press, 2023) presenta una investigación exhaustiva del «rito romano único», es decir, el rito tridentino, comparándolo con los ritos orientales y el rito moderno de Pablo VI, y ofrece un tratamiento ampliado del concepto de «desarrollo orgánico», una amplia meditación sobre el Canon Romano y una sinopsis de la superioridad del misal anterior a 1955 (es decir, el tridentino) en contraste con la edición de 1962. Si le interesa especialmente la música que pertenece, por derecho, a la misa, consulte mi libro *Buena música, música sagrada, silencio: Tres dones de Dios a la liturgia y a la vida* (Os Justi Press, 2024).

Por último, dada la actitud hostil de ciertos miembros de la jerarquía hacia la tradición litúrgica, puede que le resulte útil leer —o que pueda aportar ideas y consuelo a sus amigos y conocidos del clero distribuyendo copias de— mi pequeño libro *La verdadera obediencia en la Iglesia: Guía de discernimiento para tiempos recios* (Os Justi Press, 2022) y, para los lectores más ambiciosos, mi continuación, *Obligado por la verdad: Autoridad, obediencia, tradición y bien común* (Os Justi Press, 2024).

El movimiento para preservar, propagar y transmitir la tradición está vivo y goza de buena salud, *Deo gratias*! Qué privilegio es formar parte de este renacimiento de la Iglesia en oración.

AGRADECIMIENTOS

VARIOS DE LOS CAPÍTULOS PRECEDENTES comenzaron como conferencias que fui invitado a dar en varios lugares, y varias han sido revisadas muchas veces. Agradezco a las buenas personas que me facilitaron los viajes a diversos lugares: Uds. saben quiénes son y, lo que importa más, el Señor sabe quiénes son Uds. Que Dios les pague por las invitaciones y por la hospitalidad.

Dos partes sustanciales del capítulo 1 se publicaron en *The New Liturgical Movement* como "How Contrary Orientations Signify Contradictory Theologies" en noviembre 5, 2018 y "Mass 'Facing the People' as Counter Catechesis and Irreligion" en agosto 20, 2018. El capítulo 2 incorpora "How the Clergy's 'Distance' from the People Facilitates the Laity's Offering," *OnePeterFive*, septiembre 1, 2021, y "The Priest Praying for Himself at Mass," *OnePeterFive*, septiembre 8, 2021, así como también mejoras a la version de la conferencia "The Relationship between Priest and People in the Latin Mass: Space and Time for Divine Intimacy" publicada en *Rorate Caeli*, agosto 23, 2022. El capítulo 3 se publicó primeramente en *New Liturgical Movement* en mayo 2, 2022 como "Enter His Courts With Praise: Liturgical Reverence for Christ the King". El capítulo 4 se publicó como "Liturgical Obedience, the Imitation of Christ, and the Seductions of Autonomy" en mi Substack *Tradition & Sanity* en noviembre 13, 2023. El capítulo 5 apareció primeramente en *Rorate Caeli* en febrero 19, 2019, con el título "Poets, Lovers, Children, Madmen — and Worshipers: Why We Repeat Ourselves in the Liturgy". El capítulo 6 incorpora la conferencia "Mythbusting: Why the TLM's Lectionary Is Superior to the New Lectionary", publicada en *Rorate Coeli* en marzo 30, 2022. El capítulo 7 incorpora la conferencia "Why Latin Is the Right Language for Roman Catholic Worship," publicada en *Rorate Caeli* en junio 8, 2022, basada a su vez en mi "The Reform of the Lectionary," en Alcuin Reid, ed., *Liturgy in the Twenty-First Century: Contemporary Issues and Perspectives* (London/New York: Bloomsbury T&T Clark, 2016), 287–320. El capítulo 8 se publicó en tres partes en *Tradition & Sanity* en mayo 9, 13 y 16, 2024. El capítulo 9 es un desarrollo de tantos artículos y conferencias que sería imposible enumerarlos todos; hay algunos paralelos en mi libro *The Holy Bread of Eternal Life*. El capítulo 10 incorpora un artículo del mismo título en *New Liturgical Movement* y también mi artículo "The sacred liturgy is the best and most perfect way to draw near to God" en *LifeSiteNews* en julio 19, 2018. Muchas de los textos precedentes aparecieron también en las páginas de la revista *Latin Mass*. Todos ellos fueron revisados para. incluírlos en este libro, con muchas notas añadidas.

SOBRE EL AUTOR

PETER A. KWASNIEWSKI tiene un BA en Artes Liberales, por el Thomas Aquinas College, y un MA y PhD en Filosofía, por la Catholic University of America, con especialización en el pensamiento de Santo Tomás de Aquino. Luego de enseñar en el International Theological Institute, en Austria, fue parte del grupo fundador del Wyoming Catholic College, donde enseñó teología, filosofía, música e historia del arte, y dirigió el coro y la schola hasta 2018. Actualmente, Kwasniewski está dedicado enteramente a escribir y es conferencista reconocido especialmente por su trabajo en los ámbitos de la liturgia y de la música. Sus escritos han sido traducidos a más de veinte idiomas, y se ha interpretado sus composiciones de música sagrada en todo el mundo. Sus publicaciones aparecen regularmente en su Substack *Tradition & Sanity*, y dirige una casa editorial, Os Justi Press.

VISITE SUS SITIOS WEB:
www.peterkwasniewski.com
www.CantaboDomino.com
https://app.pelicanplus.com/
www.youtube.com/@DrKwasniewski
www.osjustipress.com

www.ingramcontent.com/pod-product-compliance
Lightning Source LLC
Chambersburg PA
CBHW020438130626
46549CB00001B/203